हम हैं राही प्यार के

हम हैं राही प्यार के

पार्थ सारथी सेन शर्मा

www.prabhatbooks.com

प्रकाशक

प्रभात पेपरबैक्स

4/19 आसफ अली रोड, नई दिल्ली–110002

फोन : 23289555 • 23289666 • 23289777 ❖ फैक्स : 23253233

इ–मेल : prabhatbooks@gmail.com ❖ वेब ठिकाना : www.prabhatbooks.com

संस्करण

प्रथम, 2016

सर्वाधिकार

सुरक्षित

अनुवाद

श्वेता भट्ट

मूल्य

दो सौ रुपए

अ.मा.पु.स. 978-93-5186-804-0

मुद्रक

आर–टेक ऑफसेट प्रिंटर्स, दिल्ली

HUM HAIN RAHI PYAR KE
by Partha Sarthi Sen Sharma

Hindi Translation of Love Side by Side

Published by **Prabhat Paperbacks**
4/19 Asaf Ali Road, New Delhi-110002
by arrangement with Rupa Publications India Pvt. Ltd

ISBN 978-93-5186-804-0

₹ 200.00

मेरी पत्नी के लिए

1

सुबह इतनी जल्दी कॉलेज आनेवालों की संख्या बहुत कम थी। कक्षाएँ आरंभ होने में अभी भी आधा घंटा बाकी था और तब कॉलेज परिसर छात्रों व प्रोफेसरों के आने, अभिवादन करने और हँसने-बोलने की आवाजों से गूँजने लगता। लेकिन सुबह आठ बजे सबकुछ शांत था। सिर्फ मेरे जैसे कुछ छात्र ईंटों की दीवार वाले पुराने खेल के मैदान के पास मँडरा रहे थे। यूनिवर्सिटी स्पेशल बस, जो मुझे कॉलेज तक लाती थी, असल में उत्तरी परिसर के छात्रों के लिए चलाई जाती थी और इसलिए मुझे हमेशा कॉलेज शुरू होने के काफी पहले मेरे इंजीनियरिंग कॉलेज के फाटक के पास उतार देती थी। मैं लाल ईंटों की दीवार पर यहाँ-वहाँ बैठे उन छात्रों में से शायद ही किसी को पहचानता था, जो निरपवाद रूप से अपने-अपने विभागीय ब्लॉक के सामने बैठे थे, जैसे उससे किसी अदृश्य नाल से जुड़े हों। उनमें से कुछ साप्ताहिक परीक्षण (टेस्ट) के अंदेशे में अपने नोट्स का रट्टा लगा रहे थे।

कोई-कोई दिन ऐसा होता था, जब मैं कॉलेज पहुँचनेवाला पहला व्यक्ति होता था और तब मुझे संपूर्ण उत्तर-मध्य दिल्ली पर हमला बोलनेवाले बंदरों की फौज से सावधान रहना पड़ता था। लेकिन आज का दिन अपेक्षाकृत सुरक्षित था, क्योंकि कुछ छात्र मुझसे पहले ही आ चुके थे। मेरे कॉलेज परिसर के बाहर, मुख्य सड़क पार करते ही रिया का कॉलेज था। लेकिन वह तो आई.एम.टी. की अपनी अधिकांश सहपाठिनों की तरह ड्राइवरवाली कार में बिल्कुल कक्षा शुरू होने के समय कॉलेज पहुँचती थी। इसलिए इस समय उसके कॉलेज में चक्कर लगाने का कोई मतलब नहीं था। अपने हॉस्टल के मित्रों—रवि, जॉयदीप और बाकी के गैंग से मिलने जाना भी सही विकल्प नहीं था। वे सभी इस समय तैयार होने के उपक्रम में कमर में तौलिया लपेटे, मुँह में टूथब्रश दबाए साझा स्नानघरों और शौचालयों में

अधिकतम समय तक कब्जा जमाने की जुगत में होंगे।

मैं पहली क्लास छोड़कर रिया से मिलने आई.एम.टी. जाना चाहता था। लेकिन इनसान जो करना चाहता है और जो करने की उससे अपेक्षा की जाती है, उसमें हमेशा अंतर होता है। मैंने सोचा कि मैं कक्षाओं के बीच मिलनेवाले दस-दस मिनट के अंतरालों में से एक में अपनी किस्मत आजमाऊँगा और उसके कॉलेज जाने की कोशिश करूँगा।

हाय! यह राजेश था, मेरी मेकैनिकल इंजीनियरिंग की कक्षा में मौजूद अनेक राजेशों में से एक, जो दक्षिणी दिल्ली के सरोजिनी नगर में रहता था। वह हमेशा की तरह अपनी दरजी की सिली बैगी पतलून, छापेवाली सूती कमीज, जिसकी बाँहें उसकी कलाई तक आती थीं और बाटा के काले चमड़े के जूतों में सज्जित था। राजेश के पिताजी भारत सरकार नाम के विशालकाय एकाश्म के अनेक मंत्रालयों में से एक में अनुभाग अधिकारी (सेक्शन ऑफिसर) थे। सरोजिनी नगर और आर.के. पुरम जैसे लगभग सभी लघु शहरों को सरकार द्वारा आजादी के तुरंत बाद के दशकों में स्थापित कर के सिविल सेवकों और क्लर्कों की अपनी सेना को आवास प्रदान करने के लिए बसाया गया था—उस समय, जब यह माना जाता था कि सरकार अभी भी देश और देश के नागरिकों के लाभ के लिए काम करती है।

''हैलो'', मैंने उससे हाथ मिलाते हुए जवाब दिया। ''तुम आज जल्दी आ गए?''

''हाँ, मुझे लिफ्ट मिल गई। पहली क्लास आरएसी की है न?''

राजेश सरकारी स्कूल से आया हुआ एक होशियार और मेहनती छात्र था, काफी कुछ मेरी तरह, जिसे हमारे प्रतिष्ठित सरकारी इंजीनियरिंग कॉलेज में दाखिला सिर्फ बारहवीं बोर्ड की परीक्षा में मिले अंकों के आधार पर मिला था। यह उस समय से पहले की बात थी, जब नामी इंजीनियरिंग कॉलेजों ने अपनी खुद की प्रवेश परीक्षाएँ आयोजित करनी आरंभ कर दी थीं, जिससे कॉलेज धनी और छात्र दुखी होने लगे थे। हमारे इंजीनियरिंग कॉलेज की फीस इतनी कम थी कि राजेश के चारों भाई वहाँ पढ़कर अपना भविष्य सुरक्षित कर सकते थे और उनके पिताजी को उसके लिए कर्ज लेने की या फीस की चिंता करने की आवश्यकता भी नहीं थी।

अब तक अन्य छात्रों का आना शुरू हो गया था और कुछ ही देर बाद हम धूल भरी टेबल-कुरसियों वाले अपने गुफा समान व्याख्यान कक्ष (लेक्चर रूम) में थे। हममें से कोई यह अपेक्षा नहीं करता था कि चतुर्थ श्रेणी का कोई कर्मचारी कक्षा आरंभ होने के पहले आकर टेबल-कुरसियों की धूल झाड़ दे और न ही हमें इस बात की कोई परवाह थी। प्रोफेसर खुराना आज हमें 'प्रशीतन की अवधारणाओं'

(कॉन्सेप्ट्स ऑफ रेफ्रिजरेशन) के विषय में पढ़ाने वाले थे, जैसा कि वे हमारे आने के वर्षों पहले से करते आ रहे थे और आगे कई वर्षों तक, जब तक कि वे रिटायर नहीं हो जाते, करने वाले थे। वे एक ईमानदार शिक्षक थे, जो नियमित रूप से छात्रों को मेहनत और समर्पण के साथ पढ़ाते थे; लेकिन वे एक शिक्षाविद् के रूप में इतने ईमानदार नहीं थे कि जर्नल्स या पत्रिकाओं के लिए पेपर्स लिखकर योगदान दें। मैं सोचता था कि क्या उनके मन में कभी विचार भी आता होगा कि पेपर्स प्रकाशित करवाना या शोध करना भी उनके कार्य का हिस्सा था। प्रत्येक कक्षा में उपस्थिति लेने में सामान्य रूप से बरबाद हुए पाँच मिनटों के बाद लेक्चर आरंभ हुआ—पूरी तरह से एकालाप जैसा, जिसमें व्यवधान उत्पन्न करने के लिए नाममात्र के प्रश्न या तर्क-वितर्क थे। मेरे सहपाठी लेक्चर पर पर्याप्त ध्यान दे रहे थे और उनकी एकाग्रता का स्तर एक प्रकार से उनके परिवारों की आर्थिक पृष्ठभूमि से संबंधित था। हमारी कक्षा में विभिन्न आर्थिक-सामाजिक वर्गों से आनेवाले छात्र थे। कुछ छात्र अमीर व्यावसायिक घरानों से आते थे, जो आलीशान घरों में रहते थे और कारों में कॉलेज आते थे। उनमें से कई पढ़ाई में बहुत अच्छे थे और काफी बुद्धिमान थे; लेकिन वे स्नातक की डिग्री प्राप्त करना या परिसर भरतियों के दौरान एक नौकरी हासिल करना अपने जीवन का परम उद्देश्य नहीं समझते थे। उनमें से कुछ ने तो पारिवारिक व्यवसाय में शामिल होने या अपना खुद का व्यवसाय शुरू करने के बारे में सोचना शुरू भी कर दिया था। कुछ ऐसे थे, जो जी.आर.ई./सी.ए.टी. की परीक्षाएँ उत्तीर्ण करने के लिए अंग्रेजी के शब्द रटने में लगे हुए थे, या तो विदेश जाने के लिए या किसी एक आई.आई.एम. से एम.बी.ए. करके कंपनी प्रबंधन (कॉरपोरेट मैनेजमेंट) में कॅरियर बनाने के लिए।

कुछ अन्य छात्र—बल्कि अधिकांश छात्र—जैसे राजेश और मैं, साधारण मध्यम वर्ग के परिवारों से आए थे। हम कॉलेज इसलिए आते थे, ताकि स्नातक होने के बाद नौकरियाँ हासिल कर सकें। हममें से अधिकतर बिना छात्रवृत्ति के फीस भरकर स्नातकोत्तर करने की हैसियत नहीं रखते थे और हमारी पारिवारिक जिम्मेदारियों का बोझ यह सुनिश्चित करता था कि हमारी महत्त्वाकांक्षाएँ और दूरदर्शिता हमारे तात्कालिक लक्ष्यों के परे न जाएँ। हम आमतौर पर दर्जी की सिली पतलूनें और कमीजें पहनते थे, जो भारत के सस्ते श्रम बाजार में शीर्ष स्तर की विलासिता की श्रेणी में नहीं आती थीं; बाटा के जूते पहनते थे और अपनी कक्षाओं व परीक्षाओं पर ध्यान केंद्रित करते थे। हम कक्षा में अव्वल आने की चाहत तो नहीं रखते थे, लेकिन 'सप्ली' की संभावना से बहुत डरते थे—वह प्रक्रिया, जिसमें

सेमेस्टर की परीक्षाओं में एक विषय में फेल होने पर छह माह बाद उस विषय की पुनः परीक्षा देनी पड़ती है। 'सप्ली' हमारे लिए एक अकल्पनीय गुनाह, एक डरावने दाग की तरह थी। और फिर थे हॉस्टेलियर्स गुट के अंदर एक गुट। वे भारत के अलग-अलग प्रदेशों से आए थे और दिल्ली के 'डे स्कीज' से अलग थे—डे स्कीज लघु नाम है 'डे स्कॉलर्स' का। डे स्कॉलर्स और हॉस्टेलियर्स एक-दूसरे के प्रति दोस्ताना व्यवहार रखते थे; लेकिन दो अलग देशों की तरह थे—अपने आप में समाहित।

❑

2

दो क्लासों के बाद हम—मैं, राजेश, राजीव और प्रशांत—कॉलेज की कैंटीन में बैठकर सस्ते काँच के प्यालों से चाय की चुस्कियाँ लेते हुए इधर-उधर की बातें कर रहे थे, जब रिया ने हमारी उदास व नम कैंटीन में प्रवेश किया और सबकी नजरें उसकी ओर घूम गईं, या शायद मुझे ऐसा लगा। अपने स्वभाव के अनुरूप वह कभी इस बात की परवाह नहीं करती थी कि लोग उसके बारे में क्या सोचते या कहते हैं। वह उस समय से ब्रांडेड और विदेशी कपड़े पहनती थी, जब वैसे कपड़े भारतीय दुकानों पर मिलते नहीं थे। वह तब भी कैंटीन के दरवाजे से चुंबन उड़ाती थी, जब चुंबन वर्जित थे—बॉलीवुड की फिल्मों में भी। इस समय उसने बेज रंग का घुटनों तक आनेवाला स्कर्ट और सफेद टॉप पहना हुआ था, जो उसके कंधों तक के घुँघराले बालों को कुछ हद तक सँभाले रखनेवाले हेयर बैंड से मेल खाता था।

रिया पहले ही प्रिटी वुमन के दोपहर के शो के दो टिकट खरीद चुकी थी और अब मुझे जल्दी करने को कह रही थी, ताकि फिल्म छूट न जाए।

चलो, फिल्म तीन बजे शुरू हो जाएगी और हम ऑटो लेंगे तो भी चाणक्य पहुँचने में कम-से-कम एक घंटा लग जाएगा।

''मैं रिचर्ड गेयर का एक सीन भी नहीं छोड़ना चाहती।'', वह बोली।

''लेकिन मेरी क्लासेज हैं और मैं उन्हें नहीं छोड़ सकता।'' मैंने आधे मन से विरोध किया, हालाँकि मैं इस घटनाक्रम से बहुत खुश था।

यह उसकी खास बात थी। वह बगैर किसी पूर्व चर्चा के जानती थी कि मुझे जूलिया रॉबर्ट्स-रिचर्ड गेयर की जोड़ीवाली फिल्म पसंद आएगी और टिकट पहले से खरीद लेने के लिए इतनी जानकारी उसके लिए पर्याप्त थी, यह सोचे बिना कि मैं अपनी दोपहर की कक्षाएँ छोड़ना चाहूँगा या नहीं। बेशक हम दोनों ही खुद के टाइम

टेबल से अधिक एक-दूसरे के टाइम टेबल की जानकारी रखते थे। मेरे विपरीत, कक्षाएँ और प्रोफेसर उसके लिए अपने आप में परिपूर्ण नहीं थे। वे उसके लिए उसी हद तक महत्त्वपूर्ण थे कि वे उसे परीक्षा के नतीजे प्राप्त करने में मदद करते थे।

हालाँकि कक्षाएँ छोड़ने में मुझे एक गुप्त अपराध-भाव महसूस हो रहा था, लेकिन एक मैटिनी शो की डेट पर जाने का मजेदार विचार और ऐसा कोई काम करने का गर्व, जो मेरे दोस्त नहीं कर सकते थे, मुझे ललचाने के लिए काफी था। आखिरकार प्यार अप्रतिरोध्य रूप से वांछित होने की अप्रतिरोध्य इच्छा के अलावा और क्या है?

"हे, हमें देर हो जाएगी। तुम अपनी दोपहर की वर्कशॉप क्लास आसानी से छोड़ सकते हो। मैं टिकट भी ले चुकी हूँ!" रिया ने ऐसे कहा जैसे उसे इस मामले में वकालत करने की जरूरत हो। सो मैंने अपने ईर्ष्या से जलते दोस्तों को हाथ हिला कर गुडबाय कहा और कुछ ही देर में हम दोनों एक ऑटो रिक्शा में बैठकर 'चाणक्य' सिनेमा की ओर जा रहे थे—दक्षिणी दिल्ली के उस आलीशान सिनेमा हॉल में, जिसमें विशेष रूप से अंग्रेजी फिल्में लगती थीं। रिया के ड्राइवर को उसे कॉलेज के गेट तक छोड़ने और फिर शाम चार बजे लेने जाने के निर्देश थे; लेकिन निस्संदेह, ऐसे कई दिन होते थे जब वह उससे पहले ही घर पहुँच जाती थी—या तो अपनी किसी सहेली की कार में लिफ्ट लेकर या फिर ऑटो रिक्शा लेकर। वह डीटीसी बस का कभी-कभार ही उपयोग करती थी और वह भी अधिकतर इसलिए करती थी, ताकि मेरे साथ रह सके।

वह दिल्ली के मानसून का भीगा-सा दिन था और हमारा काला-पीला ऑटो रिक्शा दिल्ली के मध्य से आई.टी.ओ. और इंडिया गेट से होते हुए आखिरकार चाणक्यपुरी पहुँच गया, जो दिल्ली का राजनयिक केंद्र है। चाणक्य सिनेमा, अपनी उदास-सी बाहरी सज्जा के साथ उससे भी अधिक उदास लगता होटल अकबर, जो सरकार के स्वामित्व वाला होटल है और कुछ अन्य ऑफिसों के नजदीक स्थित था। उसके अलावा जो इकलौती हलचलवाली जगह थी, वह थी हाल ही में खुला निरुलाज, जो दिल्लीवालों के लिए खाने-पीने और मौज-मस्ती करने का सबसे फैशनेबल अड्डा था; अंतरराष्ट्रीय फूड चेंस, जैसे मैकडोनाल्ड और केएफसी को भारत के भूखे मध्य वर्गीय पेटों को प्रवेश की इजाजत मिली थी, उसके पहले।

फिल्म बहुत अच्छी थी और खूबसूरत हीरो व हीरोइन, परीकथा जैसी कहानी और रोमांटिक संगीत ने उसे और भी बेहतर बना दिया था। यह उन फिल्मों में से थी, जिसे देखकर आपको इस दुनिया की हर अच्छी और खूबसूरत चीज पर

विश्वास होने लगता है। फिल्म भावनात्मक थी, लेकिन रोने-धोनेवाली नहीं। मैं इंटरवल में जाकर पॉपकॉर्न ले आया, क्योंकि मुझे रिया के टिकट खरीदने से कुछ बुरा-सा लग रहा था। सिनेमा हॉल के अँधेरे में भी मेरी कायरता ने यह सुनिश्चित कर दिया कि हमारा एक-दूसरे को छूना सिर्फ उँगलियाँ फँसाने और घुटने छूने तक सीमित था। चुंबन लेने और गले मिलने के लिए हमें और निजी पलों और एकांत का इंतजार करना पड़ेगा। जिस समय रिचर्ड गेयर पूरा जोर लगाकर जूलिया रॉबर्ट्स के अपार्टमेंट की सीढ़ियाँ चढ़ रहा था, रिया अन्य सभी महिला दर्शकों की तरह अपना रूमाल ढूँढ़ रही थी और सभी पुरुष, मेरे सहित, क्रेडिट टाइटल का इंतजार कर रहे थे। बहरहाल, यह एक फील गुड फिल्म थी और फिल्म खत्म होने के बाद अफ्रीका एवेन्यू के अकेले, लेकिन व्यस्त ट्रैफिक के बीच टहलते हुए हम वास्तव में अच्छा महसूस कर रहे थे। बारिश तब तक रुक चुकी थी और वह एक ऐसी शाम थी, जिसकी हवा में नमी थी, धूप ढली नहीं थी और उसकी रोशनी में एक ऐसी अजीब सी बात थी, जो हर चीज को रोमांटिक व सुनहरा बना देती है।

❑

3

मैं मुश्किल से 18 वर्ष का था, जब मैं रिया से मिला था। उस समय मैं इंजीनियरिंग कॉलेज के अपने प्रथम वर्ष में था और साथ ही शाम के समय थोड़ी-बहुत पॉकेट मनी के लिए स्कूल के बच्चों को पढ़ाया भी करता था, जिसकी वजह से मेरी जिंदगी बिना अपनी दिनचर्या पर अधिक बोझ डाले कुछ आसान हो जाती थी। बोर्ड परीक्षाओं में मिले अंकों के कारण आस-पड़ोस में मेरी छवि एक मेधावी छात्र की बन गई थी, इसलिए मेरे पास ऐसे बच्चों के माता-पिता द्वारा ट्यूशन के प्रस्तावों की कमी नहीं थी, जिनके बच्चे विभिन्न कारणों से मेरे जितने अंक प्राप्त करने में सक्षम नहीं थे। मेरे अधिकतर छात्र किसी-न-किसी क्षेत्र में अद्‌भुत योग्यता रखते थे; लेकिन उनकी कुछ समस्याएँ थीं, विशेष रूप से गणित में, जिसमें मैं बहुत तेज था। रिया का छोटा भाई मोहित उनमें से एक था और उसी की वजह से मेरा रिया से परिचय हुआ; हालाँकि मैं कुछ समय से उसके बारे में जानता था। हमारे घर एक ही मोहल्ले में थे।

मुझे ठीक तरह से वह दिन या तारीख याद नहीं है, जब मैं रिया से मिला था। इसलिए, संभवत: वह तथाकथित पहली नजर का प्यार नहीं रहा होगा। लेकिन मैं निश्चित रूप से यह तो देख सकता था कि मेरे नए शिष्य की बड़ी बहन न सिर्फ असाधारण रूप से सुंदर थी, बल्कि किसी अपरिमेय कारण से मेरे ऊपर बहुत ध्यान देती थी। मैं न तब समझ पाया, न बाद में कि रिया मुझे क्यों पसंद करती थी। मेरे पूछने पर भी उसने कभी जवाब देने की आवश्यकता नहीं समझी। शायद वह खुद भी नहीं जानती थी।

मुझे पता चला कि रिया भी मेरी तरह इंजीनियरिंग के पहले सेमेस्टर में पढ़ रही थी; लेकिन कंप्यूटर साइंस पढ़ रही थी, मेरी तरह मेकैनिकल इंजीनियरिंग नहीं। उसका इंजीनियरिंग कॉलेज नया था और निजी था और मेरा अधिक पारंपरिक,

सरकारी यूनिवर्सिटी के पास ही था। उसने नई दिल्ली के एक प्रतिष्ठित निजी स्कूल से बहुत शानदार तो नहीं, लेकिन काफी अच्छे अंकों से बोर्ड की परीक्षा पास की थी और तथाकथित एन.आर.आई. कोटा से कंप्यूटर साइंस कोर्स में सीट हासिल की थी। उन शुरुआती दिनों में हमारी मुलाकातें और बातचीत छोटी तथा अधिक अंतर से होती थीं और निरपवाद रूप से उसके भाई और मेरे शिष्य की मौजूदगी में होती थीं।

''हाय, मोहित मैथ्स में कैसा कर रहा है?'' उसने पूछा था।

''अच्छा कर रहा है; लेकिन बेहतर होगा, यदि वह अपनी पढ़ाई पर और अधिक समय और ध्यान दे।''

''और तुम्हारा कॉलेज कैसा चल रहा है?''

''बढ़िया! क्लासेज अभी-अभी शुरू हुई हैं; लेकिन काम का बोझ धीरे-धीरे बढ़ेगा। और तुम्हारा?'' मैंने पूछा था।

''ठीक चल रहा है। तुम चाय और बिस्किट लो।'' उसने कहा, फिर मुसकराकर वहाँ से चली गई, ताकि मैं ट्यूशन शुरू कर सकूँ।

रिया के मम्मी-डैडी उसके डैडी की खुद की कंपनी में काम करते थे और जब मैं शाम को ट्यूशन पढ़ाने उनके घर जाता था तो वे काम के सिलसिले में बाहर गए होते थे। हालाँकि उनके घर में कम-से-कम दो नौकर हमेशा होते थे, लेकिन दरवाजा खोलनेवाली अकसर खुद रिया ही होती थी, जो मुसकराहट के साथ मेरा स्वागत करती थी और उसकी मुसकराहट कभी शरमीली नहीं होती थी। उसकी जोशीली 'हाय' का जवाब मैं उतने ही संकोची 'हैलो' से देता था और फिर वह मुझे अपनी स्टडी की ओर ले जाती थी। वह कमरा, जो भाई-बहन दोनों इस्तेमाल करते थे। कभी-कभी मेरे मोहित को पढ़ाने के दौरान रिया अपना असाइनमेंट पूरा करने के लिए या पढ़ने के लिए वहीं बैठी रहती थी। बीच में चाय के ब्रेक के दौरान हमारी बातचीत निरपवाद रूप से होती थी; क्योंकि रिया चाय की ट्रे खुद लेकर आती थी और ट्रे में रखी खाने-पीने की चीजों के साथ-साथ मुझसे वार्त्तालाप भी साझा करती थी।

शुरुआत में हमारी बातचीत के विषय पढ़ाई और हमारे कॉलेजों की घटनाओं तक सीमित रहते थे। चूँकि पहले सेमेस्टर में हमारा सिलेबस एक ही था, हम अपनी पढ़ाई के बहाने बातचीत कर लेते थे। कभी-कभी वह मुझसे कुछ अवधारणाएँ समझाने के लिए भी कहती थी, जो विशेष रूप से गणित से संबंधित होती थीं; क्योंकि उसे यह स्वीकार करने में कोई संकोच नहीं था कि एक ही बैच में होने

के बावजूद मैं पढ़ाई में उससे कहीं आगे था। मुझे ऐसी बातों में उसकी ईमानदारी और स्पष्टवादिता अच्छी लगती थी। वास्तव में, उसकी सुंदरता के अलावा उसके जोश और सीधी-सच्ची ईमानदारी ने भी मुझे निरंतर मिलते रहने पर उसकी ओर आकर्षित करना शुरू किया था।

मुझे याद है, सर्दी की एक सुबह उसने मोतिया सफेद ऊनी स्वेटर और नीला डेनिम का स्कर्ट पहना था। उस दिन उसने रोज की चाय के साथ एक अजीब सी शक्लवाली मिठाई रखी थी, जो मैंने पहले कभी नहीं देखी थी।

"यह बकलावा है। पापा अपनी टर्की की ट्रिप से लाए हैं। यह वहाँ की बहुत मशहूर मिठाई है। तुम्हें अच्छी लगी ? मम्मा ने खासतौर पर मुझसे कहा था कि मैं तुम्हें यह खिलाऊँ।" रिया बोली।

मैं इतना मंद बुद्धि नहीं था कि यह समझ न सकूँ कि उसकी मम्मा को अपने बेटे के ट्यूटर की इतनी परवाह क्यों होने लगी, और वह रिया ही थी, जो इतना फैंसी विदेशी व्यंजन मेरे साथ बाँटना चाहती थी, बिना मुझे संकोच में डाले और बिना यह जताए कि वह मेरी परवाह करती थी। कितनी हास्यास्पद बात है कि हमारी याददाश्त अतीत की इतनी छोटी और महत्त्वहीन बातें याद रखने का निर्णय लेती है।

मुझे याद नहीं है कि कैसे एक-एक कड़ी से दूसरी कड़ी जुड़ती गई; लेकिन जल्दी ही हम अपने-अपने कॉलेजों से समय निकालकर एक-दूसरे की कैंटीन में समय बिताने लगे।

मुझे उससे मिलने के बाद का अपना पहला जन्मदिन याद है। हमारे घर में मेरा जन्मदिन कभी सामान्य तरीके से नहीं मनाया जाता था, इसलिए यह जानकर मुझे आश्चर्य भी हुआ और खुशी भी कि रिया को वास्तव में मेरा जन्मदिन याद था। उसने समय निकालकर मेरे लिए एक उपहार और ग्रीटिंग कार्ड भी खरीदा था। वह मेरे जीवन का पहला ग्रीटिंग कार्ड था और उस पर लिखे शब्द तटस्थ और बिना किसी प्रतिबद्धता के थे। उनमें दोस्ती और परवाह का संकेत था; लेकिन कोई दावा नहीं किया गया था। उस कार्ड पर लिखे शब्द उससे कम कह रहे थे, जो वह कहना चाहती थी; लेकिन उससे अधिक कह रहे थे जितने की कल्पना करने की मैं हिम्मत कर सकता था।

सहशिक्षा वाले स्कूल में पढ़ने के बावजूद मैं अपने स्कूल के दिनों में बहुत लड़कियों से नहीं मिला था। इसका एक कारण तो यह था कि मैं कम उम्र था और अपनी पढ़ाई में इतना व्यस्त रहता था कि स्कूल की लड़कियों के बारे में सोचने

का समय नहीं मिलता था; हालाँकि उनमें से कुछ काफी आकर्षक थीं। इसलिए, कई मामलों में रिया विपरीत सेक्स की पहली गैर-पारिवारिक सदस्य थी, जिसके संपर्क में आने का मुझे मौका मिला था। मैंने रिया जैसी किसी लड़की का साथ मिलने की उम्मीद नहीं की थी और जल्दी उसकी मुसकराहटें, उसका स्वभाव, और उसका मेरी परवाह करना मुझे बहुत अच्छा लगने लगा। मुझे उससे मिले छह महीने भी नहीं हुए थे कि मुझे उससे प्यार हो गया, या शायद मुझे ऐसा लगता था।

❑

4

यह मान लेना कि मुझे प्यार हो गया था, एक बात थी; लेकिन इसे खुलेआम स्वीकार करना बिल्कुल अलग। इसलिए, इस बात को स्वीकार करने में कि हमारे बीच कुछ चल रहा था, हमने कई महीने बिता दिए और तब तक कुछ साबित करने की आवश्यकता नहीं रह गई थी। हमें साथ देखकर कोई अंधा भी इस बात का अंदाजा लगा सकता था।

लेकिन वे महीने, जब हम एक प्रकार से एक-दूसरे से, अपने दोस्तों से और कभी-कभी खुद से भी यह दिखावा करते थे कि हम सिर्फ अच्छे दोस्त थे, बहुत मजेदार थे। हम दोनों जानते थे और समझते थे कि हमारे बीच कुछ खास था, कोई खास रसायन था; लेकिन हमें यकीन नहीं था कि वह प्यार था। एक व्यक्ति के लिए इस बात पर यकीन करना कि उसे प्यार हो गया है, बहुत मुश्किल काम है; क्योंकि प्यार की तो अवधारणा ही अस्पष्ट, अनाकार और बहुआयामी है। लेकिन इसके अलावा मुझे डर भी था अस्वीकृत किए जाने का और उससे भी अधिक, इस आकर्षक और चुलबुली लड़की द्वारा मजाक उड़ाए जाने का। उन शुरुआती महीनों में रिया मेरे साथ इतना मजाक करती थी और मेरी इतनी टाँग-खिंचाई करती थी कुछ हद तक मेरे साथ बातचीत के समय को बढ़ाने के लिए कि मुझे यकीन नहीं होता था या शायद मैं इस बात पर यकीन करने से डरता था कि उसके मन में मेरे लिए कोई खास भावना थी।

इसलिए कई महीने बीत गए और हम अपने रिश्ते को आगे बढ़ाए बिना सिर्फ अच्छे दोस्त ही बने रहे। शुरुआत में हम फिल्में देखने और लंच करने जाते थे, अपने कुछ आम दोस्तों के साथ; क्योंकि सिर्फ हम दोनों का फिल्म देखने या लंच करने जाना एक प्रकार की स्वीकृति या घोषणा होती कि हम दोस्त से ज्यादा कुछ थे। लेकिन धीरे-धीरे, हालाँकि एक बार फिर मुझे याद नहीं है कि ऐसा पहली

बार कब हुआ था, हम फिल्म देखने और खाना खाने, जो सिर्फ लंच ही होता था, अपने दोस्तों को साथ लिये बिना जाने लगे। चूँकि मैं शाम को प्राइवेट ट्यूशनें लेता था, मेरे पास पर्याप्त पैसे होते थे। इसलिए कभी-कभार 'चाणक्य' या 'प्रिया' में फिल्में देखने जाना या फिर चौपस्टिक्स या एसेक्स में खाना खाने जाना कोई बड़ी बात नहीं थी।

यदि कोई हिंदी फिल्मों पर विश्वास करना चाहता हो, जो कि हर भारतीय करना तो चाहता है, लेकिन वास्तव में करता नहीं, तो ऐसा प्रतीत होगा कि एक लड़के तथा एक लड़की के बीच की प्रेम कहानी एक निश्चित चीज है और हमेशा से रही है, वर्ष 1930 के उन दिनों से, जब टॉकीज की शुरुआत हुई थी। लेकिन भारत के कॉलेज परिसरों में प्रेम कहानियाँ उतनी सामान्य नहीं हैं, विशेष रूप से उत्तर भारत में, जितनी लोग चाहते होंगे। और खासतौर से इंजीनियरिंग कॉलेजों में, जहाँ लड़कियों की संख्या हमेशा ही कम रहती है, ऐसी प्रेम कहानियाँ और भी दुर्लभ होती हैं। इसलिए धीरे-धीरे मैं और रिया तथा हमारा रिश्ता भी—हम दोनों के कॉलेज परिसरों में एक प्रकार से मशहूर हो गया किसी नकारात्मक रूप में नहीं, बल्कि उत्सुकता और कुछ हद तक ईर्ष्या भरे रूप में। जाहिर है, रिया को इस बात की रत्ती भर भी परवाह नहीं थी, कि लोग उसके बारे में क्या सोचते थे और क्या कहते थे। वह सच्ची और बेफिक्र थी और लोगों की प्रतिक्रियाओं से परेशान नहीं होती थी। जहाँ तक मेरा सवाल है, मैं मन-ही-मन इस बात से खुश था और मुझे गर्व भी था कि मेरे कॉलेज के दोस्त समझते थे कि मेरे और रिया के बीच कोई खास रिश्ता था। यह इस बात की स्वीकृति थी कि मैं उसके लायक समझा जाता था और उन दिनों यह बात मेरे अहं के लिए बूस्टर के समान थी।

❑

5

ऐसा नहीं था कि मेरी जिंदगी पूरी तरह एक आयामी थी, कि वह रिया के इर्द-गिर्द ही घूमती रहती थी और उसमें रिया के अलावा कुछ और था ही नहीं। निस्संदेह, मेरे पास मेरे माता-पिता थे—निस्स्वार्थ प्रेम करनेवाली मेरी भारतीय माँ, कम बोलने के बावजूद हमेशा समर्थन देनेवाले पिता, मेरी बहन और मेरे दोस्त—कॉलेज के भी व आस-पड़ोस के भी—सभी थे। लेकिन उन दिनों रिया और मेरी पढ़ाई मेरे लिए सबसे महत्त्वपूर्ण और समय लेनेवाले मुद्दे बन गए थे।

मुझे याद है, एक बार हमारे एक सेमेस्टर ब्रेक के दौरान मैंने और मेरे कुछ कॉलेज के दोस्तों राजेश और प्रशांत ने छुट्टी मनाने के लिए हिमाचल प्रदेश की यात्रा करने का निश्चय किया था। प्रशांत हिमाचल के काँगड़ा जिले के एक छोटे से दूरस्थ गाँव से आया था। उसके पिताजी एयर इंडिया में काम करते थे और काँगड़ा में उसके पिता की ओर के बहुत से रिश्तेदार रहते थे। उसके मामाओं के परिवार पास के ही चंबा जिले में रहते थे। यह पहली बार था कि मैं अपने माता-पिता के बिना कोई यात्रा कर रहा था और एक प्रकार से यह मेरे लिए एक साहसिक यात्रा थी, जिसमें मैं अज्ञात का रोमांच अनुभव कर रहा था। मुझे लगता है, राजेश और प्रशांत भी कुछ ऐसा ही अनुभव कर रहे होंगे; हालाँकि उस समय कोई एक-दूसरे के सामने यह स्वीकार करने को तैयार नहीं था। हमने नई दिल्ली स्टेशन से पठानकोट के लिए रात की ट्रेन ली, जहाँ से काँगड़ा तक की यात्रा हमें बस द्वारा करनी थी। शरद् ऋतु का सर्दियों में विलय हो रहा था और ट्रेन के द्वितीय श्रेणी के डिब्बे की बंद खिड़की से अंदर आती हवा हाड़ कँपानेवाली थी। हालाँकि प्लेटफॉर्म वरदीधारी सैनिकों से भरा हुआ था, फिर भी उस सुबह पठानकोट स्टेशन किसी भी आम उत्तर भारतीय रेलवे स्टेशन की भाँति लग रहा था। अपर्याप्त नींद

से जागे गंदे व अँधेरे भोजनालय, शोर करती बसों के बीच जगह बनाने की होड़ में साइकिल रिक्शे और ऑटो रिक्शे तथा बी-ग्रेड हिंदी फिल्मों के पोस्टरों की अर्धनग्न हीरोइनों को घूरते पहली बार शहर आए ग्रामीणों की भीड़। हमने पेट-पूजा के लिए एक जगह ढूँढ़ी और किसी अजीब कारण से सबने डोसा ही मँगवाया—पंजाब के बीचोबीच बैठकर एक ठेठ दक्षिण भारतीय व्यंजन। जाहिर है, डोसे का स्वाद असल चीज और पराँठों के बीच का था।

पठानकोट से काँगड़ा तक की बस यात्रा बहुत रमणीय थी। प्रशांत के रिश्तेदार; पहले काँगड़ा और फिर चंबा में हमसे बहुत विनम्रता से मिले और सभी ने अपने भतीजे के दोस्तों के अचानक आगमन का बहुत आत्मीयता से स्वागत किया। वास्तव में, हमारे साथ ऐसा व्यवहार किया गया जैसे हम कोई मशहूर हस्तियाँ हों; क्योंकि हम पढ़े-लिखे थे, शहरी थे और सबसे महत्त्वपूर्ण बात कि अंग्रेजी बोल सकते थे, जो उनके अनभ्यस्त कानों को पर्याप्त रूप से धारा-प्रवाह लग रही थी।

यह काफी अजीब बात है कि कई प्रकार की गैर-महत्त्वपूर्ण बातें और साधारण घटनाएँ हमारी यादों से चिपकी रहती हैं तथा बहुत सी परंपरागत रूप से महत्त्वपूर्ण बातें हम भूल जाते हैं। इसलिए मुझे खुशी होती, यदि मुझे काँगड़ा किले के खँडहर या संग्रहालय में प्रदर्शित लघु पहाड़ी चित्र या फिर चंबा का प्राचीन देवी मंदिर याद रह जाते। लेकिन जो बात मुझे वास्तव में याद रह गई, वह है मद्धिम रोशनीवाले 'रावी व्यू कैफे' में बियर पीना—अपनी गहरी व अँधेरी घाटी से बहती लगभग अदृश्य रावी नदी की गुनगुनाहट सुनते हुए। उस समय पहली बार मैंने सोलह वर्षीय एक लड़के के बारे में सुना, जिसने न सिर्फ पाकिस्तान के दौरे पर जाने वाली भारतीय टेस्ट क्रिकेट टीम में जगह बनाई थी, बल्कि उसने मुख्य लेग स्पिनर की गेंदबाजी पर अहंकार की कगार पर खड़े विश्वास के साथ लगातार छक्के पीटे थे। हालाँकि वह शृंखला मुख्य रूप से अपेक्षाकृत गंभीर संजय मांजरेकर की थी, जो अपने यशस्वी पिता के यशस्वी पुत्र थे, लेकिन वह सोलह वर्ष का लड़का आगे जाकर सचिन तेंदुलकर बना। वह नाम, जो तब से हमेशा मेरे साथ रहा है—जीवन के विभिन्न उतार-चढ़ावों के दौरान, साल-दर-साल और जिसने शायद इन तमाम सालों में इस देश की सकल घरेलू खुशी में किसी भी अकेले व्यक्ति से अधिक योगदान दिया है।

वह समय ऐसा था, जब मोबाइल फोन नहीं थे और साधारण मध्यम वर्गीय घरों में तो लैंडलाइन फोन भी नहीं होते थे। इसलिए, हालाँकि मैं घर से दूर दोस्तों

के साथ अपनी पहली स्वतंत्र यात्रा का पूरा आनंद उठा रहा था, फिर भी कभी-कभी मुझे रिया की कमी महसूस होती थी, खासतौर पर जब मैं अकेला होता था या फिर सोने के बिल्कुल पहले। सच तो यह है कि शायद तभी पहली बार मुझे पक्का विश्वास हुआ कि मुझे वास्तव में उससे प्यार हो गया है।

❑

6

हम हिंदी फिल्मों और अंग्रेजी उपन्यासों की जरूरत से ज्यादा खुराक पर बड़े हुए और दोनों ही चीजों ने अनंत रोमांटिक प्रेम की अवधारणा में विश्वास करने के लिए हमें प्रेरित किया। प्रेम अपनी परिभाषा को सार्थक करते हुए अनंत होता है—और जीवन के बाद न भी होता हो तो भी जीवन में कम-से-कम एक बार तो होता ही है। इसलिए स्वाभाविक रूप से मैं यह मानने लगा कि रिया ही वह लड़की थी; जो मेरे लिए बनी थी और मेरे मन में इस बात को लेकर कोई शंका नहीं थी कि मैं हमेशा उसे प्यार करूँगा और सिर्फ उसे ही करूँगा। एक चीज दूसरी की ओर बढ़ती गई और बीस वर्ष का होने से पहले ही मैंने तय कर लिया कि मैं अपना जीवन किसके साथ बिताना चाहता था; जबकि मैंने इस मुद्दे पर उसके विचार भी नहीं पूछे थे। अब सिर्फ व्यावहारिक और सांसारिक मुद्दे, जैसे स्नातक की परीक्षा उत्तीर्ण करना, उच्च शिक्षा की संभावना पर विचार करना, नौकरी हासिल करना और आजीविका कमाना तथा हमारे परिवारों की स्वीकृति मेरे सपनों के और मेरे बीच खड़े थे। इस बात की परवाह किए बिना कि भविष्य में क्या होगा, मैं रिया के साथ अपना पूरा जीवन बिताने के लिए प्रतिबद्ध था; क्योंकि मुझे लगता था कि मैं उसे प्यार करता हूँ।

रिया भी अपनी ओर से मुझे हतोत्साहित करने जैसा कोई काम नहीं करती थी। और अब यह मेरे और हमारे आपसी दोस्तों के सामने साफ था कि मैं न सिर्फ उसे अच्छा लगता था, बल्कि वह मुझे अत्यधिक पसंद करती थी और मेरे साथ अपना खाली समय बिताना उसे बहुत अच्छा लगता था और यह बात उसके दोस्तों तथा उससे दोस्ती की उम्मीद लगाए लड़कों की चिढ़ की वजह थी। वह मुझे खुश करने के लिए अपेक्षित परंपराओं के खिलाफ जाने की बात को लेकर बिल्कुल सहज थी और इसके लिए दो बार सोचती भी नहीं थी।

हम अपने पाँचवें सेमेस्टर में थे, जब रिया के कॉलेज के असंख्य दोस्तों में से एक हरप्रीत ने, जो एक अमीर लड़का था, दक्षिण दिल्ली के एक पॉश क्लब में अपने जन्मदिन की पार्टी दी और मुझे भी आमंत्रित किया शिष्टाचार के नाते, या शायद यह सुनिश्चित करने के लिए कि रिया पार्टी में शामिल होने से मना न कर दे। वहाँ शराब भी थी और एक डांस फ्लोर भी था। हालाँकि रिया एक स्वाभाविक डांसर थी और डांस करना उसे बहुत प्रिय था, फिर भी उसने जान-बूझकर पूरी शाम एक बार भी डांस फ्लोर पर कदम नहीं रखा; क्योंकि उन दिनों मुझे डांस करने में संकोच महसूस होता था। मैंने उसे डांस करने के लिए अपनी ओर से प्रोत्साहित भी किया और उसका साथ देने के इच्छुक लोगों की कमी भी नहीं थी; लेकिन रिया ने पूरी शाम मेरे साथ ही बिताई। हम पूरी शाम एक अँधेरे कोने में बैठकर अपनी ड्रिंक्स की चुस्कियाँ लेते रहे और डांसरों को चक्कर काटते या तेज पश्चिमी संगीत की धुन पर मूर्खों की तरह झूमते हुए देखते रहे। उस साल माइकल जैक्सन का एलबम 'बैड' छाया हुआ था और मूनवॉकिंग का प्रयास खुद को फैशनेबल दिखाने का सामान्य तरीका था। हालाँकि मुझे यह सोचना अच्छा लगता था कि मैं अपने प्यार के प्रति अधिकार की भावना नहीं रखता था, फिर भी मुझे रिया के इस व्यवहार से खुशी महसूस हुई।

काफी रात हो चुकी थी, जब घर लौटते समय मैंने उससे पूछा, "तुमने आज डांस क्यों नहीं किया? तुम्हारे सब दोस्त बहुत निराश हो गए होंगे।" हालाँकि गरमी का मौसम अपने चरम पर था, फिर भी हवा चलने से रात ठंडी और सुखद लग रही थी। सड़क के किनारे लगे विशाल गुलमोहर के पेड़ों की शाखाएँ हवा में झूम रही थीं और उनकी लहराती परछाइयाँ फुटपाथ पर नजर आ रही थीं।

"तो क्या हुआ? मैं उनके लिए डांस नहीं करती। मैं खुद के लिए डांस करती हूँ, और आज मेरा मन नहीं था। और कोई बात नहीं है।" रिया ने कंधे उचकाते हुए जवाब दिया, जबकि उसकी नजरें सामने देख रही थीं।

"लेकिन उन्हें लगा होगा कि ऐसा मेरी वजह से हुआ।" मैंने कहा।

"तुम दूसरों के सोचने की परवाह क्यों करते हो?" रिया ने पूछा।

मेरे पास उस प्रश्न का कोई जवाब नहीं था। मेरी परवरिश ने मेरे दिमाग को एक विशेष प्रकार से सोचने के लिए तैयार किया था और उसकी परवरिश ने उसके दिमाग को एक अलग तरह से सोचने के लिए।

मैं कभी समझ नहीं पाया कि रिया मुझे इतना पसंद क्यों करती थी। यह इतना नाजुक तथ्य था कि मैं कभी उससे यह बात पूछने की हिम्मत ही नहीं जुटा पाया,

यह सोचकर कि कहीं वह इस तथ्य को पूरी तरह नकार ही न दे। मुझे कल्पना करना अच्छा लगता था और दिन पर दिन मैं और अधिक आश्वस्त होता गया कि वह भी मुझे प्यार करती थी, चाहे वह यह ख़ुद स्वीकार करे या नहीं। जो भी हो, सभी परिस्थितिजन्य साक्ष्य मेरी आशावादी थीसिस का समर्थन कर रहे थे।

❑

7

हालाँकि यह बात अजीब लग सकती है, फिर भी यह सच है कि न तो मुझे वह दिन याद है, जब मैंने पहली बार रिया के सामने खुले शब्दों में अपने प्यार का इजहार किया था, न ही उसकी प्रतिक्रिया याद है। लेकिन धीरे-धीरे, जैसे-जैसे हम एक सेमेस्टर से दूसरे की ओर, एक परीक्षा से दूसरी की ओर, एक जन्मदिन से दूसरे की ओर बढ़ते गए, हम एक ऐसी स्थिति में पहुँच गए, जब हम दोनों ने निश्चित तौर पर मान लिया कि हमारी किस्मत में एक साथ जीवन बिताना लिखा है। हमने एक-दूसरे से कोई वादे नहीं किए थे। न ही अपने अनंत प्यार के दावे किए थे, हमने ऐसा कुछ भी नहीं किया था, लेकिन कॉलेज के तीसरे वर्ष—बल्कि छठे सेमेस्टर तक आते-आते—मुझे लगने लगा था कि अब समय आ गया है कि मैं अपने या हमारे इरादे उसके और अपने माता-पिता को बता दूँ।

मैं हमेशा से एक सीधा-सादा सरल व्यक्ति था और बातें छुपाने या धोखा देने को कायरतापूर्ण कार्य समझता था। मुझे नहीं लगता था कि मैं किसी गलत राह पर चल रहा था और साथ ही मैं इस बात को अपना नैतिक कर्तव्य मानता था कि अपने और उससे भी ज्यादा उसके माता-पिता को और अँधेरे में न रखूँ। आखिर उन्होंने मुझ पर भरोसा किया था।

जब मैंने अपनी माँ के आगे यह बात छेड़ी तो वे उदासीन सी लगीं, जैसे कि उन्हें मालूम था, आगे क्या आने वाला है। शायद माता-पिता की, विशेष रूप से माताओं की, अंतर्ज्ञान से अपने बच्चों के व्यवहार को देखकर उनके मन और जीवन के बारे में जानने और समझने की आदत होती है। वे न ही इस बात से बहुत खुश थीं और न ही पूरी तरह चीखते हुए उसका विरोध कर रही थीं। शायद उन्हें एहसास हो गया था कि सीधे-सीधे विरोध करने से उन्हें अनुकूल परिणाम नहीं मिलेंगे। वे जानती थीं कि उनका इकलौता बेटा कितना आजाद खयाल और जिद्दी है।

''मुझे आपसे एक बात करनी है—एक ऐसी बात, जो मेरे लिए बहुत महत्त्वपूर्ण है।'' मैंने कहा। हम किचन में थे। वे हम सबके लिए खाना बना रही थीं, जैसा कि अपनी शादीशुदा जिंदगी में रोज करती आ रही थीं। वे कुछ नहीं बोलीं।

''बात रिया के बारे में है।''

उन्होंने न कोई जवाब दिया, न कोई प्रतिक्रिया व्यक्त की और गैस के बर्नर पर दाल बनाने में व्यस्त हो गईं।

''हमने सही समय आने पर शादी करने का फैसला कर लिया है।'' मैंने अपनी आम देसी भाषा में कहा, वह भाषा, जिससे रिया वास्तव में बिल्कुल अनजान थी।

''क्या उसने भी फैसला कर लिया है?'' उन्होंने पहली बार पूछा।

''हाँ, हम दोनों ने फैसला कर लिया है।'' मैंने जवाब दिया।

उस समय तक मेरी माँ रिया से दो-चार बार मिल चुकी थीं; लेकिन उन्होंने रिया के बारे में अपनी भावनाएँ व्यक्त नहीं की थीं। रिया का व्यवहार हमेशा की तरह दोस्ताना और जोश से भरा रहता था तथा मेरी माँ का विनम्र और गंभीर।

''क्या उसके मम्मी-डैडी जानते हैं?''

''अभी नहीं। मैं पहले आपको बताना चाहता था।'' मैंने कहा, यह सोचकर कि उन्हें इस बात से खुशी होगी कि वे मेरे लिए रिया के माता-पिता से ज्यादा महत्त्वपूर्ण थीं। बहरहाल, यदि उन्हें खुशी हुई भी थी तो उन्होंने दिखाया नहीं।

''तुम्हें अपने पापा से बात करनी चाहिए।'' उन्होंने कहा और दाल बड़े बरतन में से परोसनेवाले छोटे बरतन में डालने लगीं।

''हाँ, मैं उनसे बात करूँगा।'' मैंने कहा और किचन से बाहर आ गया। मैं जानता था कि पापा से बात करना माँ से बात करने से बहुत अलग और बहुत मुश्किल होगा। मेरे पापा के साथ मेरा रिश्ता कुछ औपचारिक-सा था। मैं उनकी कई विशेषताओं की प्रशंसा करता था, विशेष रूप से विभाजन के बाद के कठिन समय में खुद को शिक्षित और आत्मनिर्भर बनाने के उनके संघर्ष की। मुझे लगता है, वे भी अपने बेटे को पसंद करते थे और उस पर गर्व करते थे। लेकिन हमारी बातचीत जब भी होती थी, हमेशा उथली और सिर्फ काम की होती थी। उनके लिए अपने बच्चों से अपने विचार या अपने मन की बात बाँटना आसान नहीं होता था। अधिकतर जब हम बात करते थे, हम भारतीय क्रिकेट की स्थिति पर चर्चा करते थे। एक ऐसा विषय, जो हम दोनों में जोश भर देता था। असल में उन दिनों ऐसा होना बहुत अस्वाभाविक या असामान्य नहीं था; क्योंकि मेरे अधिकांश नहीं तो भी

बहुत से दोस्तों के अपने पिताओं से ऐसे ही रिश्ते थे। परिवार में पिता का पद गृह स्वामी का होता था, जो परिवार का भरण-पोषण करता था और उच्च आसन पर बैठा होता था—जरूरी नहीं कि हमेशा उसकी इच्छा से, और उससे उम्मीद नहीं की जाती थी कि वह हमेशा अपने बच्चों के साथ अपने विचार साझा करे, भावनाएँ व्यक्त करना तो दूर की बात थी। वह अपनी अपेक्षित भूमिका और विरासत में मिली छवि में फँसा होता था और उसमें हिम्मत नहीं होती थी कि वह उस साँचे को तोड़कर अपने ही बच्चों का सामना करे।

हालाँकि मेरी माँ ने मुझसे कहा था कि मैं यह बात अपने पिताजी को बताऊँ, लेकिन जल्दी ही मुझे पता चला कि उन्होंने खुद ही मेरी कहानी उन्हें सुना दी है और कुछ इस तरह से बताई है कि पिताजी ने एक प्रकार से उसे अपनी स्वीकृति दे दी है। मुझे लगता है कि यह उनके लिए एक मुश्किल स्थिति थी और उन्हें पता नहीं था कि इस बात के लिए किस प्रकार की प्रतिक्रिया देनी चाहिए। लेकिन कुल मिलाकर, उन्होंने मेरे निर्णय पर कोई आपत्ति व्यक्त नहीं की और शांति से आगे के घटनाक्रम का इंतजार करते रहे। रिया और उसका परिवार हमारे विशाल देश के दूसरे हिस्से के थे और दोनों परिवारों के बीच भाषा, संस्कृति, समुदाय एवं सामाजिक संबंधों का काफी अंतर था। लेकिन उन दिनों ऐसे अंतर-सामुदायिक विवाह, विशेष रूप से भारतीय महानगरों में, तेजी से आम होते जा रहे थे और पुराने अटल मतभेद धीरे-धीरे शहरी, शिक्षित, मध्यम वर्ग के माहौल से उत्पन्न एकरूपता के लिए रास्ता तैयार कर रहे थे।

❑

8

अपने माता-पिता को हमारे भविष्य की योजना बताने के बाद अगला स्वाभाविक कदम था रिया के मम्मी-डैडी को बताना। वैसे भी, अपने उत्साह और साहस की भावना में मुझे लगा कि उसके मम्मी-डैडी को अपने फैसले के बारे में बताना मेरा कर्तव्य था, रिया का नहीं। रिया भी मेरी तरह अपने मम्मी-डैडी को मेरे प्रति अपनी भावनाओं के बारे में बता सकती थी; लेकिन शायद मैं ही अधीर हो रहा था। शायद मैं उसे उसके माता-पिता की ओर से किसी भी संभावित वैमनस्य और नाराजगी से बचाना चाहता था और पूरी उदारता से अपने रिश्ते की जिम्मेदारी लेना चाहता था।

मैं सर्दियों की एक सर्द शाम को उसके घर पहुँचा, जब मुझे कोई ट्यूशन नहीं लेना था—और मैं अच्छी तरह जानता था कि घर पर सिर्फ उसकी मम्मी होंगी, डैडी नहीं। मुझे लग रहा था कि मिसेज मल्होत्रा मेरी बात ज्यादा बेहतर ढंग से समझ पाएँगी। जहाँ तक मुझे समझ में आया था, रिया को उसकी शक्ल-सूरत और स्वभाव अपनी माँ से विरासत में मिले थे। मि. मल्होत्रा एक पक्के व्यवसायी थे। वह अपने ससुर से विरासत में मिले व्यापार को सँभालते थे और मुझे अंदेशा था कि वे अपने पैसे का रंग चढ़े चश्मे से दिल और भावनाओं की बातें नहीं समझ पाएँगे। मुझे वैसे भी हमेशा से महिलाओं पर ज्यादा भरोसा था।

मैंने एक बेज रंग की जैकेट, जो मेरी सबसे अच्छी जैकेट थी और अच्छे से प्रेस की हुई काली पतलून पहनी थी। मिसेज मल्होत्रा ने मुझे चाय दी और हम तीनों, रिया सहित, ड्राइंग रूम में बैठ गए। मेरे लिए कुछ कहना मुश्किल हो रहा था; क्योंकि इससे पहले जब भी मिसेज मल्होत्रा से मेरी बातचीत हुई थी, जो कि अकसर होती थी, अधिकतर गणित में उनके बेटे की प्रगति के बारे में होती थी। मेरे प्रति उनका व्यवहार हमेशा विनम्र, सहज और मधुर होता था। लेकिन मुझे नहीं

पता था कि जो कुछ मैं उस दिन उनसे कहने आया था, उसे सुनने के बाद उनका व्यवहार कैसा रहेगा।

"आंटी, मुझे लगता है कि हमें आपको बता देना चाहिए कि हम—मैं और रिया—एक-दूसरे से प्यार करते हैं और अपने रिश्ते के प्रति काफी गंभीर हैं।" मैंने शुरुआती हिचकिचाहट के बाद हिम्मत जुटाकर मिसेज मल्होत्रा से कह दिया।

यदि उन्हें झटका लगा था या वह नाराज थीं तो उन्होंने ऐसा कुछ जताया नहीं। मिसेज मल्होत्रा ने सराहनीय आत्म-संयम का प्रदर्शन करते हुए बिल्कुल सामान्य भाव से अपनी बेटी की ओर देखा। आमतौर पर रिया बहुत उत्साहित रहती थी—मुझसे कहीं अधिक; लेकिन उस शाम वह शांत रही। हालाँकि, उसने मेरी बात का खंडन नहीं किया और बिना कुछ कहे सहमति में सिर हिला दिया।

मैं बुरे-से-बुरे के लिए तैयार था; लेकिन मिसेज मल्होत्रा ने सिर्फ इतना ही कहा, "देखो, मुझे लगता है कि अपने जीवन का इतना महत्त्वपूर्ण निर्णय लेने के लिए तुम दोनों अभी बहुत छोटे हो। इतनी गहरी प्रतिबद्धता के लिए अभी बहुत जल्दी है।"

"हो सकता है; लेकिन मैं अपनी भावनाओं के बारे में निश्चित हूँ और रिया से शादी करना चाहता हूँ। मैं आपको यह बात बताना चाहता था। बेशक, अभी तुरंत कुछ भी नहीं होगा; क्योंकि हमें अपनी पढ़ाई पूरी करनी है, नौकरी करके जीवन में व्यवस्थित होना है, बहुत कुछ करना है। लेकिन मुझे लगा कि आपको यह बात हमसे ही पता चलनी चाहिए, बजाय किसी तीसरे व्यक्ति के।" मैंने कहा।

सच्चाई यह थी कि मैं मिसेज मल्होत्रा की प्रतिक्रिया देखकर बहुत राहत महसूस कर रहा था, क्योंकि उन्होंने न तो गुस्से से आगबबूला होकर हमें एक-दूसरे से मिलने से मना किया, न ही अपने बेटे की ट्यूशन बंद करने की बात की और न ही मुझे अपने घर से बाहर निकाला। मुझे लग रहा था कि उन्हें अपनी बेटी की भावनाओं का कुछ अंदाज हो गया था और इसलिए वे रिया को नाराज नहीं करना चाहती थीं, न ही उसे भड़काना चाहती थीं। मेरे सीने से एक बोझ उतर गया था, क्योंकि मुझे लग रहा था कि मैंने वह किया था, जो नैतिक रूप से सही था। सभी संबंधित लोगों के सामने अपने प्यार और प्रतिबद्धता का ऐलान कर दिया था, ताकि कोई हमारे ऊपर धोखा देने या भरोसा तोड़ने का इलजाम न लगा सके।

कुछ ही दिनों बाद रिया ने मुझे बताया कि उसकी मम्मी ने उसके डैडी को मुझसे हुई बातचीत के बारे में बता दिया है और उन्हें इस बात की गंभीरता और अनिवार्यता समझा दी है। मि. मल्होत्रा ने हमारी अगली मुलाकातों में इस विषय

को नहीं छेड़ा और सामान्य व अनुकूल व्यवहार करते रहे। इसलिए मुझे लगा कि वह भी पूरी तरह इस बात के विरुद्ध नहीं थे। मुझे नहीं लगता कि उसके मम्मी-डैडी या मेरे वास्तव में हमें मिलने से रोक सकते थे। हमारी एक-दूसरे के लिए और अपनी स्वतंत्रता के लिए भावना बहुत मजबूत थी। लेकिन यदि वे चाहते तो हमारा जीवन दूभर बना सकते थे; गुस्से से चीख-चिल्ला के, तमाशा करके सबकुछ अप्रिय बना सकते थे। लेकिन उन्होंने ऐसा कुछ नहीं किया। इसलिए मैं और रिया मिलते रहे—अपने माता-पिता की मौन, गैर-उत्साही सही, स्वीकृति से प्रोत्साहित होकर। हमारा रिश्ता अब सबके सामने खुल चुका था और अब मैं अपनी नई मोटरसाइकिल, 'यामाहा आर एक्स 100' चलाकर उसके घर तक आता और उसे फिल्म देखने या डिनर करने ले जाता। मैं खुश था और रिया भी।

❑

9

जीआरई/कैट/जीमैट जैसी परीक्षाओं के लिए मुश्किल अंग्रेजी शब्दों की परिभाषाएँ रटना हम दोनों ही के इंजीनियरिंग कॉलेजों के अंतिम वर्ष के छात्रों के लिए कोई बड़ा काम नहीं था; लेकिन फिर भी, मुझे थोड़ा आश्चर्य हुआ, जब रिया ने कोर्स की सामान्य किताबों के साथ अपनी नई खरीदी जीआरई की किताबें भी कॉलेज लानी शुरू कर दीं। आखिरकार, जीआरई का मतलब था स्नातकोत्तर (पोस्ट ग्रेजुएशन) की पढ़ाई के लिए अमेरिका जाना। चूँकि मैं उस दिशा में नहीं सोच रहा था, इसलिए उसके जाने का मतलब था कम-से-कम दो वर्षों की जुदाई, अगर रिया वाकई अपने प्रयास में गंभीर और सफल रही तो।

"हाय! क्या तुम जीआरई की परीक्षा देने की सोच रही हो?" मैंने एक दिन कॉलेज आते समय उससे पूछ ही लिया। हम ऑटो रिक्शा में बैठे थे, जो उस समय एम्स चौराहे से गुजर रहा था।

"हाँ। परीक्षा देने में क्या नुकसान है? मैं तो जीमैट और टोफल (TOEFL) की परीक्षाओं में भी बैठूँगी। अभी तो उसके लिए कुछ जल्दी है, लेकिन एक अच्छे स्कोर के लिए मुझे शायद दो बार परीक्षा देनी पड़ सकती है।" रिया ने जवाब दिया। मुझे नहीं पता था कि उसने जीआरई-जीमैट देने का फैसला कब किया, लेकिन उसके लिए यह एक स्वाभाविक विकल्प प्रतीत हो रहा था।

"क्या तुम उच्च शिक्षा के लिए अमेरिका जाना चाहती हो?" मैंने बेवकूफ की तरह पूछा। आखिर जीआरई देने का और क्या कारण हो सकता था?

"बिल्कुल। दिल्ली के एक प्राइवेट इंजीनियरिंग कॉलेज से सिर्फ बीई की डिग्री से भविष्य में कुछ नहीं होने वाला है। मुझे लगता है, तुम्हें भी पोस्ट ग्रेजुएशन के लिए अमेरिका के कॉलेजों में एडमिशन लेने के बारे में गंभीरता से सोचना चाहिए।" रिया ने जवाब दिया।

''लेकिन मुझे तो जल्दी ही कमाना शुरू करने की जरूरत है। अपने परिवार के लिए भी और अपना घर बसाने के लिए भी।'' मैंने कहा। जब हमारा ऑटो रिक्शा सफदरजंग फ्लाईओवर से गुजर रहा था, उसी समय एक स्पोर्ट्स प्लेन हवाई पट्टी को छूने जा रहा था।

''लेकिन कमाना शुरू करने और घर बसाने की जल्दी क्या है? मुझे तो लगता है, तुम्हें विदेश जाने के बारे में गंभीरता से सोचना चाहिए। तुम इतने अच्छे स्टूडेंट हो, मुझे विश्वास है कि तुम्हें आसानी से एडमिशन भी मिल जाएगा और एक अच्छी सी स्कॉलरशिप भी।'' रिया ने मेरे मूड को ठीक करने और अहं को बढ़ावा देने की कोशिश करते हुए कहा।

अगले कुछ दिनों में रिया ने मुझे बहुत समझाने और मनाने की कोशिश की कि मैं भी जीआरई/जीमैट/टोफल की परीक्षाएँ दूँ और पोस्ट ग्रेजुएशन के लिए अमेरिका के किसी कॉलेज में एडमिशन लेने की कोशिश करूँ; लेकिन मैं दृढता से अपनी बात पर टिका रहा। अमेरिका जाना कभी भी भविष्य की मेरी मूल योजना का हिस्सा नहीं था। मुझे तो कैंपस भरती में एक अच्छी सी नौकरी प्राप्त करके जल्दी-से-जल्दी कमाना शुरू करने का इंतजार था। मेरे माता-पिता भी चाहते थे कि मैं जल्दी ही कमाना शुरू करूँ, क्योंकि पिताजी अगले साल अपनी सरकारी नौकरी से रिटायर होने वाले थे। हालाँकि अन्य सरकारी कर्मचारियों की तरह उन्हें भी पेंशन मिलने वाली थी; लेकिन हमें सरकारी आवास छोड़कर दूसरा घर तलाश करना था, जिसकी वजह से पारिवारिक आय में कमी आ सकती थी। मेरी बहन को यूनिवर्सिटी में दाखिला लेना था और उच्च शिक्षा का हालिया उदारीकरण महँगा होना निश्चित था। मैं ये सभी बातें रिया को नहीं समझा सकता था, क्योंकि यह सब इतना साफ था कि रिया खुद भी देख सकती थी। हमारे बीच की अंतरंगता, प्रतिबद्धता और प्यार के बावजूद उसके साथ अपने परिवार की आर्थिक समस्याओं की चर्चा करने में मेरा अहं आहत होता था। मुझे इस बात की शंका भी थी कि मेरे कोशिश करने के बावजूद वह उन समस्याओं को पूरी तरह समझ नहीं पाएगी। इस सच्चाई का—कि मैंने अपने माता-पिता से सलाह लिये बिना अपने लिए लड़की खुद पसंद की थी, अर्थ यह था कि उनकी अन्य अपेक्षाओं को पूरा करने के प्रति मेरी दोहरी जिम्मेदारी बनती थी। उन्होंने मेरे सामने अपनी कोई भी अपेक्षाएँ नहीं रखी थीं, कभी भी नहीं। लेकिन मैं देख सकता था कि वर्तमान स्थिति में एक अतिरिक्त तनख्वाह का मेरे परिवार में खुले दिल से स्वागत होगा। मैं जानता था कि मेरे पिताजी ने भी यही किया था; बल्कि इससे अधिक किया था, क्योंकि उस

समय उनके युवा कंधों पर परिवार की अपेक्षाओं का स्पष्ट बोझ था। उनके दो भाई और चार बहनें थीं; और ग्रेजुएशन के कुछ समय बाद तक पूरे परिवार में वे अकेले कमानेवाले थे और उन्हीं की तनख्वाह से एक के बाद एक उनकी बहनों की शादी हुई और मकान पक्का हुआ। उसके बाद ही उन्होंने खुद शादी करने का फैसला किया; जबकि उनकी उम्र भी अधिक हो चुकी थी। मुझे ऐसा कुछ करने के लिए किसी ने नहीं कहा था, लेकिन मैं खुद ही जल्दी-से-जल्दी कमाना शुरू करना अपनी नैतिक जिम्मेदारी समझता था। मैं इसलिए भी शीघ्र नौकरी पाना चाहता था ताकि रिया से शादी करने के लिए आर्थिक रूप से स्वतंत्र हो जाऊँ। लेकिन अब उसके विदेश जाकर पढ़ाई करने का मतलब था कि शादी अभी नहीं हो सकती थी।

❑

10

इस सच्चाई से कि रिया ने मुझसे सलाह लिये बिना ही विदेश में पढ़ाई करने का फैसला कर लिया था, मुझे तकलीफ तो हुई थी। हो सकता है, उसे लगा हो कि उच्च शिक्षा के लिए अमेरिका जाना प्रगति का एकमात्र उपलब्ध रास्ता है और इसलिए उसने मुझसे सलाह लेना जरूरी नहीं समझा। वह एक प्रकार से मेरे भी वैसा ही करने की जिद भरी अनिच्छा देखकर दंग रह गई थी और मेरा निर्णय बदलने के लिए मुझे मनाने की कोशिश कर रही थी।

देखो, चाहे तुम कितने भी प्रतिभाशाली छात्र हो, आनेवाले वर्षों में शीर्ष नौकरियों के लिए पोस्ट ग्रेजुएट या एम.बी.ए. की डिग्री न्यूनतम योग्यता मानी जाएगी। मुझे समझ में नहीं आता कि इतने होशियार होने के बावजूद तुम खुद को और अपनी महत्त्वाकांक्षाओं को इतना सीमित क्यों रखना चाहते हो? वह हैरान थी। हम एक नए कैफे में बैठे थे। कॉफी तेजी से भारतीय महानगरों के युवा और शिक्षित लोगों के लिए फैशनेबल पेय बनती जा रही थी।

''हम नौकरी के साथ-साथ दिल्ली यूनिवर्सिटी से पार्ट-टाइम एम.बी.ए. कर सकते हैं।'' मैंने अपनी राय रखी।

''छोड़ो! तुम अच्छी तरह जानते हो कि यह अलग बात होगी। एक पार्ट-टाइम डिग्री विदेश की समुचित एम.बी.ए. की डिग्री की बराबरी नहीं कर सकती। वैसे भी, मैं तो अपनी डिग्री के साथ भारत में एक अच्छी नौकरी मिलने की उम्मीद नहीं कर सकती। और फिर, विदेश में पढ़ने से मुझे—हमें—एक्सपोजर मिलेगा। हम अमेरिका में रहेंगे और पूरी दुनिया घूमेंगे।'' रिया हमेशा की तरह अपनी बात पर अड़ी रही।

''देखो, मुझे नहीं लगता कि जो लोग विदेशों में पढ़ रहे हैं, वे वापस आकर यहाँ कोई योगदान दे पाएँगे। अमेरिका के कॉलेजों में अर्जित ज्ञान यहाँ ज्यादा काम

नहीं आता। हमारे काम करने का तरीका बहुत अलग है।'' मैंने कहा।

''यही तो सारी समस्या है। हम कुछ नया सीखना ही नहीं चाहते। हम अपने छोटे-छोटे कुओं के मेढक बने रहना चाहते हैं।'' नाराज, दुखी और परेशान रिया ने कैफे की बड़ी सी खिड़की की ओर मुँह घुमा लिया और बाहर का उन्मत्त ट्रैफिक देखने लगी।

''हो सकता है कि मैं कुएँ का मेढक हूँ। लेकिन मुझे सच में नहीं लगता कि तुम्हारे सारे दोस्त अमेरिका जाने के लिए इसलिए मरे जा रहे हैं, क्योंकि वे वहाँ जाकर ज्ञान और नई तकनीकें सीखना चाहते हैं और फिर इंडिया वापस आकर उनका यहाँ उपयोग करना चाहते हैं। वे वहाँ प्रवास करने के उद्देश्य से जा रहे हैं। वहाँ जाकर नौकरी हासिल करेंगे, डॉलर कमाएँगे, ग्रीन कार्ड हासिल करेंगे और मजे उड़ाएँगे।'' मैंने जवाब दिया।

''तो ? मजे उड़ाने में क्या खराबी है ? एक अच्छे देश में एक अच्छी जिंदगी जीने की इच्छा करने में क्या बुराई है ? तरक्की करने की कोशिश करके खुद के लिए एक अच्छी जिंदगी हासिल करने में क्या गलत है ? क्या यह जरूरी है कि मैं कोटा राज और पागल लोकतंत्र के साथ इंडिया में रहूँ, जहाँ कुछ भी काम नहीं करता ?'' रिया अब हमेशा की तरह प्रसन्नचित्त मूड में नहीं थी। प्रधानमंत्री ने हाल ही में तथाकथित मंडल कमीशन की सिफारिशों को लागू करने की घोषणा की थी। अब अनुसूचित जातियों और जनजातियों से संबंधित छात्रों के लिए पहले से मौजूद आरक्षण के अलावा अन्य पिछड़े वर्ग से संबंधित छात्रों के लिए नौकरियों और सरकारी कॉलेजों में अतिरिक्त कोटा होने वाला था। उस समय यह दिल्ली यूनिवर्सिटी के ऊँची जाति के छात्रों के बीच एक बहुत अलोकप्रिय निर्णय था।

''तुमसे ऐसा कुछ करने के लिए किसने कहा ? मैं जानता हूँ कि मैं तुम्हारे कॅरियर से संबंधित किसी योजना या तुम्हारी महत्त्वाकांक्षा को बदल नहीं सकता, और ऐसा करने का मेरा इरादा भी नहीं है।'' मैंने वेटर को बिल लाने का इशारा करते हुए स्पष्ट शब्दों में कहा। ''चलो, घर चलते हैं। देर हो रही है। तुम्हारे मम्मी-डैडी चिंता करेंगे।''

यह अलग बात थी कि उससे पहले कई मौकों पर हम डिनर करके और भी देरी से घर लौटे थे।

❑

11

''तो तुम जीआरई नहीं दोगे और पढ़ाई के लिए विदेश नहीं जाओगे?'' रिया ने एक बार फिर मुझसे पूछा। हम कनॉट प्लेस के पास रिवॉल्विंग रेस्टोरेंट में बैठे थे। रेस्टोरेंट घूमता नहीं था, सिर्फ उसका नाम 'परिक्रमा' इस बात की याद दिलाता था कि दस वर्ष पहले उद्घाटन के तुरंत बाद वह कुछ महीनों तक सच में घूमा करता था।

''तुम जानती हो कि मैं नहीं जा सकता। और फिर, जैसा कि तुम्हें मालूम है, मुझे कैंपस इंटरव्यू में टाटा कंपनी में नौकरी मिल गई है और मैं वहाँ काम शुरू करने को लेकर काफी उत्साहित हूँ।'' मैंने कहा।

''यह तुम्हारी मरजी और बेवकूफी भरी जिद है।'' रिया ने कहा, ''अच्छा मुझे बताओ, मैं जीआरई दूँ या नहीं?'' उसने पूछा।

''जरूर दो। तुम्हें देना भी चाहिए।'' मैं जानता था कि रिया पहले ही परीक्षा का फॉर्म भर चुकी थी, जो अगले रविवार को थी। उसका सेंटर आईटीओ में पड़ा था।

''लेकिन फिर हमारा क्या होगा?'' रिया ने पूछा। उसने पहली बार हमारे साझे भविष्य की बात छेड़ी थी।

''देखो।'' मैंने टेबल पर रखे उसके हाथ थामे और उसकी आँखों में देखते हुए कहा, ''कोई भी रिश्ता सिर्फ त्याग के आधार पर नहीं टिक सकता। तुम अमेरिका जाओ, आगे की पढ़ाई करो और अपने सपने पूरे करो। मैं जानता हूँ, दो साल का समय लंबा होगा, खासतौर से तुम्हारे बिना; लेकिन अगर हमारा प्यार सच्चा है तो हम इस जुदाई को सह लेंगे और जब तुम वापस लौटोगी तो मैं तुम्हारा इंतजार करता मिलूँगा।'' मैंने कहा, इस उम्मीद में कि मैं उसे आश्वस्त कर पाया था।

रिया मुसकराई, लेकिन उसकी मुसकराहट हमेशा की तरह उत्साहपूर्ण नहीं थी। उसने अपनी उँगलियाँ मेरी उँगलियों में फँसाते हुए कहा, ''मैं जानती हूँ, लेकिन फिर भी मैं तुम्हें समझ नहीं पा रही हूँ। हम साथ में जीआरई दे सकते थे और फिर एक ही कॉलेज में एडमिशन लेने की कोशिश कर सकते थे—तुम स्कॉलरशिप लेकर और मैं अपने डैडी के पैसों से। कितना मजा आता। सोचकर देखो।'' उसने लगभग प्रार्थना के स्वर में उत्कंठा से मुझे देखते हुए कहा।

''यह बात इतनी अच्छी लग रही है कि यकीन करना मुश्किल है। खैर, दो साल का समय इतना भी लंबा नहीं होता और तब तक हम बूढ़े या गंजे नहीं हो जाएँगे।'' मैंने उसका मन हलका करने की असफल कोशिश करते हुए कहा।

''अच्छा, यह बताओ, तुम्हें टाटा में कब से जाना है?'' रिया ने विषय बदलते हुए पूछा।

''पहली जुलाई से। अभी थोड़ा समय बाकी है। कैंपस में दूसरी कंपनियाँ भी आ रही हैं। लेकिन मुझे एक प्रस्ताव मिल चुका है, इसलिए मैं उनके इंटरव्यू नहीं दे सकता। वैसे, मुझे कोई शिकायत नहीं है; क्योंकि यह नौकरी बहुत अच्छी है।'' मैंने कहा।

''हाँ, लेकिन हिंदुस्तान लीवर भी अच्छी है न?'' उसने पूछा। उसके कॉलेज में कोई कंपनी कैंपस भरती के लिए नहीं आई थी।

''मैं अपनी पूरी जिंदगी साबुन और टूथपेस्ट बेचकर नहीं बिताना चाहता।'' मैंने मुसकराते हुए कहा। मैंने इस 'क्लीशे' के बारे में कुछ ही दिनों पहले सुना था। इसका प्रयोग सभी बहुराष्ट्रीय उपभोज्य पदार्थ कंपनियों को बदनाम करने के लिए किया जाता था, चाहे वह वास्तव में साबुन बनाती हो या नहीं। विशेष रूप से उन छात्रों द्वारा, जिन्हें उच्च अर्हता अंकों की माँग के कारण हिंदुस्तान लीवर में नौकरी के लिए आवेदन करने का मौका नहीं मिलता था। मैं उनमें से एक नहीं था। फिर भी, वह एक अच्छा क्षेत्र था, काफी अच्छा।

''उसमें बुराई क्या है? हिंदुस्तान लीवर टेल्को से दोगुना वेतन देती है और एक बहुराष्ट्रीय कंपनी है।'' रिया ने कहा। उसे पैसे कमाने और एक अच्छी जिंदगी जीने की अपनी स्वाभाविक इच्छा को स्वीकार करने में कोई हिचक नहीं होती थी। मैंने यह भी जान लिया था कि उसके मन में विदेशी भूमि के प्रति अच्छा-खासा आकर्षण था। और विदेशी भूमि से मेरा तात्पर्य अफ्रीका नहीं है। वह पहली दुनिया—सफेद दुनिया—से, जैसा कि मैं कहता था, बहुत प्रभावित थी—जैसे अमेरिका, इंग्लैंड और यूरोप। शायद ऐसा उसके पिता के प्रभाव और उनकी विदेशी

यात्राओं की चर्चा और उनके आयात-निर्यात के व्यापार के कारण था। उसके लिए अंग्रेजी साहित्य भारतीयों द्वारा मातृभाषा में लिखी किसी भी चीज से श्रेष्ठ था। हॉलीवुड की फिल्में भारतीय फिल्मों से कहीं बेहतर थीं। पश्चिमी संगीत हिंदी फिल्म संगीत से कहीं अधिक मधुर था, यहाँ तक कि पश्चिमी व्यंजन भी भारतीय पकवानों से बेहतर थे। मेरे लिए उसकी इन बातों से सहमत होना बहुत मुश्किल होता था, खासतौर से अंतिम बात से।

''वैसे भी, अब इस बात का कोई प्रश्न नहीं उठता, क्योंकि टाटा द्वारा मेरा चयन हो चुका है और मैं पहली जुलाई से उनके ग्रेजुएट ट्रेनिंग प्रोग्राम में शामिल होने के लिए तैयार हूँ। क्या पता, तब तक तुम भी विदेश जाने की तैयारी कर रही हो।'' मैंने कहा। मुझे यह कहना अच्छा नहीं लग रहा था, हालाँकि मैं ऊपर से बहादुर और निर्लिप्त दिखने की कोशिश कर रहा था।

''कौन जानता है कि भविष्य में हमारे लिए क्या लिखा है!'' रिया ने अपनी आइसक्रीम खत्म करते हुए कहा। मैं उसके अंतिम वाक्य से थोड़ा चौंक गया। मैं तो सोच रहा था कि हम अपने भविष्य का फैसला पहले ही कर चुके थे।

❑

12

मानसून ने पूरी ताकत के साथ शहर में प्रवेश कर लिया था। चारों तरफ सबकुछ हरा-भरा और चमकदार दिखाई दे रहा था। यहाँ तक कि उन धूल भरी और बंजर जमीनों में भी जीवन के लक्षण दिखाई देने लगे थे, जिनकी बाँझ छाती में जीवन छुपा होने की किसी ने आशा नहीं की थी। रिया को न्यूयॉर्क स्टेट यूनिवर्सिटी में दाखिला मिल गया था और वह अगले शुक्रवार को अमेरिका के लिए निकलने वाली थी। उसके परिवार के स्तर को देखते हुए भी उसकी यूनिवर्सिटी की फीस बहुत अधिक थी और उसके ऊपर न्यूयॉर्क में रहने का खर्च भी अमेरिका के अन्य हिस्सों से अधिक था। यह सब जानकारी, बेशक मुझे भी रिया से ही मिली थी, क्योंकि इस प्रकार के खर्च की मैं तो कल्पना भी नहीं कर सकता था।

''हाँ, शुरुआत में बहुत पैसे खर्च होंगे। लेकिन एक बार मेरी पढ़ाई पूरी हो जाएगी तो मैं इससे कई गुना अधिक कमा लूँगी और अगर तुम उस नजरिए से देखो तो यह एक बुद्धिमानी भरा निवेश का निर्णय है।'' बरसात की एक शाम जब हम दक्षिण दिल्ली के एसेक्स फार्म्स की अपनी कोने की टेबल पर बैठे थे तो रिया ने कहा। वह कोई गुलाबी रंग का झागदार शेक पी रही थी और मैं हमेशा की तरह काली एस्प्रेसो कॉफी पी रहा था।

''हाँ, बिल्कुल।'' मैंने जवाब में कहा।

''काश, तुमने भी अमेरिका जाने का निर्णय लिया होता!'' रिया ने शायद सौवीं बार कहा।

''मुझे लगता है, हम इस विषय पर पहले भी बात कर चुके हैं और वैसे भी अब बहुत देर हो चुकी है।'' मैंने कहा।

मेरा जमशेदपुर की ट्रेन का टिकट अगले रविवार का बना था, रिया के जाने के दो दिन बाद का। टाटा में नौकरी मिल जाने के बाद भी मुझे सार्वजनिक क्षेत्र की कुछ अन्य सम्मानित कंपनियों से नौकरी के प्रस्ताव मिले थे, जैसे मारुती से, जो दिल्ली के निकट स्थित एक प्रमुख ऑटोमोबाइल कंपनी थी और उस समय

तक, यानी विनिवेश के फैशनेबल बनने के पहले तक, एक सार्वजनिक क्षेत्र की कंपनी ही थी और इंडियन ऑयल से, जो सरकारी क्षेत्र की सबसे बड़ी पेट्रोलियम कंपनी थी। लेकिन मैंने टाटा में नौकरी करने के अपने मूल निर्णय को बरकरार रखा था—सिर्फ टाटा समूह की कालातीत प्रतिष्ठा और ख्याति की वजह से नहीं, बल्कि इसलिए भी कि उस नौकरी को करने का मतलब था—मेरा स्वचालित स्थानांतरण दिल्ली से दूर-दराज के शहर जमशेदपुर में, जहाँ दिल्ली से ट्रेन द्वारा जाने में 36 घंटे लगते थे। दिल्ली में रहकर रिया के बिना उन्हीं सड़कों से गुजरना, उन्हीं दोस्तों से मिलना शायद मेरे लिए बहुत मुश्किल होता, या शायद मुझे ऐसा लग रहा था।

जिस शुक्रवार को रिया को जाना था, उस शाम मैं उसके घर उससे मिलने गया था। वह बहुत व्यस्त थी और उसके हाथ और उसका दिमाग पूरी तरह अंतिम क्षण की पैकिंग में उलझे हुए थे। वह एक ही समय में उत्साहित भी थी और चिंतित भी। वह पहले भी विदेश जा चुकी थी। मेरी तरह नहीं थी, जिसे कभी पासपोर्ट बनवाने की भी न जरूरत पड़ी, न मौका मिला। लेकिन यह पहली बार था कि वह अकेली विदेश की यात्रा कर रही थी। पिछले दो महीनों में उसके वीजा, इंश्योरेंस, मेडिकल चेकअप, विभिन्न आवेदनों और दुनिया भर की अन्य आवश्यक औपचारिकताएँ पूरी करवाने के लिए मैं उसके साथ-साथ घूमा था और अब विदा लेने का समय आ गया था। वह भारत से और मुझसे अधिक नहीं तो कम-से-कम छह महीने दूर रहने वाली थी। उसके मम्मी-डैडी घर पर ही थे और उसकी तैयारियों का मुआयना करने के लिए आसपास मँडरा रहे थे। इसलिए उस दिन मुझे रिया से अकेले में बात करने का मौका नहीं मिला। बस, हमारे बीच कुछ विनम्र, औपचारिक बातें हुईं, वह भी उसकी माँ की मौजूदगी में चाय पीते हुए। मैंने तय किया था कि उसको विदा करने एयरपोर्ट नहीं जाऊँगा। एक तो आधी रात के बाद दिल्ली में कोई सार्वजनिक वाहन नहीं मिलता और दूसरे, टैक्सी करने में बहुत पैसे खर्च होते, इसलिए यह विचार मेरे दिमाग में आया ही नहीं। और फिर, रिया ने भी मुझसे एयरपोर्ट आने के लिए नहीं कहा। शुक्रवार की रात उसके मम्मी-डैडी उसे विदा करने एयरपोर्ट गए। और अगली सुबह जब तक मैं सोकर उठा, रिया मेरे देश की सीमाओं को पार करके अटलांटिक महासागर के ऊपर कहीं उड़ रही थी।

सुबह उठते ही सबसे पहले मुझे उसी का खयाल आया, जैसा कि हमेशा होता था, और मैं कल्पना कर रहा था कि वह भी मेरे बारे में सोच रही होगी। लेकिन मैं आज तक यह नहीं जानता कि जो मैं सोच रहा था, वह सच था या नहीं।

❑

13

मेरा घर से जाना, जो कि मुझे बाद में समझ में आया कि हमेशा के लिए था, मेरी जिंदगी की एक महत्त्वपूर्ण घटना थी, और मुझे लगता है कि औरों के लिए भी होती है। लेकिन उस समय, न तो मुझे उस घटना का महत्त्व समझ में आया था, न ही मेरे माता-पिता को। मैं रिया के जाने के दो दिनों बाद नीलांचल एक्सप्रेस के द्वितीय श्रेणी के डिब्बे में बैठकर जमशेदपुर के 36 घंटे के सफर पर निकल पड़ा। अब तक मैं अपने माता-पिता के साथ कुछ यात्राएँ कर चुका था, लेकिन अकेले कभी नहीं। रुक-रुककर हो रही बारिश के बीच देश के दूर-दराज के विस्तृत इलाकों और बदलते परिदृश्यों के बीच ट्रेन यात्रा के रोमांच पर रिया की अनुपस्थिति से उत्पन्न मेरी हताशा की भावना भारी पड़ रही थी। उस पर से उसी के बारे में मेरी निरंतर सोच ने स्थिति को और बदतर बना दिया था। रिया मेरे लिए एक आदत से बढ़कर हो गई थी। मेरे जीवन में, अच्छे-बुरे समय में, विचारों में अपनी निरंतर मौजूदगी से वह एक प्रकार से मेरी दूसरी त्वचा की तरह हो गई थी। हालाँकि उससे जुदाई बहुत कष्टप्रद थी, लेकिन मेरा दिल उसे भूलने को भी तैयार नहीं था।

अगली सुबह जब मेरी ट्रेन दो घंटे के विलंब से, मेरे जागने के आधे घंटे बाद टाटानगर रेलवे स्टेशन में प्रवेश कर रही थी तो बाहर की धरती नीचे छिपे लोहे के कारण लाल दिखने लगी थी। जब मैं टाटानगर स्टेशन से, जिसका नाम पारिवारिक साम्राज्य के संस्थापक के नाम पर रखा गया था, बाहर निकला तो जो पहला दृश्य मुझे और अन्य यात्रियों को दिखा वह था ऑटो रिक्शा चालकों और बस चालकों की लंबी कतार। वहाँ कोई टैक्सी नहीं थी। सभी चालक गला फाड़कर चिल्ला रहे थे—टेल्को! साक्ची! बिष्टुपुर!...वे विभिन्न स्थल, जिनसे वे संबद्ध थे और संभावित यात्रियों के लिए प्रचार कर रहे थे। जैसे ही मेरे ऑटो रिक्शा ने

टाटा टाउनशिप की आबादी में प्रवेश किया, जो कि मुश्किल से एक किलोमीटर आगे थी, सड़कें और अन्य सभी चीजें नाटकीय रूप से सुधरने लगीं तथा ऐसा महसूस होने लगा जैसे मैं अराजकता, भ्रम और गंदगी के वातावरण को छोड़कर सुव्यवस्था, समझदारी और विवेक के द्वीप में प्रवेश कर रहा हूँ। इस द्वीप जैसी भावना ने जमशेदपुर के मेरे पूरे प्रवास के दौरान मेरा साथ नहीं छोड़ा; हालाँकि द्वीप की आकृति समय, परिस्थिति और मेरे विचारों के साथ बदलती रही। मुझे लगता है, ऐसी ही भावना अन्य सार्वजनिक क्षेत्र के कारखानों, विद्युत् संयंत्रों और खानों के आसपास बनी कृत्रिम बस्तियों में रहनेवालों के मन में भी उत्पन्न होती होगी। और इन द्वीपों की कृत्रिमता और सतही बाँझपन के बावजूद अन्य देशवासियों की तुलना में, मरुद्यान यहाँ के निवासियों के लिए आशीर्वाद के समान थे; हालाँकि उनमें से कई को इस बात का एहसास नहीं था।

मेरे ऑटो रिक्शा ने टिस्को टाउनशिप को और साक्ची तथा बिष्टुपुर जैसे इलाकों को पार कर लिया था, जो सिर्फ अपने नामों के कारण एक समय वहाँ स्थित उन प्राचीन आदिवासी गाँवों के समान थे, जिन्हें बाद में उस आधुनिक औद्योगिक नगर में सम्मिलित कर लिया गया था, जो स्टील कारखाने के आसपास लगभग एक सदी पहले बसाया गया था। हालाँकि इन गाँवों के आदिवासियों ने शायद अपने सदियों पुराने जीने के पारंपरिक तरीके खो दिए होंगे, फिर भी आधुनिक कारखानों में काम कर रहे इनके वंशज, बेशक अधिकतर मजदूरों के रूप में या नीली कॉलर वाली नौकरियों में, दुखी प्रतीत नहीं होते। लेकिन फिर खुशी की पूरी अवधारणा ही इतनी बेढब और अस्पष्ट होती है कि व्यक्ति खुद ही नहीं समझ पाता कि वह वास्तव में खुश है या नहीं।

टेल्को टाउनशिप जमशेदपुर शहर के दूसरे किनारे पर स्थित थी और हालाँकि उसे बसे अब पचास वर्षों से अधिक समय हो गया था, लेकिन वह अपने अधिक पुराने स्टील के भाई-बंदों की तुलना में अभी भी नई थी। वह मेरी युवावस्था के अगले तीन वर्षों के लिए मेरा गृहनगर बनने वाली थी, जैसा कि कहा जाता है तथा रिया से मेरी बेचैनी भरी जुदाई के बावजूद मेरे वहाँ बिताए दिन अच्छे और सुखद थे, या शायद मुझे आज ऐसा लगता है, बीच के इतने वर्षों के बाद, जिनमें यह क्षमता होती है कि वे वास्तविकता को किसी अलग रूप में दिखाएँ। लेकिन फिर कौन कह सकता है कि अनुभूति क्या है और सच्चाई क्या है या फिर अनुभूति के अलावा सच में कोई वास्तविकता है भी या नहीं? मुझे टेल्को टाउनशिप के प्रवेश द्वार की घोषणा करता वह विशाल ठोस मेहराब याद है, जिस पर मेरा ध्यान गया

था, जब मेरा ऑटो रिक्शा मेरी दाहिनी ओर स्थित फैक्टरी के बंद लोहे के गेट को पार करके बैचलर ट्रेनी (प्रशिक्षु) इंजीनियर्स हॉस्टल की ओर बढ़ा, जिसका नाम और क्या हो सकता था—इंजीनियर्स हॉल था, और जो माता-पिता की छत से दूर मेरे आवासों की अंतहीन शृंखला का पहला आवास था।

❑

14

आज तो वास्तव में इंटरनेट और मोबाइल फोन के बिना जीवन की कल्पना करना मुश्किल है। लेकिन अगर मैं अपनी युवावस्था के उन दिनों को याद करूँ, जब उनका अस्तित्व नहीं था, तो आज का युवा पाठक सोचेगा कि मैं किसी बहुत पहले विलुप्त हो चुकी दुनिया से आया एक प्राचीन प्राणी हूँ—एक प्रकार का डायनासोर और उसकी मासूम कल्पना पूरी तरह गलत भी नहीं होगी। लेकिन यह सच है कि जमशेदपुर में मेरे पूरे प्रवास के दौरान न तो इंटरनेट था और न मोबाइल फोन तथा कभी-कभार पब्लिक फोन बूथ से किए कॉल के अलावा रिया और अपने परिवार से संपर्क बनाए रखने का इकलौता जरिया था पोस्टल डिपार्टमेंट के माध्यम से भेजे गए पत्र। बेशक, हमारी कल्पना इंटरनेट या मोबाइल फोन जैसी भविष्य की सुविधाओं की कल्पना करने के लिए पर्याप्त रूप से उपजाऊ नहीं थी, इसलिए हमारे मन में कोई अभाव की भावना नहीं थी। इनसान उन चीजों की कमी महसूस नहीं कर सकता, जिनकी वह कल्पना नहीं कर सकता। इसलिए रिया के उत्सुकता से प्रत्याशित पत्र मेरे लिए हमेशा ही अपेक्षित आनंद का स्रोत होते थे, जब भी कोई अदृश्य पोस्टमैन मेरे प्लांट में ड्यूटी पर होने के दौरान मेरे हॉस्टल के बंद कमरे के नीचे उन्हें सरकाता था।

मैं अपने जीवन में पहली बार अपने परिवार, अपने घर और अपने शहर से दूर था; लेकिन पता नहीं क्यों मैं कभी घर को याद करके दुखी नहीं होता था। शायद इसलिए कि मेरी परवरिश इसी अपेक्षा के साथ हुई थी कि पढ़ाई पूरी करते ही मैं अपने पैरों पर खड़ा हो जाऊँगा। मैं कंपनी द्वारा अनुरक्षित एक अल्प रूप से सुसज्जित हॉस्टल में रहता था, जो कंपनी द्वारा ही निर्मित और अनुरक्षित एक संपूर्ण टाउनशिप के बीच में स्थित था। इस हॉस्टल का निर्माण बैचलर ट्रेनी इंजीनियरों के रहने के लिए किया गया था, जो मेरी तरह हाल ही में अपने कॉलेजों से निकले थे, देश के विभिन्न हिस्सों से आए थे और जिनके रूप में हमारे विशाल देश के एक छोटे से सूक्ष्म जगत् को देखा जा सकता था। टेल्को ने जो मुसीबत उठाई थी,

कम-से-कम उन दिनों में, हमारे विशाल देश के विभिन्न हिस्सों में स्थित दूर-दराज के कॉलेजों में जाकर युवा, अनुभवहीन इंजीनियरों को नौकरी की पेशकश करने की, वह सिर्फ श्रेष्ठ प्रतिभाओं को आकर्षित करने के लिए नहीं थी, बल्कि—मुझे लगता है—अपने कार्यबल में एक प्रकार की विविधता को बढ़ावा देने के लिए भी थी, जिसकी कि आज के आधुनिक प्रबंधन गुरु अब जाकर वकालत करने लगे हैं।

मैं कह नहीं सकता कि भरती में इतनी विविधता ने कंपनी की कितनी मदद की; क्योंकि इनमें से बहुत से युवा व प्रतिभाशाली लोगों ने दो साल बाद ही कंपनी और अपनी पहली नौकरी छोड़ दी। कंपनी के उन्हें रोकने के पर्याप्त प्रयासों के बावजूद उसने उन युवावस्था के दिनों में हमारे जीवन को काफी समृद्ध किया था। इसलिए मैंने कुछ सच्चे दोस्त बनाए—सिर्फ सहकर्मी नहीं, ऐसे दोस्त, जो आप सिर्फ युवावस्था में बनाते हैं—पंजाब से, उत्तर प्रदेश के धूल भरे कस्बों से, दक्षिणी बिहार की औद्योगिक बस्तियों से। झारखंड उस समय सिर्फ एक माँग था, वास्तविकता नहीं। कोलकाता से, केरल के सुदूर तटों से, तमिलनाडु के प्राचीन मंदिरोंवाले कस्बों से, दिल्ली और मुंबई जैसे महानगरों से, सुदूर सूरतकाल से और उड़ीसा से भी। सिर्फ (शायद किसी सत्य को उजागर करते हुए, हालाँकि उस समय मुझे इसका कोई कारण समझ में नहीं आया था) कश्मीर, उत्तर-पूर्वी राज्य और (आश्चर्यजनक रूप से) गुजरात अपवाद थे तथा मुझे याद नहीं है कि मेरा कोई भी सहकर्मी इनमें से किसी राज्य से आया था।

हम युवा थे और आर्थिक रूप से स्वतंत्र थे। हम अपने परिवारों से दूर रहते थे और साहसिक होने का दिखावा करते थे, जबकि वास्तव में साहसिक नहीं थे, क्योंकि हम सब अपने मध्यम वर्गीय परिवारों से जमशेदपुर आए थे। जहाँ तक वास्तविक काम का सवाल था, हमें फैक्टरी के ही विभिन्न विभागों में लगभग तीन माह का प्रशिक्षण दिया गया और इसलिए, कम-से-कम शुरुआती महीनों में हमारे ऊपर कोई विशेष जिम्मेदारियाँ या काम का भार नहीं था। सप्ताहांत आनंददायक होते थे और शामें भी—तथा हमारे पास अपने लिए पर्याप्त समय होता था। दोस्त बनते थे और जुदा हो जाते थे। कुछ वर्षों तक दोस्त बने रहे, कुछ कभी-कभी याद आते थे और कुछ कई वर्षों बाद फेसबुक के माध्यम से फिर मिल गए। हम अपनी नई खरीदी मोटरसाइकिलों पर आसपास के जंगलों और झरनों पर, जिनसे जमशेदपुर घिरा हुआ है, पूरे-पूरे दिन के लिए घूमने जाया करते थे। जमशेदपुर छोटा नागपुर के हरे पठारों के बीच बसा हुआ है—विचित्र से नाम वाली सुवर्णरेखा नदी के तट पर, जिसका शाब्दिक अर्थ है—सुनहरी रेखा वाली नदी।

❑

15

"हैलो, मेरा नाम राजेश कुमार सिंह है।" मुझसे एक साल सीनियर मेरे रूममेट ने कहा। इंजीनियर्स हॉल में सिर्फ कंपनी के ग्रेजुएट इंजीनियर प्रशिक्षुओं को रहने की इजाजत थी, जिन्हें छोटे में 'जीईटी' कहा जाता था। प्रशिक्षण की अवधि दो वर्ष की होती थी, इसलिए किसी एक समय पर हॉल में दो बैचों के प्रशिक्षु ही रहते थे—एक जूनियर और दूसरा उससे एक साल सीनियर। राजेश सीनियर बैच का था और मेरे उस कमरे में आने के एक वर्ष पहले से हॉल में और जमशेदपुर में रहता था।

"हाय! मेरा नाम पंकज है।" मैंने अपना परिचय दिया। हमने हाथ मिलाए, जैसा कि प्रचलन है, खासतौर से पुरुषों के बीच। वह उत्तरी बिहार के किसी शहर से आया था और वहीं के इंजीनियरिंग कॉलेज में पढ़ा था। राजेश कुछ शरमीला था, कम बोलनेवाला लेकिन सीधा व सरल व्यक्ति, जिसके विचार साधारण थे और आवश्यकताएँ उससे भी साधारण। वह एक शांत और मित्रवत् स्वभाव का रूममेट था; लेकिन हॉल में कुछ अन्य लोग थे, जिनसे मेरी धीरे-धीरे अधिक दोस्ती हो गई, क्योंकि राजेश से मेरी बातचीत सीमित और सुविचारित होती थी। वह लीची के मौसम में निरपवाद रूप से अपने गृहनगर से स्वादिष्ट लीचियाँ लाता था और मुझे भी खिलाता था; क्योंकि उसे अपने गृह नगर की इस प्रसिद्धि पर गर्व था, जो कि उचित भी था, कि पूरे भारत में सबसे स्वादिष्ट लीचियाँ वहीं मिलती थीं। वह बिना एक शब्द बोले स्वादिष्ट लीचियों का एक बड़ा सा गुच्छा लाकर मेरे बिस्तर पर पटक देता था।

छुट्टियों के दिन कुछ बुजुर्ग लोग राजेश की तलाश में आकर हमारा दरवाजा खटखटाते थे, क्योंकि उनके लिए राजेश एक संभावित दूल्हा था, जिससे वे अपनी बेटियों, भतीजियों या रिश्ते की अन्य अविवाहित लड़कियों की शादी करवाना

चाहते थे। मैं देख सकता था कि राजेश अपने समाज में एक बहुत योग्य वर की श्रेणी में आता था—एक पारंपरिक, बड़ों द्वारा तय किए विवाह के लिए हर प्रकार से उपयुक्त। स्वाभाविक रूप से सभी संभावित ससुरालवाले बिहारी भूमिहार समुदाय के होते थे। लेकिन राजेश ने मेरे रूममेट के तौर पर अंतिम वर्ष पूरा होने तक शादी नहीं की। वह संभावित दुलहनों के पिताओं से मिलने से कतराता था और बिना अशिष्टता या अभिमान दरशाए उनसे बचने के लिए अनेक मुसीबतें उठाता था। बहुत बाद में मुझे पता चला कि मन-ही-मन वह अपने कॉलेज के प्रिंसिपल—जिनका वह पसंदीदा छात्र था—की बेटी से शादी करना चाहता था। राजेश ग्रामीण पृष्ठभूमि से था और उसकी लगभग पूरी स्कूली शिक्षा उत्तरी बिहार के उसके पैतृक गाँव में हुई थी, जिसके बाद वह शहर के इंजीनियरिंग कॉलेज और हॉस्टल में आया। हो सकता है, हमारी अलग-अलग ढंग से हुई परवरिश ने या उसके स्वाभाविक रूप से अंतर्मुखी स्वभाव ने हमारे बीच के भाईचारे को वास्तविक दोस्ती में न बदलने दिया हो; लेकिन मैंने हमेशा उसका आदर किया था और मेरे पास यह मानने का कारण है कि वह भी मुझे नापसंद नहीं करता था।

❑

16

वह शरद् ऋतु के अंतिम दिनों की कुछ सर्द-सी सुबह थी, जब सुबह की हवा सामान्य सूती कपड़ों के ऊपर कुछ गरम कपड़े पहनने का संकेत देती है और सूरज की पृथ्वी को झुलसाने की असीम शक्ति में कमी आने लगती है। उस दिन एक स्वागत योग्य छुट्टी थी और गौतम पुरी, आलोक और मैंने पास के दालमा जंगलों में एक दिन की ट्रैकिंग के लिए जाने का कार्यक्रम बनाया था। राँची (जमशेदपुर के बाहर एक शहर) की ओर जानेवाले हाईवे पर सड़क के किनारे स्थित एकाकी लेकिन लोकप्रिय ढाबे पर अपनी मोटरसाइकिलों और स्कूटरों द्वारा पहुँचने में हमें एक घंटे से अधिक समय लग गया, जहाँ हमने ट्रैक शुरू करने से पहले नाश्ता करने और अपने दुपहिया वाहन पार्क करने का निश्चय किया था। वह जगह ढाबे से कुछ अधिक और एक समुचित रेस्टोरेंट से कुछ कम थी। फिर भी, उसके पास बियर बार का लाइसेंस था। हम वहाँ पहले भी आ चुके थे और ढाबे का मालिक हमारी सूरतें देखकर समझ गया था कि हम टाटा के अस्तबल के शिक्षित कर्मचारी थे। जल्दी से ब्रंच (भारी नाश्ता) करके हमने दालमा के शीर्ष तक की अपनी ट्रैकिंग आरंभ कर दी।

दालमा एक हरा-भरा वनाच्छादित पहाड़ था, जो कभी-कभार आनेवाले जंगली हाथियों के झुंड की मेजबानी के लिए जाना जाता था। सिर के ऊपर खुले आसमान और ठंडी साँस की तरह बहती शरद् ऋतु की हवा के साथ हरे-भरे वनाच्छादित पहाड़ पर ट्रैकिंग करना मेरे जैसे शहरी नस्लवाले इनसान के लिए बहुत ही सुखद और दुर्लभ अनुभव था। हम लाल मिट्टीवाले पहाड़ी रास्तों पर आगे बढ़ रहे थे, हरी-हरी झाड़ियों और कँटीले झाड़ों के बीच से; लेकिन कहीं भी कोई हाथी का झुंड नजर नहीं आया, बल्कि सोचने की बात थी कि कोई भी जानवर नजर नहीं आया। शीर्ष पर गुजरे जमाने की एक जीर्ण-शीर्ण इमारत और हमारे जैसे

घुमक्कड़ों के लिए एक एकाकी चाय की झोंपड़ीनुमा दुकान थी। चाय बेचनेवाला एक किशोर उम्र का लड़का था, जो निश्चित रूप से आसपास के किसी गाँव का होगा, जिस पर हमारा ध्यान नहीं गया था। हमने उससे चाय लाने के लिए कहा और काफी हद तक कृतज्ञता व दान की भावना से वशीभूत होकर लगभग न खाने योग्य रस्क बिस्किट भी मँगवा लिये। पहाड़ की चढ़ाई में हमने जो मेहनत, प्रयास और पसीना खर्च किया था, उसकी पूरी-पूरी भरपाई उस ठंडी हवा ने कर दी, जिसने शीर्ष पर पहुँचने के बाद हमारा पसीना सुखाया। हम नीचे सुदूर व चौड़ी घाटी में सचमुच में सुनहरी नदी सुवर्णरेखा का घुमावदार बहना देख सकते थे और उससे भी अधिक दूर, पहचान में न आनेवाली फैक्टरियों और ब्लास्ट फर्नेसों (विस्फोट भट्टियों) से निकलता धुआँ भी।

हम चारों ही शहरों में पले-बढ़े थे, हालाँकि अलग-अलग शहरों और देश के अलग-अलग हिस्सों में। गौतम काफी घुमक्कड़ था और उसने अपने कॉलेज के दिनों में कई शौकिया ट्रैकों में भाग लिया था। उसने अपना यह शौक नौकरी में आने के बाद भी जारी रखा था और हमेशा एक छुट्टी की तलाश में रहता था, ताकि शौकिया यात्रियों के समूह से जुड़कर उनके साथ पहाड़ों और जंगलों में ट्रैकिंग के लिए जा सके। अधिकतर ऐसा होता था कि हमें उसकी साहसिक यात्राओं के बारे में तब पता चलता था जब वह अपने पहले से साँवली रंगत को धूप में और साँवला करके लौटता था। राजीव और आलोक शारीरिक रूप से फिट थे, लेकिन गौतम जितने साहसी नहीं थे। मैं हालाँकि खिलाड़ी नहीं था, लेकिन शारीरिक रूप से इतना स्वस्थ तो था कि शर्मिंदगी से बच सकूँ। इसलिए हम चारों का गुट अकसर आसपास के जंगलों, पहाड़ों या नजदीक के छोटा नागपुर इलाके के झरनों पर ट्रैकिंग के लिए निकल जाता था।

दालमा पहाड़ी के शीर्ष पर स्थित चाय की दुकान एक किशोरावस्था का लड़का अरुण चलाता था, जो पास ही के एक गाँव में रहता था और जिस दिन भी मौसम साफ होता था, पहाड़ी के ऊपर अपनी दुकान लगाने पहुँच जाता था—इस दूरस्थ आशा के साथ कि कोई साहसिक यात्री या ट्रैकर ऊपर आएगा और उससे कुछ खरीदेगा। यह उसके लिए एक मुश्किल और नीरस जीवन रहा होगा; लेकिन वह खुश और प्रसन्नचित्त लग रहा था। शायद जीवन से की गई अपेक्षाओं की कमी और प्रत्येक दिन को जीने के लिए संघर्ष करने की क्षमता ही थी, जो छोटा नागपुर के उस साधारण से दिमागवाले लड़के को हम जैसे आधुनिक समय के असंतुष्ट शहरी लड़कों से अलग करती थी। हमारे लिए, जाहिर तौर पर, सबकुछ आसान

रहा था। हमें कभी किसी स्पष्ट अभाव का सामना नहीं करना पड़ा था, फिर भी हम भविष्य को लेकर आशंकित थे, वर्तमान से असंतुष्ट थे, एक बेहतर जीवन की इच्छा रखते थे, हालाँकि यह नहीं जानते थे कि वह जीवन कैसा होना चाहिए।

लेकिन उस सप्ताहांत की दोपहर को साफ व नीले आकाश के नीचे बैठे हुए, दालमा पहाड़ी के शीर्ष पर, अदृश्य पक्षियों की चहचहाहट सुनते हुए जब हमारी आँखें और मस्तिष्क आराम कर रहे थे तथा हमारी मांसपेशियाँ थकी हुई थीं, हमारा सांसारिक अतीत और हमारा अनिश्चित भविष्य अप्रासंगिक लग रहा था। हमें एहसास हुआ कि हमारे जीवन का सबसे महत्त्वपूर्ण हिस्सा ऐसे खूबसूरत, फिर भी साधारण पल हैं, जो हमें कभी-कभी ही मिलते हैं, एक-दूसरे से और हमारी दूसरी जिंदगियों से अलग होकर वे जिंदगियाँ, जो दुर्भाग्य से हमें परिभाषित करती हैं और जिन्हें हम, यह और दुर्भाग्य की बात है, अपनी गलतियों में पहचान पाते हैं।

दोपहर खत्म होने तक हम पहाड़ी की तलहटी पर वापस गए, अचानक आई दोपहर की बारिश की छोटी सी बौछार से भीगे हुए और अपने रेस्टोरेंट-ढाबे तथा मोटरसाइकिलों की ओर चल पड़े। अब हम सिर्फ चार भूखे व थके हुए युवक थे। हमने अगले दो घंटे तंदूरी चिकन पर धावा बोलते हुए, ठंडी बियर की चुस्कियाँ लेते हुए बिताए और दोपहर की धूप का आनंद लेते हुए धीरे-धीरे, आराम से नीचे उतरते रहे। हम लगातार बातें करते रहे—अपने अतीत की, वर्तमान की और संभावित भविष्य की। हँसते रहे, बहस करते रहे और यहाँ-वहाँ आलस्य से भरे पड़े रहे तथा आखिरकार समय आ गया वापस जमशेदपुर जाने का—अपने हॉस्टल के कमरों में जाने का, अगले दिन ड्यूटी पर जाने का—अपनी दूसरी जिंदगी में लौटने का।

❑

17

हालाँकि रिया अपनी पहली छुट्टियों के लिए लगभग एक साल बाद भारत आने वाली थी; लेकिन मैं, यदि चाहता तो, उससे पहले ही छुट्टी ले सकता था। मैंने दिसंबर के अंतिम सप्ताह में सात दिनों की छुट्टियाँ लेने का निश्चय किया। ऐसा न करने पर मेरे आकस्मिक अवकाश रद्द हो जाते और हालाँकि मुझे अपने घर की या घरवालों की खास कमी नहीं महसूस हो रही थी, लेकिन मुझे लग रहा था कि यह घरवालों के—विशेष रूप से माँ के—प्रति मेरा दायित्व था। हालाँकि वास्तव में न उन्हें उसकी आवश्यकता थी, न उन्होंने मुझसे कभी माँगी थी; लेकिन मैंने अपनी पहली तनख्वाह अपनी माँ के लिए बचाकर रखी थी—भावनाओं या प्रतिबद्धता की वजह से नहीं, सिर्फ उन्हें खुशी देने के लिए। यह एक प्रकार से एक सुविचारित प्रयास था, यह साबित करने का कि वे अभी भी अपने अन्यथा स्वच्छंद बेटे पर एक मौन अधिकार रखती थीं। उन्हें सच में इस बात से खुशी हुई। मुझे यह भी पता चला कि मेरे जमशेदपुर जाने के बाद—मेरी जानकारी के बिना—पिताजी ने अपने दोस्तों और रिश्तेदारों के लिए, जिनकी संख्या कम ही थी, एक पार्टी रखी थी—मेरी नौकरी लगने और कमाना शुरू करने का जश्न मनाने के लिए।

दिसंबर में जब मैं जमशेदपुर से दिल्ली अपनी छुट्टियाँ मनाने आया तो मेरा स्वागत कड़ाके की ठंड और कुहरे से हुआ। दिल्ली में रिया के बिना अधिक समय बिताए मुझे कुछ-एक साल हो गए थे। मुझे बहुत अकेलापन महसूस हो रहा था, क्योंकि मेरे अधिकतर दोस्त या तो दिल्ली से बाहर चले गए थे या मेरे दक्षिणी दिल्ली के घर से बहुत दूर रहते थे। दिल्ली में बिताई उन संक्षिप्त छुट्टियों के दौरान, पर्याप्त खाली समय होने के कारण, मैं बहुत से परिचित स्थानों पर गया, जहाँ मैं और रिया कुछ ही महीनों पहले घंटों एक साथ समय बिताया करते थे—बातें करते, हँसते, एक-दूसरे को देखते रहते। लेकिन अब घंटे बहुत लंबे प्रतीत हो रहे थे और

रेस्टोरेंट के बिल अनावश्यक रूप से अधिक। मैं एक प्रकार से बोर ही हो रहा था; लेकिन मुझे रिया की कमी उतनी नहीं महसूस हो रही थी जितनी मैंने सोची थी।

हालाँकि मेरे अधिकतर दोस्त और कॉलेज के सहपाठी बाहर निकल गए थे और अपने-अपने जीवन में व्यस्त हो गए थे, लेकिन राजेश वहीं था। वह अभी भी अपने पिता के सरकारी आवास में अपने माता-पिता के साथ रहता था और उसे कैंपस भरती के माध्यम से एक बड़ी, भारतीय एयर कंडीशनर मैन्युफैक्चरिंग कंपनी में नौकरी मिल गई थी। उसे उपनगर में स्थित अपने फैक्टरी-कम-ऑफिस तक पहुँचने के लिए रोज दो घंटे से ज्यादा समय डी.टी.सी. की बसों में गुजारना पड़ता था। इसलिए हमारी मुलाकात मेरी संक्षिप्त छुट्टियों के दौरान पड़नेवाले इकलौते सप्ताहांत में लंच पर होनी ही संभव थी, जो हमने अपने पुराने कॉलेज के गेट पर स्थित पुराने व परिचित दक्षिण भारतीय रेस्टोरेंट में लिया। सबकुछ बिल्कुल पुराने दिनों जैसा था। हमने डोसे मँगवाए और अपने-अपने जीवन के बारे में बातें साझा कीं। राजेश की तुलना में मेरी दुनिया ज्यादा बदली थी, क्योंकि मैं दूसरे शहर में, बिल्कुल नए वातावरण में और नए दोस्तों के बीच रहने लगा था। मैं अकेला भी रहता था। जल्दी ही हमें समझ में आ गया कि हम दोनों की दुनिया अब एक समान नहीं रह गई थी और बातचीत के लिए एक आम आधार मिलना मुश्किल था। इसलिए, हमने अपने कॉलेज के पुराने दोस्तों के बारे में बात करना शुरू कर दिया।

''रवि पूना वापस चला गया है और अपने पिता के कारोबार में शामिल हो गया है। मुझे लगता है कि वह उसी से जुड़ा रहेगा। आखिर इतने अमीर पिता के होने पर उसे नौकरी ढूँढ़ने की क्या जरूरत है।'' राजेश ने हमारे आम दोस्त रवि गुप्ता के बारे में सूचना दी।

''पीयूष को जमशेदपुर में एक दूसरी टाटा कंपनी में नौकरी मिल गई है। मुझे लगता है, उसे पहचान की वजह से नौकरी मिली है।'' मैंने कहा।

राजेश रिया की बात न छेड़ने को लेकर सावधान था। मुझे लगता है, उसे डर था कि उसकी बात करने से मुझे दुःख होगा; हालाँकि मैं जानता हूँ, वह जानने के लिए उत्सुक रहा होगा।

''क्या तुम रेड स्टार में ही काम करते रहना चाहते हो? रोज के आने-जाने से बहुत थकान होती होगी न?'' मैंने पूछा। मैं सही मायने में उसके लिए चिंतित था और ईश्वर का शुक्रिया अदा कर रहा था कि मैं उसके जैसी स्थिति में नहीं था।

''देखते हैं। मैं कंपनी का ट्रेनिंग प्रोग्राम पूरा करके सेल्स व्यापार के गुर सीखना चाहता हूँ। उसके बाद शायद नौकरी बदलूँ। लेकिन मैं अभी यह नौकरी

छोड़ने के मूड में नहीं हूँ। आने-जाने में परेशानी तो होती है, लेकिन मुझे लगता है, मैं बहुत कुछ सीख रहा हूँ। और तुम?'' राजेश ने पूछा।

''मैं काफी आराम से हूँ, कम-से-कम फिलहाल तो हूँ। मेरी बस एक ही परेशानी है कि इतनी बड़ी कंपनी में मैं खुद को खोया हुआ महसूस करता हूँ। फिर भी, जिंदगी मजे से कट रही है।'' मैंने खुद को सांत्वना दी।

''विवेक को कोटा के माध्यम से भारत इलेक्ट्रॉनिक्स में नौकरी मिल गई है। मैं उससे दो हफ्ते पहले मिला था। वह काफी खुश और संतुष्ट है।'' राजेश बोला। विवेक ही हमारा पुराना सहपाठी था और उसी यूनिवर्सिटी स्पेशल बस में आता-जाता था।

हम रेस्टोरेंट के टेबल पर आमने-सामने बैठे खाना खाते हुए और खिड़की के विशाल काँच से व्यस्त सड़क की भीड़-भाड़ देखते हुए अपनी सुखद व रुचिकर बातचीत करते रहे। हालाँकि वह सप्ताहांत था, लेकिन हमारे कॉलेज के दो हॉस्टलों के छात्र सस्ते खाने या खाने के बाद की सिगरेट की तलाश में छोटे-छोटे गुट बनाकर घूम रहे थे। हालाँकि हमें कॉलेज छोड़े कुछ ही महीने हुए थे, फिर भी हमें कोई जाना-पहचाना चेहरा दिखाई नहीं दे रहा था, कम-से-कम दूर से तो नहीं। अपने बिल चुकाने के बाद हम वहाँ से साथ-साथ निकले और लगभग पूरे रास्ते साथ चले और फिर अपने-अपने घर और तेजी से अलग होते जीवन की ओर चल पड़े।

मेरी छुट्टियाँ अकेले ही घूम-फिरकर और घर में कर्तव्य-परायण बातचीत करके बीत रही थीं। जल्दी ही समय आ गया, जब एक दिन बहुत सुबह अँधेरा रहते ही मुझे उत्तरी दिल्ली के रेलवे स्टेशन पर जाना था और जमशेदपुर की 36 घंटों की एकाकी यात्रा के लिए ट्रेन में सवार होना था। मुझे लगभग ऐसा लग रहा था कि मैं अपने घर वापस जा रहा हूँ जबकि मुझे जमशेदपुर में रहते हुए कुछ ही महीने हुए थे और दिल्ली में मैं अपना बचपन बिताकर बड़ा हुआ था।

❑

18

मि. कुलकर्णी एक धर्मनिष्ठ एवं ईश्वर से डरनेवाले इनसान थे, जिन्होंने एक-एक पद ऊपर चढ़कर तरक्की की थी और अब, अपने जीवन के पाँचवें दशक में, वे मेरे विभाग में मैनेजर के रूप में कार्यरत थे, जहाँ छह माह के प्रशिक्षण के बाद मेरी नियुक्ति हुई थी। हालाँकि औपचारिक प्रशिक्षण पूरा हो चुका था, लेकिन दो वर्ष पूरे होने के बाद भी हम ग्रेजुएट इंजीनियर ट्रेनी के रूप में ही नामित थे। हम—मि. कुलकर्णी और मैं—दोनों ही उस समय ऐसे विभाग में काम कर रहे थे, जहाँ का मुख्य काम था मशीन में जानेवाले विभिन्न उत्पादों के लिए जिग्स और जुड़नार आरेखित करना। यह काम समय लेनेवाला, नीरस और हाथ से किया जाने वाला था। हमारे ड्राइंग बोर्ड एक-दूसरे के निकट रखे थे और उनका मुख पहली मंजिल की उन खिड़कियों से, जो उस हॉल की लगभग संपूर्ण पूर्वी दीवार का गठन करती थीं, जिसमें हमारा विभाग स्थित था, नजर आते असमतल मैदान की ओर था। कंप्यूटर की सहायता से ड्राइंग अभी भी अपनी प्रारंभिक अवस्था में थी और हम हाथ से ही ड्राइंग बोड्र्स, ड्राफ्टिंग मशीनों, पेंसिल और पेन की मदद से ड्राइंग करने के आदी थे।

हम कभी-कभी अपनी ड्राइंग के बीच में ब्रेक भी ले लेते थे। हालाँकि काम मुश्किल था, लेकिन हमारे ऊपर शायद ही कभी समय का दबाव होता था और हमें अनावश्यक रूप से तनाव नहीं दिया जाता था। कंपनी पूर्व उदारीकरण कार्य में अच्छा प्रदर्शन कर रही थी, जहाँ जो कुछ भी कारखानों द्वारा उत्पादित होता था, वह उपभोक्ताओं द्वारा खरीद लिया जाता था, जिनके पास शायद ही कोई विकल्प था। निरंतर लाभ और बिक्री के आँकड़ों के परिणामस्वरूप कंपनी में सभी का जीवन आत्मतुष्ट और आसान हो गया था। बाजार में गला-काट प्रतिस्पर्धा न होने का मतलब था कि हम सभी, हमारे मालिकों सहित, चीजों को आसानी से ले सकते

थे और हम अपनी छुट्टियाँ भी ले सकते थे।

''तो बताइए कुलकर्णीजी, कौन सी चीज आपको महाराष्ट्र से इतनी दूर जमशेदपुर ले आई?'' मैंने एक दिन सुबह चाय के ब्रेक के दौरान उनसे पूछा।

''हालाँकि मैं एक महाराष्ट्रियन होने पर गर्व महसूस करता हूँ, जैसा कि अधिकतर महाराष्ट्रियन लोग करते हैं कम-से-कम शिवाजी के समय से; लेकिन मैं जमशेदपुर में ही पैदा हुआ और बड़ा हुआ। मेरे स्वर्गवासी पिता नौकरी की तलाश में यहाँ आए थे। हम नौकरीपेशा लोग थे और हमारे पास कोई जमीन-जायदाद नहीं थी, इसलिए हम यहाँ आ गए।'' मि. कुलकर्णी ने स्पष्ट किया।

''और आपके मन में कभी अपने गृहनगर जाने का खयाल नहीं आया?'' मैंने पूछा।

''नहीं। अब यही मेरा गृहनगर है। मैं यहीं पैदा हुआ और यहीं बड़ा हुआ, और मेरी बेटी भी यहीं पैदा हुई। यह सच है कि महाराष्ट्र में हमारे रिश्तेदार हैं, जो कभी-कभी यहाँ आते हैं और कभी-कभी हम भी उनसे मिलने जाते हैं। लेकिन सभी व्यावहारिक कारणों से मैंने जिन लोगों को अपने जीवन में जाना है, वे सब यहीं के हैं। अगर मैं अपने तथाकथित गृहनगर चला भी जाऊँ तो वहाँ के लोगों के लिए एक अजनबी रहूँगा। लेकिन फिर, मेरा मामला इस कंपनी में बहुत अनोखा नहीं है। अगर तुम अपने आसपास देखोगे, इस छोटे से विभाग में भी या अपने हॉस्टल में तो तुम्हें देश के हर कोने से आए लोग मिलेंगे, जो कई पीढ़ियों पहले एक अच्छी नौकरी की तलाश में यहाँ आए और फिर यहीं के हो गए।''

मैं जानता था कि कंपनी उन लोगों के परिजनों को नौकरी देना पसंद करती थी, जो पहले भी यहाँ काम कर चुके थे। यह एक ऐसी नीति थी, जो इस कंपनी और उसके कर्मचारियों के लिए कम-से-कम तब तक तो कारगर रही थी।

वे लोग, जो एक अच्छी नौकरी और स्थिर व सुरक्षित भविष्य चाहते थे, कंपनी में काम करके और उसकी साफ-सुथरी, लेकिन अलग-थलग टाउनशिप में रहकर काफी संतुष्ट थे। लेकिन कंपनी के लिए दिन-पर-दिन मेरी पीढ़ी के महत्त्वाकांक्षी और बेचैन युवाओं को अपने पास रोककर रखना मुश्किल होता जा रहा था, जो जिंदगी से और बहुत कुछ चाहते थे। हमारे घरों में सैटेलाइट टेलीविजन का प्रसारण शुरू हो गया था, बहुराष्ट्रीय कंपनियों ने आकर अपने पाँव जमा लिये थे और आकर्षक वेतन की पेशकश कर रही थीं। विदेश में बसना एक अच्छा विकल्प था, जैसा कि रिया को लगता था, और हमारी पीढ़ी के बहुत से युवाओं का इस 75 साल पुरानी कंपनी के सुरक्षित लेकिन नीरस वातावरण में दम घुटने लगा था।

मि. कुलकर्णी के बिल्कुल सामनेवाला ड्राइंग बोर्ड और टेबल हमेशा खाली रहता था और वह भी जान-बूझकर रखा जाता था। एक दिन जब मैंने इसका कारण पूछा, तो मि. कुलकर्णी ने बताया कि यह टेबल मि. मूर्ति की थी। वे आंध्रप्रदेश से आए थे। दो साल पहले छुट्टियों में घर जाते समय एक रेल दुर्घटना में उनकी मृत्यु हो गई। वे जवान थे और दो साल पहले ही उनकी शादी हुई थी। हमने तभी से उनका टेबल और ड्राइंग बोर्ड खाली रखा है। हम सभी के लिए, जिन्होंने उनके साथ एक छत के नीचे इतने दिन काम किया था, उस बोर्ड को इस्तेमाल करना मुश्किल है। मैं तो मि. मूर्ति को उस टेबल पर बैठकर काम करते, अपने आप में हँसते और मुझसे बात करते लगभग देख सकता हूँ।

मुझे विश्वास था कि एक-न-एक दिन मि.मूर्ति का बोर्ड और टेबल किसी और को मिल जाएगा, शायद मि. कुलकर्णी के अवकाश ग्रहण करने के बाद। जीवन में कोई भी चीज किसी के लिए हमेशा खाली नहीं रह सकती। मैं सोचने लगा कि मि. मूर्ति की पत्नी कहाँ और कैसी होगी; लेकिन फिर और कुछ पूछने से मैंने खुद को रोक लिया और अपने काम में व्यस्त हो गया।

इस प्रकार जीवन चलता रहा इंजीनियर्स हॉल के मेरे दोस्तों के साथ समय बिताने में, ऑफिस में जिग्स और जुड़नार आरेखित करने में, कभी-कभार ट्रैकिंग पर जाने और बाहर खाने-पीने में, पढ़ने और रिया को पत्र लिखने में, एस.टी. डी. बूथ से घर पर कर्तव्यपरायण फोन कॉल करने में—अनुकूल अकेलेपन और मानसिक एकांत, नियमित बेचैनी और स्थिर असंतोष के बीच।

❑

19

गणेश चतुर्थी का दिन था और मि. कुलकर्णी ने मुझे रात के खाने पर अपने घर बुलाया था। गणेश चतुर्थी कंपनी द्वारा स्वीकृत छुट्टी नहीं थी। वास्तव में, फैक्टरी में रविवार की साप्ताहिक छुट्टी के अलावा बहुत कम छुट्टियाँ होती थीं—पूरे साल में शायद आधा दर्जन के करीब। फैक्टरी दीपावली के दिन भी खुली रहती थी। दीपोत्सव, जो यकीनन साल का सबसे बड़ा त्योहार होता है और पूरे उत्तर भारत में उत्साह के साथ मनाया जाता है। गणेश चतुर्थी स्थानीय त्योहार नहीं था और उसे सिर्फ महाराष्ट्रियन लोग मनाते थे, वह भी अपने घरों में। यहाँ उस दिन न तो सड़कों पर जुलूस निकलते थे, न ही सार्वजनिक रूप से गणेश प्रतिमा का विसर्जन होता था।

मुझे पता चला कि मि. कुलकर्णी की पत्नी का कई साल पहले देहांत हो चुका था। मैं तो उनके एक सामान्य व खुशहाल परिवार की अपेक्षा कर रहा था, जहाँ एक गोल-मटोल, आंटी जैसी गृह स्वामिनी मेरा स्वागत करतीं और मुझे प्यार से भोजन कराने के बाद मिठाइयाँ खिलातीं। मैंने कभी सोचा भी नहीं था कि परिस्थिति इससे कुछ अलग हो सकती है। और इसलिए मुझे यह देखकर झटका लगा कि घर में सिर्फ दो ही लोग रहते थे—मि. कुलकर्णी और उनकी बेटी काजल। उन्होंने बिना किसी दिखावे के दिल से मेरा स्वागत किया।

उस दिन बारिश हो रही थी और उनका ड्राइंग रूम, जहाँ मैं बैठा था, साफ-सुथरा, प्रसन्नचित्त व सुव्यवस्थित लग रहा था। लेकिन ड्राइंग रूम और उसमें रहनेवालों को देखकर एक प्रकार से आभास हो रहा था कि उनका पूरा घर ही उसी प्रकार सुव्यवस्थित था और मेहमानों को प्रभावित करने के लिए कोई विशेष प्रयास नहीं किए गए थे। पिता-पुत्री दोनों ही एक जैसे थे—सीधे-सरल, सच्चे और गरमाहट से भरे लोग, संकोची विनम्रता से भरपूर; लेकिन फिर भी पर्याप्त

आत्मविश्वासी, जिसकी वजह से किसी भी प्रकार का दिखावा अनावश्यक हो जाता था।

जाहिर तौर पर घर में कोई नौकर-चाकर नहीं थे और यदि थे तो रसोईघर में थे तथा मुझे दिखाई नहीं दे रहे थे। काजल ने हमें ताजा फलों का रस दिया और खुद भी एक गिलास लेकर हमारी डिनर पूर्व की बातचीत में शामिल हो गई। उसे देखकर मेरे लिए उसकी उम्र का अंदाजा लगाना संभव नहीं था। शायद वह मेरी ही उम्र की होगी या मुझसे दो-एक साल बड़ी होगी; लेकिन मैं विश्वास के साथ नहीं कह सकता।

शिष्टाचार के तौर पर मैं मि. कुलकर्णी से हो रही अपनी बातचीत रोककर, जो गणेश चतुर्थी के ऐतिहासिक महत्त्व पर अपनी अभिधारणा प्रारंभ करने वाले थे, काजल से उसकी पढ़ाई के बारे में पूछने लगा।

''तो, क्या आप पढ़ती हैं ?'' मैंने काजल से पूछा।

''नहीं, मैंने दो साल पहले अपना पोस्ट ग्रेजुएशन पूरा कर लिया था।'' उसने जवाब दिया। इसका मतलब वह निश्चित रूप से मुझसे बड़ी थी, हालाँकि उसे देखकर ऐसा नहीं लग रहा था।

''यह बहुत अच्छी स्टूडेंट थी। इसने यहाँ अपने पोस्ट ग्रेजुएशन में टॉप किया था। इसके प्रोफेसर और मैं दोनों ही चाहते थे कि यह पी-एच.डी. करे, लेकिन इसने नहीं किया।'' मि. कुलकर्णी मुसकराए।

''क्यों नहीं किया ?'' मैंने पूछा। मेरा प्रश्न विशेष रूप से किसी की ओर इंगित नहीं था।

काजल जवाब देने के पहले थोड़ा हिचकिचाई, ''वास्तव में मैं ईमानदारी से अनुसंधान करने के लिए आवश्यक ऊर्जा और समय खर्च करने की इच्छुक नहीं थी। मैं बौद्धिक रूप से पर्याप्त उत्सुक नहीं थी और पी-एच.डी. सिर्फ इसलिए नहीं करना चाहती थी, क्योंकि मैं एक अच्छी स्टूडेंट थी।''

यह काजल की ओर से एक असाधारण जवाब था, जिससे पता चलता था कि उसके विचारों में अद्‌भुत आत्मविश्वास था और उसे अपने चुने हुए रास्ते पर चलने में कोई भय नहीं था।

वह अपनी पढ़ाई खत्म कर चुकी थी और मैंने उसके बारे में और कुछ न पूछना ही बेहतर समझा, ताकि वह यह न सोचे कि मैं उसके बारे में जानने के लिए कुछ ज्यादा ही उत्सुक हो रहा हूँ। हालाँकि, उस छोटी सी मुलाकात से भी मैं खुद को यह विश्वास नहीं दिला पाया कि यह अद्‌भुत लड़की अपनी जिंदगी सिर्फ शादी का इंतजार करते हुए बिता रही है।

बाहर बारिश हो रही थी और आसपास की टिन की छतों पर टपकती पानी की बूँदें खुली खिड़कियों से अंदर आ रही थीं—और जब हम खाना खाने बैठे तो हमारी बातचीत के लिए एक पृष्ठभूमि तैयार कर चुकी थी। काजल ने खाना परोसा और हमारे साथ आकर बैठ गई। मैंने पहली बार पूरनपोली खाई—एक प्रकार का मीठा पराँठा, जो एक विशिष्ट महाराष्ट्रियन पकवान था, जैसा कि मुझे पता चला। लेकिन उन्होंने मेरे बंगाली मूल का ध्यान रखकर कुछ फिश फ्राइज भी बनाई थीं। बातचीत के दौरान मि. कुलकर्णी ने बताया कि काजल स्वेच्छा से 'ग्राम स्वराज्य समिति' नाम के एक स्थानीय एन.जी.ओ. के लिए काम करती थी, जो गाँव की स्वशासन समिति थी। उनका यह बताने का मतलब यह था कि काजल को उसके काम के लिए कोई भुगतान नहीं मिलता था। मुझे उत्सुकता हुई, क्योंकि उस समय तक एन.जी.ओ. उतने फैशनेबल नहीं हुए थे, विशेष रूप से भारत के छोटे शहरों में।

"यह एन.जी.ओ किस प्रकार का काम करता है ?" मैंने पूछा।

"यह इस जिले के आदिवासी गाँवों में कई क्षेत्रों में काम करता है; जैसे—स्वरोजगार, शिक्षा, स्वास्थ्य वगैरह। कभी-कभी मैं उनके शिक्षकों को प्रशिक्षण देती हूँ और आदिवासी औरतों की आत्मनिर्भरता व आर्थिक सशक्तीकरण सुनिश्चित करने के लिए उनके साथ भी काम करती हूँ। लेकिन इस काम में ऑफिसों की तरह कोई नियम-कायदे नहीं हैं। जब और जैसी आवश्यकता होती है, हम वैसा ही काम करते हैं।" इस बार काजल ने बिना किसी हिचक के जवाब दिया। वह मुझसे काफी स्पष्ट रूप से बात कर रही थी।

घर का बना श्रीखंड बहुत स्वादिष्ट था—ठंडा और बहुत मीठा। मैंने कुछ ज्यादा ही खा लिया था। घर से आने के बाद मुझे पहली बार घर का खाना खाने का मौका मिला था, मैंने इसके लिए मि. कुलकर्णी का शुक्रिया अदा किया, हालाँकि मुझे इतनी अच्छी शाम के लिए पिता-पुत्री दोनों को शुक्रिया कहना चाहिए था। शायद मेरी स्वाभाविक शर्म ने मुझे काजल को सीधे शुक्रिया कहने से रोक लिया। बारिश रुक गई थी और मेढकों की टर्र-टर्र की आवाज के बीच मैंने उनसे विदा ली और अपने हॉस्टल की ओर चल पड़ा। मुझे अचानक एहसास हुआ कि लगभग आधी रात बीत चुकी थी और समय इतनी जल्दी तथा आराम से बीत गया था कि दिन भर काम करने के बावजूद मुझे थकान बिल्कुल महसूस नहीं हो रही थी।

❑

20

रिया अपनी यूनिवर्सिटी की क्रिसमस और नए साल की छुट्टियों में भारत आने वाली थी, लेकिन उसमें अभी भी दो महीने की देर थी। हालाँकि हमारे बीच नियमित पत्र-व्यवहार होता था, लेकिन हमें एक-दूसरे से मिले या एक-दूसरे की आवाज सुने एक वर्ष से अधिक हो चुका था। उन दिनों देश के बाहर फोन पर बात करना बहुत महँगा होता था। अब तो हमारे पत्र भी नीरस होते जा रहे थे, क्योंकि हमारे पास कोई आम आधार नहीं था, जिसके बारे में हम एक-दूसरे को लिखते। हमारे जान-पहचानवाले, हमारे दोस्त, हमारे आसपास का वातावरण, हमारे काम सब बिल्कुल अलग हो चुके थे। उदाहरण के तौर पर, मेरे लिए उसकी कल्पना शून्य से नीचे तापमान में, बर्फ से ढकी सड़कों पर करना—जैसा कि उसने लिखा था—बहुत मुश्किल था; क्योंकि मैंने अपने जीवन में कभी बर्फ नहीं देखी थी। फिर भी, और शायद इसीलिए, मैं उत्सुकता से रिया की पहली भारत-यात्रा का इंतजार कर रहा था और छुट्टी मंजूर करवाकर दिल्ली की टिकट भी बनवा चुका था। मेरी छुट्टियाँ मंजूर करनेवाले अधिकारी मि. कुलकर्णी ही थे; क्योंकि वे हमारे विभाग के इकलौते मैनेजर थे। हालाँकि वे कभी हमें इस बात का एहसास नहीं कराते थे। लेकिन उनके इस वैध अधिकार का इस्तेमाल करने में स्पष्ट कमी के कारण कभी काम का नुकसान नहीं होता था। हालाँकि उन्होंने कभी पूछा नहीं और शायद वे कभी पूछते भी नहीं, फिर भी मैंने उन्हें अपनी इस छुट्टी के पीछे का कारण बता दिया। यह मेरी इस बात का दिखावा करने की अंतर्निहित प्रवृत्ति थी कि मैं एक गर्लफ्रेंड रखने जितना स्मार्ट था। हालाँकि मेरी रिया से सगाई नहीं हुई थी, फिर भी मैंने मि. कुलकर्णी के सामने उसका हवाला अपनी मंगेतर के रूप में दिया, क्योंकि मुझे उसके लिए और कोई संबोधन नहीं सूझा। उसे सिर्फ अपनी 'गर्लफ्रेंड' कहना मेरे इरादे की गंभीरता के साथ अन्याय होता।

उन दिनों, सीधे-सीधे कहा जाए तो, किसी भी टाटा कंपनी में काम करने वाले ग्रेजुएट इंजीनियर जमशेदपुर के विवाह बाजार में सुयोग्य वरों की श्रेणी में गिने जाते थे। वास्तविकता यह थी कि अधिकांश वरिष्ठ अधिकारी और मैनेजर्स अपनी विवाह योग्य पुत्रियों के विवाह उपयुक्त—जाति, समुदाय और माता-पिता की आर्थिक स्थिति के संबंध में ग्रेजुएट ट्रेनी इंजीनियरों से करने के इच्छुक रहते थे। यह उनकी अत्यंत स्वाभाविक इच्छा रहती थी—और मुझे भी इसमें कुछ गलत नहीं लगता था; हालाँकि जिस प्रकार से इन विवाह प्रस्तावों के प्रलोभन दिए जाते थे, उसे लेकर मेरे हॉस्टल के युवा एवं महत्त्वाकांक्षी साथियों की अहंकारी शेखियों में सामान्य उपहास नजर आता था।

उस पहले आनंदमय डिनर के बाद मैं कई बार मि. कुलकर्णी के घर गया और पिता-पुत्री दोनों के साथ मेरा एक सहज सामाजिक अपनेपन का रिश्ता बन गया था। हॉस्टल के मेरे कुछ दोस्तों का ध्यान मेरे इन दौरों पर गया तो उन्होंने मुझे मि. कुलकर्णी के अपनी बेटी से मेरी शादी कराने के संभावित इरादे के बारे में चेतावनी भी दे दी थी। मैं मि. कुलकर्णी को उन सबसे कहीं अच्छी तरह जानता था, लेकिन फिर भी मैंने सोचा कि मुझे उनको रिया के बारे में बता देना चाहिए, इसलिए मैंने उन्हें बता दिया। जैसा कि मैंने सोचा था, मि. कुलकर्णी के व्यवहार और हाव-भाव में रत्ती भर का भी बदलाव नहीं आया और वे मेरे प्रति उतने ही मित्रवत् और स्नेही बने रहे जितने पहले थे, जिससे मैंने बहुत राहत महसूस की। उन्होंने काजल से रिया के बारे में बताया कि नहीं, यह मैं नहीं जानता। मेरे लिए, कम-से-कम उस समय, यह बात खास महत्त्व नहीं रखती थी।

जिस समय मैं कंपनी में अपना पहला साल पूरा करने वाला था, मेरा रूममेट अपनी आसन्न शादी की प्रत्याशा में हॉस्टल छोड़कर अपने स्वतंत्र क्वार्टर में चला गया। मेरा नया रूममेट पहलेवाले से व्यवहार और स्वभाव में इतना अलग था, जैसे चौक और चीज। वह बड़बोला और बदजबान था, लेकिन दिल का अच्छा था। यह उत्तर भारत के गढ़ की उसकी सांस्कृतिक परवरिश थी, जिसकी वजह से वह ऐसा था। हालाँकि वह दूसरों से काफी अभद्रता से पेश आता था, लेकिन पता नहीं क्यों, वह मेरी निजता का बहुत सम्मान करता था और कभी उन बातों में कूदने की कोशिश नहीं करता था, जिनके बारे में मैं बात नहीं करना चाहता था। दिनेश का चरित्र कई मामलों में बहुत रहस्यमय था—विरोधाभास से भरपूर; लेकिन रूममेट के तौर पर हमारा बहुत प्यारा रिश्ता था।

❑

21

हालाँकि मैं पहले भी जमशेदपुर से दिल्ली का 36 घंटे लंबा सफर तय कर चुका था, लेकिन इस बार मेरे मन में एक उत्सुकता भरी प्रत्याशा की भावना थी; क्योंकि मैं पंद्रह महीने के अंतराल के बाद रिया से मिलने वाला था। इसके अलावा, इस समय सर्दियों का मौसम था और हालाँकि ट्रेन के द्वितीय श्रेणी के डिब्बे में, जिसमें मैं सफर कर रहा था, रात काफी ठंडी हो गई थी, लेकिन सुबह का समय बहुत सुखद था और उस सफर में आमतौर पर जीवन के प्रति मेरा सकारात्मक दृष्टिकोण परिलक्षित कर रहा था।

'मूरी एक्सप्रेस' जब टाटानगर रेलवे स्टेशन से रवाना हुई तो भोर का समय था। एक झपकी लेने के बाद जब मेरी नींद खुली और मैंने डिब्बे की खुली खिड़की से बाहर देखा तो ट्रेन जमशेदपुर के औद्योगिक उपनगर को पार कर चुकी थी और छोटा नागपुर के पठार के बीच से चलती जा रही थी। इस समय वह फैले हुए, लाल मिट्टीवाले खाली मैदानों से गुजर रही थी, जिनमें बीच-बीच में साल के घने वन थे और यहाँ-वहाँ चमकदार लाल फूलों के गुच्छे दिखाई दे रहे थे।

भारत की लंबाई और चौड़ाई को नापती एक लंबी रेल यात्रा से अपने देश की विविधता और विशालता का एहसास होता है। छोटा नागपुर पठार की कम आबादी वाला शांतिपूर्ण ग्रामीण परिवेश पूर्वी उत्तर प्रदेश में ट्रेन के प्रवेश करते ही पन्ने जैसे हरे हाल में बोए गेहूँ के खेतों में तब्दील हो गया। अब हम घनी आबादीवाले गाँव, धूल भरे अनियोजित मुफस्सिल कस्बे, ठहर जानेवाला यातायात और अव्यवस्था देख सकते थे, जिसका यह उपजाऊ मिट्टी समर्थन करती थी और एक प्रकार से उसे प्रोत्साहित भी करती थी। यहाँ तक कि रेलवे स्टेशन भी इतने भीड़भाड़वाले, अव्यवस्थित, गंदे और शोर भरे थे, जैसे मैंने कम ही देखे थे, जैसे कि शांति की सतह के नीचे कहीं कुछ सिहर रहा हो और थोड़ा सा भी बहाना मिलते ही फट

पड़ने का इंतजार कर रहा हो। अगले पूरे दिन ट्रेन गंगा के उपजाऊ मैदानी इलाके से गुजरती रही और ग्रामीण परिदृश्य सुखद रूप से हरा–भरा और सुखदायक बना रहा, जब तक कि हम अगली सुबह दिल्ली के आसपास के मलिन उपनगरीय क्षेत्र में नहीं पहुँच गए। शहरीकरण की वजह से उपनगरीय इलाके में उत्पन्न हुई निरी कुरूपता यह याद दिलाती थी कि कैसे इनसान में अपने निर्माता की तुलना में सौंदर्य–बोध का पूर्ण अभाव है।

रिया भी उसी रात दिल्ली पहुँचने वाली थी जिस रात मैं पहुँच रहा था। लेकिन एक बार फिर मैंने खुद को उसे लेने एयरपोर्ट जाने से रोक लिया। यह खुद को रोक लेने की प्रवृत्ति, आसानी से अपनी भावनाओं की अभिव्यक्ति न कर पाना शायद हमारी पीढ़ी के लिए स्वाभाविक बात थी। अगले दिन जब हम मिले, एक तटस्थता के साथ और अपने पुराने मिलने के स्थानों में से एक में तो मैंने पाया कि मैं रिया की समीक्षा कर रहा हूँ, यह जानने का प्रयास कर रहा हूँ कि क्या हमारी जुदाई के 15 महीनों में बदली है—और यदि बदली है तो कितनी और किन मायनों में···। अमेरिका और उसके वहाँ के अनुभव उसमें, उसके विचारों में, और खासतौर से मेरे प्रति उसकी भावनाओं में कितने और कैसे बदलाव लाए हैं।

रिया के बारे में जो एक विशेष बात थी, वह थी उसकी पूर्ण सहजता और आत्मविश्वास। अब वह पहले से भी अधिक उल्लासपूर्ण स्वभाव की हो गई थी। जाहिर है, वह अमेरिका की अपनी यूनिवर्सिटी के अनुभवों की ही बातें कर रही थी पढ़ाई की कम और अन्य अनुभवों की अधिक। वहाँ के वातावरण की, उसके दोस्तों की, उसके सैर–सपाटे की, वहाँ के हर तरह से खूबसूरत, आरामदायक, परेशानियों से मुक्त जीवन की। उसकी पढ़ाई भी अच्छी चल रही थी और मुझे महसूस हुआ कि अब वह पहले से ज्यादा उत्सुक और पढ़ाई में रुचि रखनेवाली छात्रा हो गई है। लेकिन फिर भी उसने अपनी पहलेवाली आनंद की भावना बनाए रखी थी। वास्तव में, वह पूर्ण रूप से प्रसन्नचित्त, संतुष्ट और वहाँ के अपने जीवन में आकंठ डूबी हुई लग रही थी और उसे किसी प्रकार की शिकायत नहीं थी। उसे कोर्स पूरा करके मास्टर्स की डिग्री मिलने में अभी नौ महीने बाकी थे। मेरी हिम्मत नहीं हुई कि मैं उससे उसके पोस्ट ग्रेजुएशन के बाद की योजना के बारे में पूछूँ और वह भी बताने की जल्दी में नहीं लग रही थी।

वह दिल्ली की सर्दियों का एक खूबसूरत दिन था। खिली–खिली धूपवाला और चमकदार तथा कम–से–कम मध्य दिल्ली का वह हिस्सा, जहाँ हम लंच ले रहे थे, बहुत खूबसूरत लग रहा था। मंद–मंद हवा चल रही थी और नई दिल्ली

के निर्माण के पहले के प्राचीन पेड़ों से गिरे पत्ते उस हवा में उड़ रहे थे और पक्के फुटपाथों पर जटिल नृत्य कर रहे थे।

वैसे तो मेरी यूनिवर्सिटी वाले शहर में दो-एक इंडियन रेस्टोरेंट हैं; लेकिन वे बहुत ज्यादा महँगे हैं और वहाँ का खाना भी इंडियन स्वाद के हिसाब से बहुत फीका है।

''इंडिया से जाने के बाद से मैं पहली बार कुल्फी खा रही हूँ।'' रिया ने कुल्फी-फालूदा की ओर देखते हुए कहा, जो वही पुराना वेटर लेकर आया था, जो हमें हमारे कॉलेज के दिनों में दिया करता था।

''क्या तुम्हें भारतीय खाने की याद आती थी ?'' मैंने पूछा।

''भारतीय खाना, फिल्में और क्रिकेट ही वे तीन चीजें हैं, जिनकी मुझे अमेरिका में कमी महसूस होती थी।'' रिया ने जवाब दिया—''और हाँ, बेशक तुम्हारी, मॉम-डैड की तथा भाई की।'' उसने कुछ सोचकर दोबारा कहा।

रिया के अमेरिका के अनुभवों की तुलना में मेरे पास जमशेदपुर की अपनी जिंदगी के बारे में अधिक कुछ कहने को नहीं था और वैसे भी वह उसके बारे में सुनने को बहुत उत्सुक नहीं लग रही थी। मुझे लगा जैसे वह जानबूझकर भविष्य के बारे में या भारत में मेरी अलग जिंदगी के बारे में बात करने से बच रही थी। वह अमेरिका की अपनी जिंदगी से, वहाँ के संपूर्ण अनुभव से बेहद खुश थी और अपनी खुशी छुपाने की कोशिश भी नहीं कर रही थी। एक तरह से मेरी पूरी परवरिश ने मेरे अंदर यह विचार उत्पन्न किए थे कि जीवन का इस प्रकार का पूर्णतया शारीरिक भोग अपराध-भाव और अनिश्चितता लिये होता है, जैसे कि ऐसी खुशी और उल्लास नाजुक, असत्य और कहीं-न-कहीं दूसरों की कीमत पर हासिल किए हुए होते हैं। मेरी हँसी कभी भी रिया और उसके दोस्तों जितनी खुली हुई और पूर्ण नहीं होती थी।

❑

22

पंद्रह दिनों की छुट्टियों में से अधिकांश दिन रिया और मैं अपने मिलने की पुरानी और परिचित जगहों पर गए; हालाँकि अब जबकि मैं कमाने लगा था, हम उनसे महँगी जगहों पर भी जा सकते थे। कभी-कभी रिया के कुछ पुराने दोस्त, जो दिल्ली में ही रहकर अपने पारिवारिक व्यवसाय में शामिल हो गए थे, हमारे साथ आ जाते। वे सब भी रिया से इतने लंबे अंतराल के बाद मिलने को उत्सुक थे, रिया सबके बीच हमेशा से इतनी लोकप्रिय जो थी। उनमें से अधिकांश मुझे भी कॉलेज के दिनों से जानते थे और हालाँकि मैं स्पष्ट रूप से उनमें से एक नहीं था, वे मेरे साथ हलके-फुलके और दोस्ताना तरीके से पेश आते थे।

दिन छोटे थे, जैसे कि सर्दियों में हमेशा होते हैं; लेकिन दिल्ली में उस पखवाड़े के दौरान दिन और छोटे प्रतीत हो रहे थे तथा कल्पना से अधिक तेजी से बीत रहे थे। जल्दी ही, एक बार फिर, रिया का मुझे और अपनी परिचित जिंदगी को छोड़कर यूनिवर्सिटी वापस जाने का समय आ गया।

जमशेदपुर पहुँचकर मुझे एहसास हुआ कि मेरा जीवन स्पष्ट रूप से दो हिस्सों में बँट चुका था, दूरी द्वारा करने से अलग किया हुआ। जमशेदपुर के मेरे जीवन, फैक्टरी, दोस्त, सहकर्मियों और दिल्ली के जीवन, घरवालों, रिया और पुराने परिचितों में कोई भी समानता नहीं थी। दोनों हिस्सों के बीच संतुलन बनाते-बनाते मुझे लगने लगा था जैसे मैं एक दोहरा जीवन जी रहा हूँ। मुझे बिल्कुल नहीं पता था कि ये दोनों हिस्से कब और कैसे एक बिंदु पर मिल पाएँगे। कभी-कभी मैं सोचता था कि कहीं मुझे दोनों में से एक का चुनाव न करना पड़ जाए। हालाँकि मैं रिया से प्यार करता था और मुझे उसकी बहुत कमी भी महसूस होती थी, लेकिन जमशेदपुर में रहते हुए मुझे जो नई-नई आर्थिक और अन्य प्रकार की स्वतंत्रता मिली थी, उसने मुझे अतीत के बोझ से मुक्त होकर जीवन जीने की आजादी दे

दी थी। मुझे जिंदगी में पहली बार उस जीवन से भी प्यार हो गया था, जो मेरा अपना था। ऐसा भी पहली बार हुआ था कि मैं अपनी जिंदगी पूरी तरह अपनी मरजी से जी रहा था और अपने प्रियजनों से दूर होने के बावजूद इस जीवन ने जो आजादी और आत्मविश्वास की भावना मेरे अंदर उत्पन्न की थी, वह एक युवा लड़के में मर्दानगी के आगमन की तरह थी। मैं सच में नहीं समझ पा रहा था कि अपने भविष्य की क्या योजना बनाऊँ; क्योंकि मेरा भविष्य रिया के साथ बँधा हुआ था, जिसकी योजनाएँ अटलांटिक महासागर के पार कहीं अभी भी धूमिल और अनिश्चित थीं। वर्तमान में रहकर जी पाने की क्षमता हममें से बहुत कम लोगों के नसीब में लिखी होती है। भविष्य की संभावित चिंताओं को गले लगाने की इच्छा में वर्तमान की खुशियों की उपेक्षा करना सामान्य बात है, जिसकी हम भलीभाँति कल्पना कर सकते हैं।

हालाँकि मैं अपने रूममेट के काफी करीब था और मेरे दूसरे दोस्त भी थे, जिनमें से अधिकांश मेरी तरह ग्रेजुएट इंजीनियर थे और मेरे साथ हॉस्टल में रहते थे; लेकिन मैं कभी भी उनसे अपनी अनिश्चितताओं के बारे में खुलकर बात नहीं कर पाया, विशेष रूप से रिया से संबंधित अनिश्चितता की। सप्ताहांत की कई रातों में हम हॉस्टल के किसी लंबे से मोजैक के बरामदे के नंगे फर्श पर बैठ जाते, चार या पाँच के समूह में और देर रात तक सिगरेट व बियर पीते हुए बातें करते रहते—एक-दूसरे से, लेकिन अधिकतर खुद से। वहाँ मौजूद अन्य लोग अकसर ग्रहणशील साउंड बोर्ड बन जाते थे; जबकि हम अपने अतीत की, संभावित भविष्य की, अपनी चिंताओं की, दुनिया के बारे में अपने खयालों की, फैक्टरी, किताबों और दर्शन की बातें करके मन का बोझ हलका कर लेते थे। हम राम जन्मभूमि आंदोलन के बारे में, विश्व कप में भारत की संभावनाओं के बारे में (जाहिर है, क्रिकेट के) जोरदार बहस करते थे; यह चर्चा भी करते थे कि किस प्रकार एक ही कंपनी में काम करते रहने से हमारी प्रगति स्थिर हो जाएगी। लेकिन अजीब बात थी कि हममें से कोई भी अपनी गर्लफ्रैंड या अन्य लड़कियों के बारे में दूर-दूर तक कोई चर्चा नहीं करता था। ऐसी व्यक्तिगत बातें एक ऐसे निषिद्ध क्षेत्र में डाल दी गई थीं, जहाँ कुछ भी साझा नहीं किया जाता था।

यह वह समय भी था, जब शायद अपने अन्य हॉस्टल के दोस्तों के प्रभाव में आकर, जिनमें से कुछ निस्संदेह सांसारिक रूप से बहुत महत्त्वाकांक्षी थे, मैंने अपने भविष्य की योजनाओं पर पुनर्विचार करना शुरू कर दिया था। रिया और उसके अमेरिका के जीवन को लेकर मेरी अनिश्चितता मेरे अपने जीवन और भविष्य की

योजनाओं के प्रति दुविधा से दोगुनी बढ़ गई थी।

मैं एक अच्छा वेतन पा रहा था और आराम से एक सुरक्षित नौकरी कर रहा था, जिसमें प्रगति की निश्चित संभावनाएँ थीं। लेकिन जब आप बीस वर्ष के होते हैं तो जीवन से जो कुछ मिल रहा है, उससे संतुष्ट नहीं रह पाते। एक विशेष संस्कृति में पले होने के कारण, सिर्फ पैसा कमाने के लिए काम करना जीवन के उपयुक्त लक्ष्य के रूप में मुझे प्रेरित नहीं करता था। ऐसा नहीं है कि मैं पैसों के महत्त्व को नहीं समझता था; लेकिन मेरे लिए पैसा सिर्फ एक अच्छी और पर्याप्त रूप से आरामदेह जिंदगी पाने का जरिया था, जो इनसान की सांसारिक आवश्यकताओं और जिम्मेदारियों को पूरा कर सके। मुझे जीवन के लिए एक ऊँचा लक्ष्य तलाश करने की आवश्यकता महसूस हो रही थी, यह खोज करने की कि सच में अंतर की आवाज जैसी कोई चीज थी या नहीं। एक ग्रेजुएट ट्रेनी इंजीनियर की नौकरी मेरे लक्ष्य की आवश्यकता को पूरा नहीं कर पा रही थी। मुझे कभी-कभी लगता था कि मैं स्वचालित मशीनों के गिरोह का एक हिस्सा हूँ, जो अपना वेतन पाने के लिए सुबह सात से शाम चार बजे तक काम करता रहता है। बेशक, ऐसे प्रश्न और आत्म-संदेह के मौके कभी-कभार ही आते थे। अधिकतर मैं अपनी दैनिक गतिविधियों में ही व्यस्त रहता था—सुबह उठना, तैयार होना, लेट का निशान न लगे—इसलिए समय से ऑफिस भागना, अपने ड्राइंग बोर्ड पर काम करना, सहकर्मियों से बातें करना, डिनर के लिए बाहर जाना, हॉस्टल के दोस्तों के साथ घूमना-फिरना, कभी-कभी सप्ताहांत पर ट्रैकिंग के लिए जाना और रिचर्ड बाख तथा पाउलो कोएल्हो की गूढ़ किताबें पढ़ना।

फिर भी, कभी-कभी ही सही, ऐसे मौके आते रहते थे।

❑

23

''तुम खुश हो ?'' मैंने काजल से पूछा। हम उसके घर में डाइनिंग टेबल पर आमने-सामने बैठे थे। उसके पिताजी घर पर नहीं थे, लेकिन मेरा उस परिवार से ऐसा सहज अपनापन स्थापित हो चुका था कि मैं उनकी गैर-मौजूदगी में भी बिना किसी औपचारिकता के काजल के साथ समय बिता सकता था। और फिर, आप सबसे ऐसे बेवकूफी भरे प्रश्न नहीं पूछ सकते।

उल्लेखनीय रूप से काजल को यह प्रश्न बेवकूफी भरा नहीं लगा। मेरे प्रश्न को उसके ध्यान और मौन की सराहना मिली और फिर, ऐसे प्रश्नों के उत्तर देना कभी आसान नहीं होता। उनके पूरे जवाब कभी नहीं होते—हममें से अधिकतर लोगों के लिए अधिकतर मौकों पर।

''हाँ, शायद। बेशक कभी-कभी मैं उदास महसूस करती हूँ, विशेष रूप से तब जब मेरा मन अतीत में भटकने लगता है।''

ऐसा लग रहा था जैसे काजल के अतीत के कुछ अनुभव थे, यादें थीं, जो उसे कभी-कभी उदास कर जाती थीं। अतीत के दु:खद अनुभव हमें अकसर उदास कर जाते हैं, लेकिन अतीत के उन सुखद पलों की यादें, जिनके दोबारा आने की उम्मीद नहीं होती, कभी-कभी हमें और अधिक दुखी कर जाती हैं। सिर्फ एक बच्चे में ही पूरी तरह वर्तमान में जीने की क्षमता होती है।

''क्यों ?'' मुझे नहीं पता था कि मुझे यह पूछना चाहिए था या नहीं।

''शायद तुम नहीं जानते कि मूर्ति की रेल दुर्घटना में मृत्यु के ठीक एक महीने पहले मेरी उससे शादी हुई थी।'' काजल बोली। वह खिड़की के बाहर शून्य में देख रही थी—दूर कहीं, जैसे मुझसे नजरें मिलाने से बच रही हो।

मैं स्तंभित हो गया, क्योंकि मैंने कभी कल्पना में भी नहीं सोचा था कि काजल अपने जीवन में इतने दर्दनाक और हालिया आघात से गुजरी होगी। वह हमेशा संयम

में रहती थी और उसके व्यवहार में लेशमात्र भी आत्म-दया या उदासी दिखाई नहीं देती थी। यहाँ तक कि मि. कुलकर्णी ने भी कभी इस बात का कोई संकेत नहीं दिया था, जबकि वह मेरे साथ दिन भर काम करते थे—उसी हॉल में, उस खाली ड्राइंग बोर्ड से कुछ ही दूरी पर, जहाँ उनका दामाद कुछ ही समय पहले तक काम किया करता था। वह दामाद, जिसकी शादी उनकी इकलौती बेटी से हुई थी। भाग्य के अनिश्चित पंजों ने जब उसे असमय, सदा के लिए छीन लिया था, उसके सिर्फ एक महीने पहले तक।

बाहर अँधेरा होने लगा था। सड़क पर रुक-रुककर चलते यातायात की आवाज खुली हुई खिड़कियों से अंदर आ रही थी। यह देखकर कि मैं सदमे के कारण कोई प्रतिक्रिया व्यक्त करने की स्थिति में नहीं था, काजल खुद ही कहने लगी, ‘‘लेकिन जिंदगी चलती रहती है और शुरुआती सदमा पिघलने लगता है। सबसे महत्त्वपूर्ण है खुद को आत्म-दया के शिकंजे में फँसने से बचाना। बेशक, मेरे पास मेरे पिताजी हैं, जिन्होंने हमेशा और हर परिस्थिति में मेरा पूरा साथ दिया है।’’ उसने कहा।

मुझे अभी भी समझ में नहीं आ रहा था कि मैं क्या कहूँ। मैं उस कप से खेलता और छेड़छाड़ करता रहा, जिसमें कुछ देर पहले काजल ने मुझे चाय दी थी। मैं अब तक ऐसे किसी इनसान से नहीं मिला था, जिसने अपने जीवन में इतनी असामयिक त्रासदी का सामना किया हो। हम अपने जीवन में कितनी सारी चीजों का महत्त्व नहीं समझ पाते, मुझे एहसास हुआ।

‘‘क्या तुम कभी देखना चाहोगे कि हम गाँवों में किस तरह का काम करते हैं ?’’ काजल ने पूछा, शायद बोझिल होती जा रही चुप्पी को तोड़ने के लिए।

‘‘हाँ, क्यों नहीं! मुझे अपनी फैक्टरी और हॉस्टल की एक जैसी दिनचर्या से बदलाव मिलेगा। मैं फैक्टरी की किसी भी साप्ताहिक छुट्टी में चल सकता हूँ।’’ मैंने जवाब दिया।

‘‘ठीक है। तो हम इसी रविवार को चलते हैं। मुझे चीजों को टालना पसंद नहीं है। हम घर के सामनेवाले बस स्टॉप से साढ़े सात की बस ले लेंगे, अगर तुम्हें ठीक लगे तो।’’ काजल ने कहा, ‘‘यह शायद आदिवासी गाँव में तुम्हारी पहली यात्रा होगी।’’

‘‘मुझे कोई परेशानी नहीं है।’’ मैंने जवाब में कहा, यह सोचते हुए कि आदिवासी गाँव तो दूर की बात है, यह किसी भी गाँव की मेरी पहली यात्रा होगी। हमारे परिवार में गाँव के जीवन से कोई भी वास्ता रखनेवाले अंतिम सदस्य मेरे

परदादा थे। उन्होंने पूर्वी बंगाल के एक अमीर जमींदार के नायब या सहायक के रूप में काम किया था। मेरे दादाजी के समय से हम हमेशा शहर में ही रहे थे, और हमारे वंशजों के गाँव से हमारा कोई भी संबंध नहीं रहा था, और अगर ऐसे किसी संबंध को पुनर्स्थापित करने की कोई गुंजाइश थी भी तो वह विभाजन के बाद पूरी तरह खत्म हो गई थी।

मैं वहाँ से जाने ही वाला था कि मि. कुलकर्णी आ गए और हमारी बातचीत के अंतिम चरण में बनी योजना को सुनकर उन्होंने उसे दिल से समर्थन दिया।

''मैंने देखा तो नहीं है कि काजल और उसकी संस्था किस तरह का काम कर रही है, लेकिन मुझे विश्वास है कि अगर उस काम में काजल शामिल है तो वह जरूर एक सार्थक और उद्देश्यपूर्ण काम होगा। और कुछ नहीं तो तुम्हें ग्रामीण इलाकों की खूबसूरती देखने को मिलेगी। साल के इस समय वहाँ का मौसम बहुत ही सुहावना होता है।'' मि. कुलकर्णी ने कहा। उस समय फरवरी की शुरुआत थी और मौसम वाकई बहुत खुशनुमा था।

''आप भी साथ में क्यों नहीं चलते ?'' मैंने सुझाव दिया, सिर्फ शिष्टाचारवश। मुझे महसूस हुआ कि मेरे अंदर कोई चीज बेताबी से चाहती थी कि वे साथ चलने से मना कर दें।

''तुम भूल रहे हो कि हमारे साप्ताहिक अवकाश हफ्ते के अलग-अलग दिनों में होते हैं।'' मि. कुलकर्णी ने मुसकराते हुए कहा। मेरे विरोध के बावजूद पिता-पुत्री के दिल से किए आग्रह ने मुझे एक बार फिर बाध्य कर दिया—मेरी आंतरिक इच्छा के पूरी तरह विपरीत भी नहीं कि मैं उस दिन भी वहीं डिनर करके अपने हॉस्टल के कमरे में लौटूँ।

❑

24

वसंत ऋतु के रविवार की उस सर्द सुबह मैं अपने हॉस्टल से बस स्टॉप की ओर पैदल चल कर जा रहा था। एक अज्ञात पेड़ जंगली बौर से भरा हुआ उस बस स्टॉप पर झुका हुआ था, जो सड़क के किनारे सिर्फ एक लोहे के खंभे से चिह्नित किया गया था और जिसके साथ एक साइन बोर्ड संलग्न था।

मेरे पहुँचने के मुश्किल से दो ही मिनट बाद काजल भी आ गई। उसने एक कलफ लगी, हलकी, क्रीम रंग की साड़ी पहनी थी और निश्चित रूप से उतनी सुबह भी नहाकर आई थी, क्योंकि उसके बाल अभी भी गीले थे। बस के आने में विलंब हो गया था; लेकिन मौसम बहुत सुहावना था और चूँकि मुझे कोई जल्दी नहीं थी, इसलिए इंतजार करना बिल्कुल भी बुरा नहीं लग रहा था। हलकी-हलकी ठंडी हवा चल रही थी और सुबह की रोशनी में वह अद्‌भुत बात नजर आ रही थी, जो कभी-कभी ही देखने को मिलती है। ऐसा लग रहा था जैसे आसपास कहीं रात को बारिश हुई थी।

''हैलो! तुम बहुत देर से इंतजार कर रहे हो क्या?'' काजल ने पूछा।

''नहीं, मुझे भी आए कुछ ही मिनट हुए हैं। लेकिन सुबह की ताजगी और ठंडक बहुत अच्छी लग रही है।'' मैंने जवाब दिया।

''हाँ, लेकिन बस लेट हो सकती है। अकसर ही हो जाती है, लेकिन फिर आ ही जाती है।'' काजल मुसकराई।

तभी हमारी भूरे और क्रीम रंग में रँगी खस्ताहाल बस अपने पीछे धुएँ का घना व भूरा बादल छोड़ते हुए आ गई। वह एक निजी संचालक द्वारा चलाई जाने वाली बस थी—टेल्को का एक पुराना, विलुप्त हो चुका मॉडल, जिसके बारे में हमारे वर्तमान मालिक भूल जाना पसंद करते। खुले बदन के शोहदेनुमा युवा आदिवासी ड्राइवर ने, जो एक भड़कीला लाल बंदना पहने हुए था, बस हमारे सामने रोकी;

लेकिन इंजन बंद करने की हिम्मत नहीं की। हम उस भरी हुई, लेकिन बिना धक्का-मुक्कीवाली बस में उस स्टॉप से चढ़नेवाले अकेले यात्री थे।

काजल ने एक खिड़कीवाली सीट हासिल कर ली और करीब गाँच मिनट बाद जैसे ही उसके साथ बैठा यात्री खिचड़ी दाढ़ीवाला चश्माधारी वृद्ध व्यक्ति उतरा, मैं उसके बगल की गलियारेवाली सीट पर बैठ गया। बस शहर से बाहर निकल चुकी थी और नदी पर बने पुल को पार करके सीधे आदिवासी क्षेत्र के भीतर प्रवेश कर चुकी थी—टाटा द्वीप को पीछे छोड़ते हुए वास्तव में भी और लाक्षणिक रूप से भी।

''तुम्हें पता है, पहले मुझे लगता था कि तुम बहुत घमंडी हो।'' काजल ने मुझे देखने के लिए गरदन घुमाते हुए अचानक कहा।

''असल में, यह कोई नई बात नहीं है। मेरे बारे में यह लोगों की आम राय है। लेकिन फिर भी, यह एक गलत धारणा है। यह शायद मेरा जन्मजात अंतर्मुखी स्वभाव और शरमीलापन है, जो मुझे नए लोगों के सामने आसानी से खुलने नहीं देता। मेरे इस संकोच को लोग घमंड समझ लेते हैं। मेरे साथ ऐसा पहले भी कई बार हो चुका है, मेरे कॉलेज के दिनों में भी। मुझे लगता है, मेरे हॉस्टल में भी बहुत से मेरे सहकर्मी समझते हैं कि मैं घमंडी और दंभी हूँ। इसमें मैं कुछ नहीं कर सकता।'' मैंने जवाब दिया।

''तुम्हें इस बात से कोई फर्क भी नहीं पड़ता, है न ? और यह भी साफ दिखाई देता है।'' काजल मुसकराई। मैं भी मुसकरा दिया और काजल से नजरें बचाते हुए खुली खिड़की से बाहर के दृश्य देखने लगा।

बस लाल-भूरे खाली खेतों में चलती जा रही थी, जिनमें यहाँ-वहाँ हरियाली देखने को मिल रही थी। कभी-कभी मुझे कोई आदिवासी गाँव नजर आ जाता—सीमित आबादीवाला, जिसमें लाली लिये हुए गेरुए रंग के मिट्टी पुती दीवारों वाले झोंपड़े थे, जिनमें सफेद खड़िया से चित्रकारी की गई थी, साफ-सुथरे खुले आँगन थे, और बूढ़ी व अनुभवी आदिवासी महिलाएँ बाँस की टोकरियाँ बना रही थीं।

तेजी से ऊबड़-खाबड़ होती जा रही सड़कों पर केवल एक घंटे बस में चलने के बाद हम उस गाँव में पहुँचे, जो कम-से-कम उस यात्रा के लिए हमारा गंतव्य था, जो एक साथ हमारी पहली दिन भर की यात्रा थी।

❑

25

हम बस से उतरे तो काजल ने बताया कि उस गाँव का नाम लालडीह था। अनेक गाँवों और कस्बों के अनेक नामों के उद्‌भव, जिनमें से कुछ नाम कभी-कभी दोहराए जाते हैं, सैकड़ों-हजारों मील द्वारा अलग किए हुए मुझमें हमेशा से कुतूहल उत्पन्न करते रहे हैं। प्रत्येक नाम के पीछे एक कहानी, एक कारण होना निश्चित है, जो अधिकांशत: अनेक अनजान सदियों के परदे के पीछे छुपा होता है। काजल के एन.जी.ओ. को लालडीह में काम करते कुछ वर्ष हो चुके थे और वह उस पूरे क्षेत्र के उन पहले गाँवों में से था, जहाँ संस्था ने महिलाओं के स्व-रोजगार, शिक्षा और स्वास्थ्य से संबंधित काम करना शुरू किया था।

हम मिट्टी पुते आदिवासी घरों की पंक्तियों के बीच अपने दाहिनी ओर मौजूद एक-से लग रहे तालाब को पार करते हुए गाँव की कच्ची, धूल भरी गलियों में चलते गए और फिर हम एक ऐसी जगह पर पहुँच गए, जहाँ से बच्चों के चिल्लाने की आवाज सुनाई दे रही थी। वह एक खुला स्कूल था—हर प्रकार से, जहाँ एक जवान महिला एक मोटे, भूरे-काले लकड़ी के बोर्ड के सामने के खुले मिट्टी के अहाते में एकत्रित विभिन्न आयु वर्ग और लंबाई के करीब चालीस छात्रों के बीच शिक्षण की एक झलक बनाए रखने की कोशिश कर रही थी।

जब हम उस स्कूल के पास पहुँचे तो वह साँवली युवा अध्यापिका काजल को देखकर आत्मीयता और स्नेह से मुसकराई। उसका चेहरा वास्तविक खुशी और स्पष्ट दिखाई दे रही राहत से चमक उठा। वहाँ मौजूद अधिकतर बच्चे काजल को पहचान रहे थे; लेकिन उनके चेहरों पर खुशी से ज्यादा उत्सुकता दिखाई दे रही थी।

काजल ने मेरा परिचय कराया। उसने कहा, ''ये पंकज साहब हैं।'' उसने मेरे अच्छे-खासे नाम के आगे कॉलोनियल लगनेवाला प्रत्यय 'साहब' क्यों जोड़ा, यह मेरी समझ में नहीं आया। ''मैंने इनसे कहा कि मेरे साथ आकर देखें कि हम

क्या काम करते हैं।'' उसने जैसे स्पष्टीकरण देते हुए कहा।

युवा अध्यापिका, जिसका परिचय काजल ने वंदना के रूप में कराया, सरलता और उदारता से मुसकराई। उसकी कक्षा में बाधा उत्पन्न हो गई थी और कुछ बच्चे बेचैन हो रहे थे।

''पढ़ाई ठीक चल रही है ? तुम्हें पढ़ाने में कोई परेशानी तो नहीं हो रही है ?'' काजल ने वंदना से पूछा।

''नहीं दीदी।'' वंदना ने कहा और फिर मुसकरा दी—अपने चमकदार व सफेद दाँत दिखाते हुए, जो उसकी साँवली, चिकनी और तैलीय त्वचा के प्रतिकूल बहुत उज्ज्वल लग रहे थे।

हमेशा की तरह अपनी शहरी सनक में मैं समझ नहीं पा रहा था कि अपनी स्पष्ट रूप से अपर्याप्त बुनियादी ढाँचे और सुविधाओं के साथ वह स्कूल, जिसमें जाहिर तौर पर अर्ध-शिक्षित और स्पष्ट रूप से अप्रशिक्षित अध्यापिका पढ़ाती थी, उन असहाय बच्चों को क्या देता होगा, जो निश्चित रूप से प्रथम पीढ़ी के शिक्षार्थी थे और जिन्हें अपने घरों से किसी प्रकार का शैक्षिक सहयोग नहीं मिलता होगा। मैं बच्चों के बीच घूमता हुआ और सरसरी तौर पर उनकी स्लेटों तथा एकाध नोटबुक को देखता हुआ उनकी पढ़ाई और ज्ञान के स्तर का मूल्यांकन करने की कोशिश कर रहा था। ऐसा करना मुश्किल था, क्योंकि बच्चे विभिन्न आयु वर्ग के थे और मुझे पता नहीं था कि उन्हें क्या पढ़ाया गया है। सबकुछ बेतरतीब और अव्यवस्थित था; लेकिन पढ़ाने में ईमानदारी और निष्ठा की कमी नहीं दिखाई दे रही थी। स्पष्ट था कि काजल और उससे भी ज्यादा वंदना को बच्चों से प्यार था और उन्हें पढ़ाना अच्छा लगता था। प्यार का यह अतिरेक किसी प्रकार से सुविधाओं की कमी द्वारा लगाई सीमाओं और ठंडी व्यावसायिकता पर काबू पाने का प्रयास करता था।

अब काजल उन बच्चों के बारे में पूछ रही थी, जो उस दिन अनुपस्थित थे। मुझे यह जानकर आश्चर्य हुआ कि उस पूरे गाँव में सिर्फ दो बच्चे थे, जो उस रविवार को स्कूल नहीं आए थे, और वह भी बीमारी की वजह से। काजल ने यूँ ही कुछ बच्चों की नोटबुक्स और वंदना की एक प्रकार की अध्यापिका डायरी देखकर खुद को संतुष्ट किया। ऐसा लग रहा था कि वहाँ की पढ़ाई उसकी अपेक्षा पर खरी उतरी थी। फिर उसने वंदना और बच्चों से विदा ली, जिन्होंने खुले गले से 'नमस्ते दीदी' कहकर जवाब दिया।

सूरज ऊपर आ चुका था और वसंत की शुरुआत होने पर भी मौसम गरम

होता जा रहा था। हम गाँव की धूल भरी गलियों में चलते हुए एक खुली सी जगह पर पहुँचे, जो ईंट और मोर्टार की एक इमारत के सामने थी। गाँव के मिट्टी पुते झोंपड़ों के बीच शायद वह अकेली इमारत थी। वहाँ लगे एक छोटे से पेंट किए हुए बोर्ड पर उस संस्था का नाम लिखा था, जिसके लिए काजल स्वैच्छिक रूप से काम करती थी। 'ग्राम स्वराज्य समिति', छोटे में जी.एस.एस. जिसका हिंदी में मतलब था गाँव स्वशासन संगठन; हालाँकि स्थानीय आदिवासियों के लिए इंडो-गैंन्जेटिक प्लेन का हिंदी अर्थ भी दूरस्थ अंग्रेजी की तरह विदेशी ही था। मुझे समझ में नहीं आया कि यह एनजीओ का मुख्यालय था या सिर्फ एक शाखा। इमारत के बिल्कुल सामने एक छोटे से बगीचे जैसी जगह थी। वहाँ लगे फूलों और हरे पौधों की अच्छी तरह पानी देकर देखभाल की गई थी और वे कुछ विदेशी जैसे लग रहे थे—कुछ अनुपयुक्त से, लेकिन वहाँ के धूल भरे वातावरण में आँखों को सुकून पहुँचा रहे थे। इमारत भी 'काम चालू' वाली स्थिति में थी, जिसके भूरे-लाल स्टील के गार्डर एक साथ छत से अपने सिर उठा रहे थे और किनारों पर नए व 'नग्न' ईंट के अग्रभाग दिखाई दे रहे थे।

इमारत के आगे फैले आयताकार बरामदे के एक किनारे पर एक छोटा सा ऑफिसनुमा कमरा था। बरामदा तो अपने आप में साफ-सुथरा और खाली था, लेकिन बरामदे से लगे बड़े से हॉल में और उसके बिल्कुल बगल में बहुत सी महिलाएँ जमीन पर बैठी थीं और पूरे मनोयोग के साथ हाथों से काम करने में लगी थीं। जूते-चप्पल बाहर उतारने और हमारे धूल भरे हाथ-पैर बगीचे के बगल में लगे हैंड पंप में धुलवाने के बाद जब काजल मुझे हॉल के अंदर ले गई तो कई जोड़ी उत्सुक आँखें एक साथ हमारी ओर देखने लगीं।

करीब एक दर्जन आदिवासी महिलाएँ बिल्कुल साफ-सुथरी साड़ियाँ पहने हुए और हाथों में प्लास्टिक के दस्ताने पहने हुए कच्चे आमों के टुकड़ों में मसाले और तेल मिला रही थीं—अचार बनाने की तैयारी के तौर पर। अन्य महिलाएँ उन विभिन्न प्रक्रियाओं में व्यस्त थीं, जो पापड़ बनाने के लिए आवश्यक होती हैं। यह संस्था की स्वरोजगार की पहल थी, काजल ने मुझे समझाया। संस्था महिलाओं को छोटे-छोटे समूहों में बाँटकर उन्हें प्रशिक्षित करती थी पहली बार कच्चा माल खरीदने के लिए उन्हें कर्ज देती थी, उन्हें नियमित और मेहनती बनाने के लिए उनका मार्गदर्शन करती थी, उन्हें प्रोत्साहित करती थी और अंत में उनके उत्पादों की बिक्री करने में उनकी मदद करती थी। उन महिलाओं ने अपने शुरुआती कर्ज चुका दिए थे और अब खुद के लिए अच्छा-खासा पैसा बचा रही थीं। लेकिन

सबसे महत्त्वपूर्ण बात यह थी कि वे सब खुशी-खुशी ऐसी गतिविधि में लगी हुई थीं, जिस पर उनका स्वामित्व था और जिसके प्रति वे एक जिम्मेदारी की भावना महसूस करती थीं। उनमें से अधिकांश के बच्चे पास के खुले स्कूल में पढ़ते थे। संक्षेप में, काजल और उसका एनजीओ धीरे-धीरे आदिवासी महिलाओं को उनकी और उनके परिवारों की जिंदगी सुधारने में मदद कर रहे थे। मैं सोच रहा था कि क्या धूप में पके गाँवों में इन स्नेही आदिवासी महिलाओं के बीच काम करने के अनुभव से काजल में भी किसी प्रकार का बदलाव आया है?

❑

26

काजल के साथ लालडीह की उस पहली यात्रा में मैं सिर्फ एक पर्यटक के तौर पर शामिल हुआ था—काजल और उसकी संस्था के काम की बुनियादी स्तर पर एक झलक पाने के उद्देश्य से। लेकिन उसके काम को सरसरी नजर से पहली बार देखने पर ही मेरी शहरी नजरों के सामने अब तक अज्ञात रहे कई खुलासे आ गए। एक तो मुझे यह एहसास हुआ कि हमारा देश वास्तव में कितना विशाल है और उसमें कितने सारे गाँव हैं। मुझे यह एहसास भी हुआ कि यह गाँव भारत की राजधानी से, शक्ति के तथाकथित गलियारों से, मुख्यधारा मीडिया के संपादकीय कमरों से और अंग्रेजी बोलनेवाले शहरी भारतीयों के सामूहिक दिमागों से—जैसे रिया और मेरे जैसे लोगों के स्थान सदियों के मायने में कितने अलग हैं।

लेकिन काजल के साथ लालडीह और आसपास के अन्य गाँवों की बाद की यात्राओं में मैं उन सीधे-सरल आदिवासियों के सामूहिक स्नेह और अपेक्षाओं से अभिभूत हो गया। मुझे एहसास हुआ कि मुझे खुले आसमान के नीचे उन आदिवासी बच्चों को पढ़ाने में और उनसे सीखने में सच में मजा आने लगा था—उससे कहीं ज्यादा, जो मुझे अपनी युवावस्था में दिल्ली में अमीर माँ-बाप के बच्चों को ट्यूशन पढ़ाने में आता था। उन बच्चों को वंदना की अपेक्षा मुझसे पढ़ना ज्यादा अच्छा लगता था, बल्कि जब मैं उनमें से कुछ बड़े बच्चों को गणित या विज्ञान पढ़ाता था तो वंदना भी बच्चों के साथ आकर बैठ जाती थी।

ऐसी ही एक यात्रा के दौरान काजल मुझे पास के नीलडीह नाम के एक अन्य गाँव में ले गई, जहाँ उसने मुझे जीएसएस की संस्थापक और सबसे महत्त्वपूर्ण सदस्य से मिलाया। एक अद्भुत महिला, जिन्हें काजल सहित सभी 'निर्मला दी' के नाम से संबोधित कर रहे थे। अधपके बालोंवाली, चश्माधारी निर्मला दी करीब

50 वर्ष की रही होंगी, जब मैं उनसे पहली बार मिला। मैं उनसे पहले और उनसे मिलने के बाद भी अब तक उनसे अधिक मधुर स्वभाव की और नेक महिला से नहीं मिला हूँ। वे बहुत उच्च शिक्षा प्राप्त थीं, जैसा कि काजल ने मुझे बताया। एक समय अमेरिका की किसी यूनिवर्सिटी में प्रोफेसर थीं; लेकिन फिर उन्होंने अपने एनजीओ 'जीएसएस' की स्थापना की और वस्तुत: उसे सिरे से बनाकर खड़ा किया तथा इस प्रक्रिया में कई परिवारों के जीवन बदल दिए। उनके जीवन में आए इस परिवर्तन के पीछे निश्चित रूप से एक असाधारण कहानी रही होगी, अमेरिका में रहनेवाली एक प्रोफेसर से आज की निर्मला दी के रूप में और उसके पीछे कोई बहुत बड़ा कारण भी रहा होगा। लेकिन वे अपने अतीत के बारे में बात न करके अपने एनजीओ के भविष्य पर ध्यान केंद्रित करती थीं और अपने असाधारण त्याग व उपलब्धियों के बावजूद निर्मला दी प्रत्येक व्यक्ति के प्रति स्नेह भाव रखती थीं तथा अपनी मधुर मुसकान और व्यवहार से सबकी प्रिय बन गई थीं, मेरी भी।

काजल और अन्य लोगों ने उन्हें मेरे बारे में बताया था; लेकिन क्या बताया था, यह मैं नहीं जानता था। जब मैंने और काजल ने उनके ऑफिस में प्रवेश किया, जो एक छोटा सा लेकिन असाधारण रूप से साफ व व्यवस्थित, पुता हुआ कमरा था, उन्होंने अपनी सीधी पीठवाली लकड़ी की कुरसी से उठकर गरमाहट भरी मुसकान से मेरा स्वागत किया।

"हमारे छोटे-छोटे गाँवों में आपका स्वागत है। वैसे तो, मैं जानती हूँ कि यह आपकी पहली यात्रा नहीं है और मुझे बहुत खुशी है कि आप अपनी पहली यात्रा के बाद वापस इन गाँवों में आए।" उन्होंने कहा। यह पहला वाक्य था, जो निर्मला दी ने मुझसे कहा। मैंने कुछ बेतुके और अनावश्यक शब्द बुदबुदाए उनके असाधारण प्रयासों की प्रशंसा में, जिन पर उन्होंने ध्यान नहीं दिया और हम सबके लिए चाय बनाने चली गईं।

"मैंने सुना है कि आप गाँववालों के बीच, विशेष रूप से बच्चों के बीच काफी लोकप्रिय हो गए हैं। वे सब उत्सुकता से आपके आने की प्रतीक्षा करते हैं, वह भी सिर्फ उन टॉफियों और मिठाइयों के लिए नहीं, जो आप उनके लिए शहर से लाते हैं।" निर्मलादी ने हमेशा की तरह मुसकराते हुए कहा।

"यह तो कुछ नहीं है। मैं चाहता हूँ कि आप लोग जो काम यहाँ कर रहे हैं, उसमें अपना कुछ योगदान दे सकूँ।" मैंने कहा।

"ओह, यहाँ हम सबके लिए करने को बहुत कुछ है। काम की कमी तो न यहाँ है, न और कहीं।" निर्मला दी ने अपनी बेदाग अंग्रेजी में कहा।

काजल ने पहली बार हमारी बातचीत के बीच हस्तक्षेप किया, ''मैं सोच रही थी कि यदि पंकज को सच में हमारे काम में दिलचस्पी है तो यह शहर में—और कलकत्ता में भी—हमारे उत्पाद बेचने के लिए संपर्क बनाने में मदद कर सकता है।''

''हाँ, मैं कोशिश कर सकता हूँ, और अब तो इंटरनेट व इ-मेल की सहायता से संपर्क बनाना और मेल वगैरह भेजना बहुत आसान हो गया है।'' मैंने कहा, हालाँकि मुझे किसी भी चीज की मार्केटिंग (विपणन) करने का कोई अनुभव या ज्ञान नहीं था, लेकिन मैं काजल को निराश नहीं करना चाहता था। यह पहली बार था कि मुझे उसके प्रति एक जिम्मेदारी की भावना का अनुभव हुआ था, शहर वापस लौटते समय मुझे एहसास हुआ।

❑

27

वसंत का संक्षिप्त-सा मौसम आकर चला गया था और टाउनशिप के लंबे-चौड़े मध्य एवेन्यू के दोनों ओर करीने से कतारों में लगे गुलमोहर पूरी तरह खिले हुए थे। उनके नारंगी-लाल फूलों ने पत्तियों को ढँक लिया था और वे सच में आश्चर्यजनक रूप से सुंदर लग रहे थे, विशेष रूप से तपती दोपहर में बिना बादलों के साफ व नीले आकाश की पृष्ठभूमि में।

रिया ने अपने पिछले पत्र में मुझे लिखा था कि वर्ष के अंत में होनेवाली परीक्षाओं के बाद, जिनकी तैयारी में वह व्यस्त थी, उसने अपनी छुट्टियों का उपयोग अपने कॉलेज के कुछ दोस्तों के साथ अमेरिका घूमने के लिए करने का निश्चय किया है। वे लोग सड़क मार्ग द्वारा पश्चिमी तट से लॉस एंजेलेस, लास वेगास और अन्य स्थानों पर जाने वाले थे। वह बहुत उत्साहित थी और बेसब्री से उस यात्रा का इंतजार कर रही थी।

पहले की तरह उसके पत्र अभी भी नियमित रूप से आते थे; लेकिन मुझे लगने लगा था कि अब उनमें पहले जैसी सहजता नहीं रह गई थी और उनमें प्यार के स्थान पर श्रम से किया प्रयास ज्यादा नजर आता था। मैं उसको दोष नहीं दे सकता था। हमारी दुनिया दिन पर दिन एक-दूसरे से अलग और दूर होती जा रही थी और अभिसरण तथा समानता के क्षेत्र हर महीने और कम होते जा रहे थे। पत्र चाहे जितने भी नियमित और अच्छी तरह लिखे गए हों, बातचीत का एक उचित विकल्प नहीं बन सकते, और उन दिनों अंतरराष्ट्रीय फोन कॉल्स बिल्कुल अकल्पनीय थे। यहाँ तक कि अपने घर पर एस.टी.डी. कॉल करने के लिए भी मुझे पोस्ट ऑफिस या किसी निजी एस.टी.डी. बूथ तक पैदल चलकर जाना पड़ता था, जहाँ एक छोटे से काँच के घेरे में फोन रखा होता था और जब आप अपने घरवालों से बात कर रहे होते थे तो लगातार अंक बदलती लाल एलईडी दिखाती

रहती थी कि आपको अपने कॉल के कितने पैसे देने हैं।

सर्दियों की एक शाम ऐसे ही एक फोन कॉल के बाद जब मैं इंजीनियर्स हॉल अपने हॉस्टल पहुँचा तो मुझे माहौल में स्पष्ट रूप से एक उत्तेजना महसूस हुई। वातावरण कुछ असहज और अनिश्चित-सा था। मैं हॉस्टल के वातावरण में इस अचानक बदलाव की वजह जानने की कोशिश कर ही रहा था कि खालिद ने, जो पटना से आया हमारा सहकर्मी और दोस्त था, उत्तेजित होकर कहा, ''आखिर उन्होंने उसे नष्ट कर ही दिया!''

वह क्रोधित था, हैरान था और शोकाकुल भी था। मुझे जल्दी ही समझ में आ गया कि अयोध्या की बाबरी मसजिद, जो पिछले कुछ वर्षों से गहन अटकलों, विवाद, क्रोध और अवसरवादी राजनीति का विषय बनी हुई थी, उस दिन हिंसक और बेकाबू लोगों की भीड़ द्वारा गिरा दी गई थी—अयोध्या में, जो एक धार्मिक और आमतौर पर उत्तर प्रदेश का एक सुस्त रहनेवाला शहर है। बहुत से हिंदुओं का विश्वास था, या फिर उन्हें विश्वास दिलाया गया था, कि वह स्थान जहाँ भारत के प्रथम मुगल बादशाह बाबर, जिसके नाम पर मसजिद का नाम रखा गया था—द्वारा बाबरी मसजिद का निर्माण कराया गया था। वही स्थान था, जहाँ प्राचीन पौराणिक सह ऐतिहासिक और धार्मिक श्री रामचंद्रजी का जन्म हुआ था। हालाँकि कुछ ऐतिहासिक पन्नों में यह दर्ज था कि अयोध्या के हिंदुओं और मुसलमानों के बीच ब्रिटिश शासन के समय भी हिंदुओं की पूजा के लिए उस स्थान को पुनः प्राप्त करने को लेकर कोई स्थानीय विवाद था। हमने अपनी युवावस्था में पहली बार उस विवाद के बारे में सुना था, जब कुछ राजनीतिक संगठनों ने बाबरी मसजिद के स्थान को पुनः प्राप्त करने के लिए एक आंदोलन शुरू करने का निश्चय किया, ताकि वहाँ पर एक राम मंदिर का निर्माण किया जा सके। अंततः वह आंदोलन कुछ नाटकीय वर्षों के दौरान बढ़ता गया और फिर नियंत्रण के बाहर हो गया, जिसके फलस्वरूप दिसंबर के उस दिन यह घटनाक्रम हुआ।

खालिद के इस अचानक विस्फोट का सामना अन्य लोगों की खामोशी से हुआ, डाइनिंग टेबल के चारों ओर बैठे काँच के कपों में शाम की चाय पी रहे थे। वहाँ मौजूद अधिकतर हिंदू लोगों में से कम ही थे, जो उसके दिल पर लगे गहरे जख्म से सहानुभूति रखते थे; लेकिन सबने कम-से-कम उस समय कोई प्रतिक्रिया व्यक्त न करना ही बेहतर समझा। खालिद ने समर्थन की आशा से चारों ओर देखा, लेकिन किसी को अपने पक्ष में न देखकर निराश हो गया। अपनी चोट पर सहानुभूति की स्पष्ट कमी देखकर उसका रवैया उपेक्षापूर्ण हो गया और इस बार

उसने दिल से कम और वाचालता से अधिक अपनी बात दोहराई, "उन कमीनों ने सच में हमारी मसजिद गिरा दी। मैं पहले से जानता था कि वे ऐसा ही करेंगे; लेकिन किसी ने इसके बारे में कुछ नहीं किया। शर्म की बात है। यह देश अब रहने लायक नहीं है।"

इस बार कुछ लड़कों ने, जिनमें अलीगढ़ से आया मेरा रूममेट भी था, खालिद की ओर चुनौतीपूर्ण नजरों से देखा—उसके विरोध और उसकी नजरों का सामना करते हुए। स्थिति के निश्चित रूप से बिगड़ने की संभावना थी, लेकिन किसी ने विषय बदलने का निर्णय लिया। निलॉय बोला, "आज का दिन बहुत लंबा और थकावट भरा था। चलो, डिनर पर मिलते हैं।" जैसे ही वह खड़ा हुआ, हम सब को भी डाइनिंग रूम से बाहर निकलने का मौका मिल गया, जो बारूदी होता जा रहा था। बाद में भी खालिद हमारा सहकर्मी और दोस्त बना रहा; लेकिन दिसंबर की उस शाम के बाद उसने हममें से किसी के आगे बाबरी मसजिद के गिराए जाने की बात नहीं छेड़ी, कभी भी।

❑

28

अपनी छुट्टियों में और खाली समय में मैंने जीएसएस के कामों में हाथ बँटाना शुरू कर दिया था और हालाँकि मेरे अंदर निर्मला दी की तरह समाज-सेवा का उत्साह नहीं था, फिर भी मुझे अपनी वेतनवाली नौकरी से ज्यादा संतुष्टि जीएसएस के लिए काम करके मिलती थी, जहाँ मैं जिग्स और जुड़नार डिजाइन करने से ज्यादा ड्राइंग करता था।

कमरे की जाली लगी खुली खिड़की से ठंडी हवा के साथ-साथ दूर किसी अदृश्य मंदिर की घंटियों की आवाज भी अंदर आ रही थी। हम नीलडीह में थे—अपने अस्थायी छात्रावास में, जहाँ हमने निर्मला दी, काजल और मैंने रात को सोने का निश्चय किया था। काजल और मेरी शहर जानेवाली अंतिम बस छूट गई थी। मैं स्वाभाविक रूप से सोच रहा था कि मि. कुलकर्णी उस रात काजल को घर में न देखकर कितने चिंतित होंगे। लेकिन काजल और निर्मला दी बिल्कुल शांत और सामान्य लग रहे थे, जैसे कि यह उनके लिए आम बात थी। अभी शाम की शुरुआत ही थी और गाँव को कुछ ही देर पहले अँधेरे की चादर ने घेरा था। कमरे के एक कोने में लालटेन रखी हुई थी और उसकी टिमटिमाती लौ की छाया चूने से पुती नंगी दीवारों पर नाच रही थी। हम अपनी-अपनी चारपाइयों पर बैठे थे। हमने रात का खाना—रोटी और दाल—जल्दी ही खा लिया था और अभी भी किसी के सोने का समय नहीं हुआ था। मुझे समझ में आया कि गाँवों में शाम जल्दी हो जाती थी और रातें शहरों की अपेक्षा बहुत लंबी होती थीं, जहाँ आधुनिक इलेक्ट्रॉनिक युग के दिए अनेक विकर्षण थे।

निर्मला दी ने धीरे से अपना चश्मा उतारा और सावधानी से उसके केस में रख दिया। लालटेन की रोशनी में पहली बार मैंने बिना चश्मे के उनकी आँखें देखीं। चश्मे के बिना उनकी उम्र कम लग रही थी; लेकिन अजीब बात थी कि उनकी

आँखें थकी हुई प्रतीत हो रही थीं।

लंबे समय से दबाकर रखी जिज्ञासा की भावना से प्रेरित होकर और साथ ही वहाँ पसरे सन्नाटे को तोड़ने के उद्देश्य से मैंने पूछा, ''निर्मला दी, वह कौन सी वजह थी, जो आपको इन गाँवों में खींच लाई? मेरा मतलब है, मैं जानता हूँ कि पहले आप कहीं और रहती थीं, एक अलग प्रकार का जीवन व्यतीत करती थीं।''

काजल भी अपनी चारपाई से उठकर निर्मला दी की ओर आशा भरी नजरों से देखने लगी, जैसे कि निर्मला दी की कहानी के कुछ हिस्से ऐसे थे, जिनके बारे में उसे भी अधिक कुछ नहीं मालूम था।

निर्मला दी ने हमारी ओर देखा, एक से दूसरे की ओर और जवाब दिया, ''यह बहुत लंबी कहानी है और बहुत पुरानी भी हो गई है; लेकिन अगर तुम सच में जानना चाहते हो तो तुम दोनों को बताने में मुझे कोई आपत्ति नहीं है। असल में, मैं जब पहली बार यहाँ आई तो अकेली नहीं थी। शायद जॉन के बिना मैं अपने देश में नहीं आती, बल्कि यूँ कहूँ कि आ नहीं पाती। काजल ने तुम्हें बताया होगा कि मैं अमेरिका में हार्वर्ड यूनिवर्सिटी में पढ़ाती थी। जॉन भी वहीं पढ़ाता था, हालाँकि हमारे विषय और विभाग अलग थे। वह एक हाइड्रोलिक-मेकैनिकल इंजीनियर था।''

निर्मला दी रुकीं और कमरे के कोने में रखे मिट्टी के घड़े से पानी निकालकर पीने लगीं। वह कमरा लगभग खाली था; लेकिन पूरी तरह कार्यात्मक था, जिसमें जरूरत की हर चीज जगह पर मौजूद थी, लेकिन कोई भी फालतू चीज नहीं थी। मुझे कमरे की कार्यात्मकता, उसकी स्वच्छता, सुव्यवस्था, खरापन और आत्मविश्वास सबकुछ अच्छा लग रहा था। कई मामलों में वह कमरा उसमें रहनेवालों का प्रतिबिंब था, जैसे कि अधिकांश कमरे होते हैं।

''और इससे पहले कि तुम दोनों किसी निष्कर्ष पर पहुँचो, मैं यह स्पष्ट कर देना चाहती हूँ कि हमारे—जॉन और मेरे—बीच कभी कोई प्यार जैसी चीज नहीं थी।'' निर्मला दी ने आगे कहना शुरू किया, ''हालाँकि वह एक सम्मानित सहयोगी और दोस्त अवश्य था। अपने कार्य के क्षेत्र में उसने एक ऐसे हैंडपंप का आविष्कार किया था, जो भूमि में संगृहीत जल को सतह पर लाने के लिए पठारों और छोटी पहाड़ियों पर काम कर सकता था। उसने सोचा था कि वह अपने आविष्कार का प्रयोग और उसमें सुधार लाने का काम यहाँ रहकर कर सकता था, उसका खेतों में प्रयोग करके और साथ ही इन गाँववालों की एक बुनियादी आवश्यकता पूरी करने में मदद भी कर सकता था। पीने के साफ पानी की संभावनाओं पर हमने चर्चा की।

हम एक-दूसरे को जानते थे और उसे मालूम था कि मैं भारत से हूँ। उस समय मैं युवा थी और शिक्षा के असाधारण माहौल में तंग और निराश-सा महसूस कर रही थी। मैं तथाकथित वास्तविक दुनिया में कुछ करना चाहती थी। इसलिए एक कड़ी दूसरी से जुड़ती गई और एक सालाना सत्र के अंत में हमने एक लंबा विश्राम लेकर छोटा नागपुर पठार के इन गाँवों में आकर अपने काम पर प्रयोग करने का निश्चय किया। बेशक, तब मैं नहीं जानती थी कि मैं यहीं रह जाऊँगी और यह भी नहीं कि मेरा जीवन एक अपरिवर्तनीय मोड़ लेने वाला है, जैसा कि बाद में हुआ, निर्मला दी चुप हो गईं।

''यह कब की बात है ?'' मैंने पूछा, क्योंकि मुझे लग रहा था कि निर्मला दी की कहानी खत्म नहीं हुई थी। काजल चुप थी, लेकिन ध्यान से सबकुछ सुन रही थी। मैं सोचने लगा कि कहीं वह निर्मला दी की कहानी से अपने जीवन के प्रश्नों के उत्तर तो नहीं ढूँढ़ रही थी ?

''उन्नीस साल पहले। हमने भारत के इस हिस्से में आने का निश्चय मुख्य रूप से जॉन के कारण किया। मुझे इन गाँवों का कोई अनुभव नहीं था। इस तथ्य के अलावा कि यहाँ की स्थलाकृति जॉन के प्रयोगों का समर्थन करती थी। उसके संबंध यहाँ काम करनेवाले एक क्रिश्चियन चर्च से भी थे। वह खुद भी एक भक्त प्रोटेस्टेंट था। उसकी वजह से हमें शुरुआती वर्षों में यहाँ रहने में मदद मिली।'' निर्मला दी ने आगे कहा, ''हालाँकि मैं खुद एक क्रिस्चियन नहीं हूँ, लेकिन मैं कभी-कभी चर्च जाती हूँ और मुझे उनके मानवीय कार्य अच्छे लगते हैं, विशेष रूप से शिक्षा के क्षेत्र में।'' उन्होंने कहा।

''तो अब जॉन कहाँ हैं ?''

''जॉन यहाँ लगभग पाँच साल रहा। उसने अपने आविष्कार को सिद्ध और परिष्कृत किया तथा तुम उसके बनाए असंख्य हैंडपंप इन गाँवों में और इनके आगे भी काम करते देख सकते हो। इन गाँववालों के स्वास्थ्य और जीवन के लिए ये हैंडपंप एक वरदान के समान रहे हैं, इस तरीके से, जिसकी हम जैसे शहरी लोग कल्पना भी नहीं कर सकते।'' निर्मला दी ने जवाब दिया, ''एक सच्चा इनसान जॉन ऐसा करने में विश्वास नहीं रखता था, इसलिए उसने अपने आविष्कार के पेटेंट के लिए कभी आवेदन नहीं दिया। बल्कि उसने कई स्थानीय मेकैनिकों और कारीगरों को यह हैंडपंप और उसकी डिजाइन पर आधारित कल-पुरजे बनाने का प्रशिक्षण दिया। उसका योगदान बहुत बड़ा है।'' निर्मला दी कुछ पल के लिए रुकीं।—''पाँचवा वर्ष समाप्त होते-होते उसकी यूनिवर्सिटी ने उसे उसके

अवैतनिक विश्राम पर और विस्तार देने से इनकार कर दिया तथा उसे अपनी दुनिया में लौटने का निर्णय लेने पर मजबूर कर दिया। उस समय तक उसका आविष्कार पूरी तरह सिद्ध और व्यापक हो चुका था और उसे लगा कि उसका उद्देश्य पूरा हो गया था। इसलिए अब वह अमेरिका में है और फिर से छात्रों को मेकैनिकल इंजीनियरिंग पढ़ा रहा है।''

''आप वापस नहीं गईं?'' इस बार काजल ने पूछा।

''नहीं, मैं नहीं गई। मेरे सामने भी वही दुविधा थी। यूनिवर्सिटी ने मेरे विश्राम को और विस्तार देने से इनकार कर दिया था। इसलिए या तो मुझे वापस जाना पड़ता या अपनी नौकरी, अपनी सुरक्षा, अपनी दुनिया छोड़नी पड़ती। और फिर, मैंने अपने आपसे पूछा कि दोनों में से कौन सी दुनिया मेरी थी और मैंने यहाँ रुकने का निर्णय ले लिया। मैंने अपनी यूनिवर्सिटी की नौकरी छोड़ दी और तब से मैं यहाँ हूँ, यहीं रहकर काम करती हूँ, जैसा कि तुमने देखा है।'' निर्मला दी ने जवाब दिया। ''उस समय तक गाँववाले भी मुझे पसंद करने लगे थे और एक प्रकार से मुझपर निर्भर हो गए थे, इस प्रकार जैसे मेरे यूनिवर्सिटी के छात्र कभी नहीं हो सकते थे।''

''आपको अपने निर्णय पर कोई पछतावा नहीं है?'' मैंने पूछा।

''बिल्कुल नहीं। मैं खुद के और यहाँ के वातावरण के साथ शांति से हूँ और जब मैं तुम दोनों जैसे युवा, आधुनिक और शिक्षित लोगों को देखती हूँ तो मुझे और अधिक खुशी होती है।'' निर्मला दी मुसकराईं।

काफी रात हो चुकी थी। पास के किसी गाँव में एक कुत्ता भौंक रहा था तथा रात के सन्नाटे में उसकी आवाज और अधिक गूँज रही थी। मैं खुली खिड़की से एक अकेले जुगनू को बरामदे के अपारदर्शी अँधेरे में मँडराते हुए देख रहा था। हमारी बातचीत एक अपरिहार्य और धीमे अंत की ओर पहुँच गई थी। निर्मला दी ने लालटेन बिल्कुल धीमी कर दी, यह ध्यान रखते हुए कि वह पूरी तरह बुझ न जाए और हमें 'गुड नाइट' कहकर सोने चली गईं।

गहरी, स्वप्न-विहीन नींद की गोद में समाने से पहले मुझे एहसास हुआ कि मैं अपने जीवन में पहली बार रात को एक गाँव में सो रहा था और एक प्रकार से मुझे बहुत शांति और सुकून महसूस हो रहा था। ऐसा भी पहली बार हुआ था कि मुझे सोने से पहले रिया की याद नहीं आई।

❑

29

पिछले कुछ महीनों की तुलना में ऑफिस में मेरा काम बेहतर तो नहीं हुआ था, लेकिन बढ़ अवश्य गया था। हमारी कंपनी ने डीजल इंजन का निर्माण करने के लिए अमेरिका की एक कंपनी के साथ संयुक्त उद्यम में प्रवेश करने का निर्णय लिया था। भारतीय अर्थव्यवस्था अपने पाँव पसार रही थी और ऐसे विदेशी सहयोग आम हो गए थे। हम ऐसे जिग्स और जुड़नार डिजाइन करने की प्रक्रिया में थे, जो अंतत: इस नई संयुक्त उद्यम कंपनी की फैक्टरी की मशीनों की दुकानों में इस्तेमाल होने वाले थे।

काम का भार अधिक था, लेकिन बहुत नीरस था और मुझे एहसास हुआ कि उन लंबी व सुस्त दोपहरों में मेरा मन भटकने लगा था; जबकि मेरे हाथ ईमानदारी से ड्राइंग बोर्ड पर काम करते रहते थे। हमारे ऑफिस की दो मंजिला इमारत के ठीक सामने खिड़की के शीशों से वे हरे व जंगली क्षेत्र दिखाई देते थे, जहाँ जल्दी ही नई फैक्टरी खड़ी होने वाली थी। मुझे अपने स्थान से मि. कुलकर्णी की पीठ दिखाई दे रही थी, जो ईमानदारी से अपने ड्राइंग बोर्ड पर काम कर रहे थे; जबकि वे वरिष्ठ थे और हमारा निरीक्षण करने के बहाने आसानी से ड्राइंग के काम से बच सकते थे। लेकिन मि. कुलकर्णी एक अलग प्रकार के इनसान थे और उनकी बेटी अलग तरह की महिला, जैसा कि मुझे समझ में आने लगा था।

जीएसएस के कामों में मेरी दिलचस्पी और वहाँ की मेरी यात्राएँ मेरे और काजल के साथ रहने का जरिया बन गईं—कम-से-कम शुरुआत में। दिन भर का मेरा ऑफिस का काम सुबह 9 से शाम 5 बजे तक, प्रतिदिन हफ्ते में छह दिन मुझे मेरा वेतन प्रदान करता था, जो बदले में मुझे मेरी आजीविका का साधन और एक अन्यथा आर्थिक रूप से असुरक्षित समाज में सुरक्षा प्रदान करता था। लेकिन

मेरी प्रेरणा का स्रोत और मेरी दिलचस्पी अब उस स्वैच्छिक और मानद काम की ओर उन्मुख हो रही थी, जो मैं निर्मला दी और काजल की संस्था के लिए कर पाता था। इस तथ्य के अलावा कि मुझे वाकई लगता था कि जीएसएस का काम उपयोगी है, विशेष रूप से उन सैकड़ों गाँववालों के लिए, जिनके लिए संस्था काम करती थी और यह कि मैं निर्मला दी के काम और उनके त्याग का सम्मान करता था, वह काजल को निराश करने का मेरा डर था, जो मुझे उनके लिए काम करते रहने को प्रेरित करता था—विशेष रूप से तब, जब मेरी नौकरी में काम का बोझ बढ़ने लगा था।

मैं अपने दोस्तों और सहकर्मियों के माध्यम से जीएसएस के लिए कुछ लंबी अवधि के अनुबंध प्राप्त करने में सफल हो गया था, ऑफिसर्स मेस में रसोई के मसालों और अचारों की आपूर्ति करने के लिए। यह एक छोटा सा प्रयास था, लेकिन इसने नकदी का स्थिर स्रोत पाने में कई महिलाओं की मदद की, जिसकी वजह से वे कुछ लाभ कमाने में सक्षम हो गईं। उनके चेहरों की खुशी और निर्मला दी और काजल से मिली सच्ची प्रशंसा ने मेरे दिल को जो खुशी दी, वह मेरे बैंक के खाते में बढ़ती रकम से मिलनेवाली खुशी से कई गुना अधिक थी। वास्तव में, मैं उतनी प्रशंसा के लायक भी नहीं था, जो मुझे उन सीधी-सरल गाँव की महिलाओं से मिली थी, जिनमें से कई को मैं अब नाम से जानने लगा था। उनमें से कई मुझे 'पंकज दा' कहने लगी थीं—एक सम्मानजनक संबोधन, जिसका शाब्दिक अर्थ 'बड़ा भाई' होता है। यह पहली बार था कि किसी ने मुझे ऐसे संबोधित किया था।

''तुम आजकल रिया के बारे में ज्यादा बात नहीं करते।'' काजल ने एक तथ्य की तरह कहा। वह इंतजार कर रहे प्यालों में अपनी केतली से चाय डाल रही थी, हम सबके लिए एक-एक। हम उसके घर के ड्राइंग रूम में बैठे थे।

''ऐसी बात है क्या? अरे, मैं क्रिसमस में उससे मिलने जा रहा हूँ। रिया अपनी क्रिसमस-न्यू ईयर की छुट्टियों में भारत आ रही है और काम के बढ़ते भार के बावजूद मैं उस समय के लिए सात दिनों का आकस्मिक अवकाश मंजूर कराने में सफल हो गया।'' मैंने लगभग अपनी सफाई देते हुए कहा।

''हाँ, मेरे पापा तुम्हें मना नहीं कर पाते; बल्कि किसी को भी नहीं कर पाते। लेकिन मुझे लग रहा है कि काश, वे इतने दयालु न होते!'' काजल ने जैसे बिना कुछ सोचे कहा। ऐसा लग रहा था कि वह अंतिम वाक्य उसके मन से असामान्य और बेसुध लापरवाही भरे एक पल में फिसल गया था। वह इसे एक मजाक का

रूप देने का प्रयास करते हुए हँसने लगी; लेकिन वास्तव में वह मजाक नहीं था।

मैं खुश, गौरवान्वित, अजीब और भ्रमित—सब एक साथ महसूस कर रहा था, और बहुत सारे विचार व भावनाएँ अस्पष्ट रूप से एक साथ मेरे अंदर घुमड़ने लगीं। मुझे समझ में नहीं आ रहा था कि क्या कहूँ; जबकि मैं कुछ कहने के लिए बेचैन था, ऐसा कुछ जो काजल की स्पष्ट दिखाई पड़ रही असहजता को दूर कर सके। मैं चुप रहा।

❑

30

जिस दिन मेरी ट्रेन वहाँ पहुँची, दिल्ली बेमौसम बारिश की बौछारों की चपेट में था। दिन अँधेरा और नम था, काले बादल छाए हुए थे और ठंड से कँपकँपी छूट रही थी। शाम को जब रिया और मैं मिले तो ठंड और बढ़ गई थी। हम कनॉट प्लेस के स्वतंत्रता पूर्व युग के एक रेस्टोरेंट में बैठे थे। मैंने अपने लिए चाय मँगाई थी और रिया ने कैपेचीनो। उसी समय के आसपास पहली बार मेरा इस ओर ध्यान जाना शुरू हुआ था कि कॉफी की अनेक किस्में होती थीं और जिसे हम 'एस्प्रेसो, कॉफी' कहते थे—दूध की झागवाली कॉफी—वास्तव में उसे दुनिया 'एस्प्रेसो' के नाम से नहीं जानती थी।

रिया दो दिन पहले भारत आई थी और लगभग दो सप्ताह बाद अमेरिका वापस जाने वाली थी।

''तुम अपने काम से कम-से-कम दो हफ्ते की छुट्‌टी तो ले ही सकते थे।'' यह पहला वाक्य था, जो रिया ने उस शाम कहा था। ''मैं इतनी दूर अमेरिका से आई हूँ।''

मैं नहीं जानता कि उसे इस बात का बुरा लग रहा था कि मैं उसकी छुट्टियों के दौरान यहाँ नहीं रहूँगा या इस बात का कि मैंने उसके लौटने से पहले दिल्ली से जाने का फैसला किया था।

''मैं अभी इससे ज्यादा छुट्टियों के लिए नहीं कह सकता था। इस समय काम का बोझ बहुत अधिक है और वास्तव में सात दिनों की ये आकस्मिक छुट्टियाँ देकर भी उन्होंने मुझ पर मेहरबानी की है।'' मैंने जवाब दिया।

''क्यों? यह तो तुम्हारा अधिकार है न?'' रिया ने पूछा।

''छुट्‌टी के मामले में अधिकार कभी नहीं आता। वह हमेशा परिस्थितियों और काम की स्थिति पर निर्भर करती है, कम-से-कम यहाँ भारत में तो ऐसा ही

होता है।'' मैंने जवाब दिया। ''क्यों न तुम मेरे साथ एक हफ्ते के लिए जमशेदपुर चलो और देखो कि मैं वहाँ कैसे रहता और काम करता हूँ ? आखिरकार, तुम्हें भी तो पढ़ाई पूरी करने के बाद वहाँ रहना पड़ सकता है।'' मैंने आगे कहा।

अब वहाँ प्राणघाती सन्नाटा छा गया। मैंने उस विषय पर बात छेड़ दी थी—अपने भविष्य की बात, जिस पर हम पिछले कुछ महीनों से बात करने से कतरा रहे थे। मुझे तो संदेह भी होने लगा था कि हमारा एक साथ कोई भविष्य है भी या नहीं। क्या कभी रिया का जीवन, उसके सपने, महत्त्वाकांक्षाएँ और विचार मेरे दृश्यमान भविष्य के पूर्वानुमेय स्वरूप के साथ एकाकार हो पाएँगे ? लेकिन मैं अपने इस संशय का सामना नहीं करना चाहता था।

''लेकिन तुम तो पुरुषों के बैचलर्स हॉस्टल में रहते हो न ? मैं वहाँ जाकर कहाँ रहूँगी ? यह अमेरिका तो है नहीं कि मैं आसानी से जाकर तुम्हारे कमरे में रहने लगूँ।'' रिया मुख्य मुद्दे को टालते हुए हँसने लगी।

मैं कह सकता था कि मि. कुलकर्णी और काजल के घर में उसका खुले दिल से स्वागत होता, लेकिन किसी चीज ने मुझे रोक दिया। रिया के जमशेदपुर में रहने का विचार—कुछ दिनों के लिए ही सही—अचानक मुझे असंगत, अतार्किक और यहाँ तक कि विलक्षण भी लगने लगा।

''तो, क्या हाल है ? तुम्हारा काम कैसा चल रहा है ?'' रिया ने पूछा, ''तुम आजकल अपने बारे में ज्यादा लिखते नहीं।''

''काम बहुत ज्यादा और नीरस है।'' मैंने स्पष्ट नहीं किया कि मैं अपनी नौकरी के बारे में बात कर रहा था या अपने जीवन के बारे में। मैंने उसे संक्षेप में समझाने का प्रयास किया कि मैं अपनी आजीविका के लिए क्या करता था और कैसे हमारी कंपनी ने अमेरिका की एक कंपनी के साथ जॉइंट वेंचर (संयुक्त उद्यम) में प्रवेश किया था।

''क्या तुम्हारा इस जॉइंट वेंचर में तबादला नहीं हो सकता ? फिर हो सकता है, तुम्हें अमेरिका में पोस्टिंग भी मिल जाए ?'' रिया ने अचानक दिलचस्पी लेते हुए पूछा।

''मैंने कभी इस दिशा में नहीं सोचा था। वैसे भी, यह जॉइंट वेंचर भारत में इंजन के निर्माण के लिए बनाया गया था, इसलिए भारतीय इंजीनियरों के अमेरिका जाकर काम करने की संभावना नहीं के बराबर थी। हाँ, यह हो सकता है कि उन्हें लघु अवधि के प्रशिक्षण के लिए भेजा जाए।'' मैंने रिया को यह बात बता दी।

''लेकिन मैं जानती हूँ, तुम कोशिश भी नहीं करोगे। तुम उम्मीद करते हो

कि तुम्हें सब चीजें हथेली पर मिल जाएँ। दुनिया ऐसे नहीं चलती।'' रिया ने तुरंत टिप्पणी की।

मैं जवाब में बहुत कुछ कह सकता था। मैं कह सकता था कि विदेश में बेहतर जीवन पाने के लिए खुद से समझौता करना मुझे पसंद नहीं था। मैं कह सकता था कि अमेरिका में रहना सबका सपना नहीं होता। मैं रिया को निर्मला दी के बारे में बता सकता था, जिन्होंने रिया से अधिक समय अमेरिका में बिताया था, अमेरिका को उससे ज्यादा देखा था और वहाँ के जीवन को हमेशा के लिए छोड़कर भारत के सबसे वंचित गाँवों में से कुछ में रहने और काम करने आ गई थीं। लेकिन मैंने ऐसा कुछ नहीं कहा, सिर्फ इतना कहा, ''हाँ, मैं जानता हूँ कि मैं आलसी हूँ और मुझमें कोई महत्त्वाकांक्षा नहीं है।''

''और तुम इस बात को अपना गुण समझते हो। मुझे तो कुछ समझ में नहीं आता।'' लेकिन वास्तव में रिया समझना भी नहीं चाहती थी।

मेरी चाय और रिया की कैपेचीनो बहुत पहले खत्म हो चुकी थी। बाहर बारिश भी रुक चुकी थी। खिड़की के शीशों पर रुकी पानी की बूँदों के पीछे कनॉट प्लेस की शाम की रोशनी चमक रही थी। हम एक ही टेबल पर आमने-सामने बैठे थे; लेकिन ऐसा लग रहा था कि हमारी बातचीत बहुत दूर से हो रही है, जैसे अटलांटिक महासागर के पार से, और हमारी आवाजें बीच में कहीं गुम हो रही हैं।

❑

31

मैं रिया के पापा से क्रिसमस की शाम को मिला। मि. मल्होत्रा हमेशा से एक गर्वीले व्यक्ति रहे थे और हर गर्वीले व्यक्ति की तरह खुद को गर्व करने का अधिकारी समझते थे। लेकिन अब वह रिया की अमेरिका की पढ़ाई और उसके वहाँ के जीवन के बारे में भी गर्व महसूस करने लगे थे। हम सब उनके ड्राइंग रूम में बैठे थे। फर्श पर एक नई कालीन, जो कि मुझे बताया गया था, पर्शियन थी, सजी हुई थी।

''कितने शर्म की बात है कि हमारे नेता हमारी यूनिवर्सिटीज को बरबाद कर रहे हैं। हमारे समय में आप एक भारतीय यूनिवर्सिटी में पढ़कर भी एक अच्छा जीवन बिता सकते थे। लेकिन अब तो सब गड्ढों की तरह हो गई हैं।'' मि. मल्होत्रा बोले।

मैंने कोई टिप्पणी नहीं की। मुझसे किसी टिप्पणी की अपेक्षा भी नहीं की गई थी। मेरे पास कुछ नहीं था, जिससे मैं भारतीय यूनिवर्सिटीज के अपने अनुभव की तुलना कर सकूँ। मैं कभी किसी विदेशी यूनिवर्सिटी में नहीं गया था। मैं सोचने लगा कि क्या मि. मल्होत्रा गए थे? लेकिन उनकी बात एक हद तक सही थी और छात्र संघों के राजनीतीकरण के फलस्वरूप कैंपस जीवन के स्तर में गिरावट देखी जा सकती थी। अनियंत्रित गुंडे राजनीति में अपने पाँव जमाने के लिए राजनीतिक दलों से नजदीकियाँ बढ़ाकर देश भर में छात्र राजनीति पर कब्जा जमाने का उपक्रम कर रहे थे। और ऐसा भी नहीं था कि राजनीतिक दल इसके लिए तैयार नहीं थे।

''तो, तुम भविष्य में क्या करना चाहते हो?'' मि. मल्होत्रा ने विदेशी ब्रांड का सिगरेट जलाते हुए पूछा।

''मैं पहले से ही एक नौकरी कर रहा हूँ और वह काफी अच्छी है।'' मैंने जवाब दिया।

''हाँ-हाँ, वह तो ठीक है; लेकिन तुम एक तेज और जवान लड़के हो। तुम्हें इससे कुछ बेहतर करना चाहिए। मैनेजमेंट या किसी और चीज में एक फॉरेन (विदेशी) डिग्री लेने की कोशिश करो। आज के समय में सिर्फ एक ग्रेजुएशन की डिग्री तुम्हें बहुत आगे नहीं ले जाएगी। समय बदल रहा है।'' मि. मल्होत्रा बोले। हो सकता है, उन्होंने यह सलाह ईमानदारी से दी हो। रिया मेरी ओर देखने लगी।

मैं जानता था कि मि. मल्होत्रा को अच्छी तरह पता था कि वे रिया की पढ़ाई और उसके अमेरिका में रहने-खाने पर कितने रुपए खर्च कर रहे थे और यह भी कि मेरे पास उतने पैसे नहीं थे। शायद वह मेरे किसी स्कॉलरशिप के लिए प्रयास करने और उसे प्राप्त करने के बारे में सोच रहे थे।

लेकिन मैं सच में विदेश जाकर नहीं पढ़ना चाहता था। मुझे नहीं लगता था कि सामाजिक शास्त्र और प्रबंधन की जो शिक्षा विदेशी यूनिवर्सिटीज में दी जाती थी, वह भारतीय संदर्भ में प्रासंगिक होगी। और मैं यह भी सोचता था कि भारतीय छात्र, जिनमें रिया भी शामिल थी, विदेश जाकर इसलिए पढ़ना चाहते थे, ताकि वे एक अलग तरह के जीवन को देख व जी सकें, जो अधिक सुविधाजनक और संपन्न हो और अंततः उस तथाकथित प्रथम दुनिया में ही बस जाएँ। मैं अपने देश, अपने परिवार और अपने दोस्तों को हमेशा के लिए छोड़कर विदेश में नहीं बसना चाहता था। लेकिन मैं अपनी सोच के बारे में बहुत स्पष्ट नहीं था, न ही अपने विचारों के प्रति बहुत आश्वस्त था—और मैं खुद को अधिक निर्णायक नहीं जताना चाहता था, इसलिए चुप रहा।

रिया और उसके मम्मी-डैडी मेरी ओर से कोई प्रतिक्रिया चाहते थे। उन्हें मेरी चुप्पी से शायद निराशा हुई होगी। हो सकता है, उन्होंने मेरी चुप्पी को मेरी जिद या मेरी अशिष्टता समझा हो। लेकिन ऐसा नहीं था।

''मुझे लगता है, तुम्हें अपने अंदर थोड़ी महत्त्वाकांक्षा, थोड़ा जोश पैदा करने की जरूरत है, यंग मैन। तुम बहुत आसानी से संतुष्ट हो जाते हो, बहुत जल्दी। असल में यह ठेठ मध्यम वर्ग की विशेषता है।'' मि. मल्होत्रा ने मुँह से खुशबूदार धुआँ बाहर छोड़ते हुए भौंहें टेढ़ी करके कहा।

मैं उनकी कही बात में संशोधन करना चाहता था कि वास्तव में उनके कहने का मतलब मध्यम आय वर्ग था, मध्यम वर्ग नहीं; लेकिन फिर मुझे लगा कि ऐसा करना अशिष्टता होगी। वह उसी भाषा में बात कर रहे थे, जिसमें दो दिन पहले रिया बोल रही थी। क्या यह मेंडेल का आनुवंशिकी का सिद्धांत था—समान वातावरण में समान विचार उत्पन्न होना या सिर्फ संयोग, मैं नहीं जानता था। लेकिन

मैं यह अवश्य जानता था कि मुझे रिया का मि. मल्होत्रा की तरह बात करना अच्छा नहीं लगता था।

"जी, सर शायद, आप ठीक कह रहे हैं" मैंने रिया की ओर देखते हुए जवाब दिया। वार्त्तालाप जिस दिशा में जा रहा था, वह मुझे पसंद नहीं आ रहा था और मैं आशा कर रहा था कि मेरे मि. मल्होत्रा की बात को स्वीकार कर लेने से बात खत्म हो जाएगी। मेरा अनुमान सही था, बात खत्म हो गई—कम-से-कम क्रिसमस की उस शाम को।

मल्होत्रा परिवार ने उस साल अपने प्रांगण में क्रिसमस ट्री सजाया था। उसमें नन्हे, रंग-बिरंगे बिजली के लट्टुओं की लड़ियाँ लगी थीं। मेरे बचपन में हमारे पड़ोस के क्रिश्चयन परिवार गत्ते के सितारे बनाकर, उनके अंदर एक बिजली का लट्टू जलाकर अपने बरामदों या बालकनियों में लटका देते थे, जो क्रिसमस के आगमन का संकेत होता था। क्रिसमस बीत जाने के बाद भी वे सितारे टँगे रहते थे, जब तक कि उनमें लगे बल्ब काम करना बंद नहीं कर देते और फिर एक दिन वह सितारा भी गायब हो जाता अगले क्रिसमस तक के लिए, जब उसका वारिस उसकी जगह ले लेता था। उस समय हम हिंदू बच्चों के लिए क्रिसमस का मतलब होता था कभी-कभी स्थानीय चर्च में जाना, अगर वह बहुत दूर नहीं होता तो और ईसा मसीह के जन्म से संबंधित विभिन्न घटनाओं पर आधारित दृश्य देखना, जो उनके खुले प्रांगण में चल रहे होते थे। मिट्टी, कागज और थर्मोकोल से बने मॉडल तथा छोटी-छोटी गुड़ियाओं के माध्यम से जीसस के जन्म के दृश्य दिखाए जाते थे। रिया के डैडी ने एक क्रिसमस केक भी बनवाया था और उसके साथ खाने के लिए रोस्ट चिकन। नम्रता—उनकी युवा, किशोर वय की नौकरानी ट्रे में खाने की प्लेटें और चाय लेकर आई।

अब, जबकि मेरा भविष्य चर्चा का विषय नहीं था, वार्त्तालाप ने अपनी धार खो दी थी और अब मिसेज मल्होत्रा भी हमारे साथ आकर बैठ गई, हम, लगभग सन्नाटे में बैठकर चाय पी रहे थे, जो सिर्फ चम्मचों के प्लेट या कप से टकराने की आवाज से भंग हो रहा था। किसी की भी जबरदस्ती इधर-उधर की बातें करने की इच्छा नहीं हो रही थी। तभी पहली बार मैंने ध्यान दिया कि रिया ने अपने बाल विभिन्न रंगों में रँगवा लिये हैं।

❑

32

"तो बताओ, तुम्हारी दिल्ली यात्रा कैसी रही?" काजल ने मुझसे पूछा। हम एक बार फिर काजल के अब अपने से लगने लगे ड्राइंग रूम में बैठे थे।

"अच्छी थी।" मैंने जवाब दिया। मैं पिछली शाम ही जमशेदपुर लौटा था। वह नव वर्ष की पूर्व संध्या थी और हॉस्टल के मेरे अधिकतर दोस्त हैप्पी न्यू ईयर के अपरिहार्य आगमन का उत्सव मनाने कंपनी के क्लब गए हुए थे। पिछले कुछ वर्षों में नव वर्ष के आगमन के स्वागत से संबंधित उत्सव परिवारों के शयनकक्षों और दूरदर्शन के कार्यक्रमों से निकलकर क्लबों, होटलों और रेस्टोरेंटों की पार्टियों तक पहुँच गए हैं, जिनमें इस अवसर पर विशेष तड़क-भड़कवाले कार्यक्रम आयोजित किए जाते हैं। लेकिन उन दिनों ऐसी पार्टियाँ और उनके महँगे टिकट, मॉडलों और टी.वी. या फिल्म के सितारों के डांस शो और ऐसी पार्टियों में देखे जाने का सामाजिक दबाव नहीं था। हालाँकि हॉस्टलों में रहनेवाले अविवाहित युवा, अपरिहार्य और स्वाभाविक रूप से अपने दोस्तों व सहकर्मियों के साथ नया साल मनाने क्लबों में जाते थे, दो-एक ड्रिंक (शराब) लेते थे और डांस के नाम पर हाथ-पाँव हिलाते थे; लेकिन अगर कोई अपने घर में शांति से एक शाम बिताना चाहता था तो किसी को फर्क भी नहीं पड़ता था।

"मि. कुलकर्णी क्लब की न्यू ईयर पार्टी में गए हैं क्या?" मैंने पूछा। मुझे उस शाम मि. कुलकर्णी नजर नहीं आए थे, हालाँकि दिन में वह ऑफिस में अवश्य मौजूद थे।

"बाबा ऐसी पार्टियों में कभी नहीं जाते, कम-से-कम जब से मुझे याद है। हालाँकि इसके पीछे उनका कोई उसूल नहीं है। वे सुभाष अंकल के घर गए होंगे।" काजल ने जवाब दिया।

सुभाष अंकल भी हमारी कंपनी में काम करते थे हमारे ही विभाग में और मि. कुलकर्णी की उम्र के ही थे। दोनों में अच्छी दोस्ती थी। दोनों परिवार पड़ोस में ही थे, इसलिए दोस्ती और अच्छी निभ रही थी।

''मैं तुम्हारे खाने के लिए कुछ लेकर आती हूँ। तुम ऑफिस से आ रहे हो, भूख लगी होगी।'' काजल ने मुझसे पूछे बिना निर्णय ले लिया और किचन में जाने के लिए खड़ी हो गई। हालाँकि मुझे खास भूख नहीं लगी थी, फिर भी मैंने उसकी बात का विरोध नहीं किया और उसके पीछे-पीछे जाकर किचन के दरवाजे पर खड़ा हो गया। मैंने जूते नहीं पहन रखे थे और किचन बहुत बड़ा था, फिर भी किसी चीज ने मुझे उसके पीछे अंदर जाने से रोक दिया।

काजल झालमूड़ी, मुरमुरे, मसालों, हरी मिर्च और सरसों के तेल से बना एक चटपटा व तीखा मिश्रण और पकौड़े बनाने की तैयारी करने लगी। काजल से सब्जियाँ काटने के दौरान हमारी बातचीत चलती रही।

''तुम इस बीच जीएसएस गई थीं? निर्मला दी कैसी हैं?'' मैंने पूछा।

''हाँ, तुम्हारे यहाँ न होने के दौरान मैं दो बार लालडीह गई थी। निर्मला दी जैसी थीं वैसी ही हैं।'' काजल ने जवाब दिया।

मुझे यह सुनकर अच्छा लगता कि मेरी अनुपस्थिति के दौरान वहाँ के लोगों को मेरी कमी महसूस हुई—गाँववालों को, जीएसएस के कार्यकर्ताओं को, निर्मला दी को और काजल को। लेकिन मुझे ऐसा कुछ सुनने को नहीं मिला।

''क्या वे कहीं आती-जाती नहीं हैं?'' मैंने उत्सुकतावश पूछा, ''आखिर उन्होंने यह विशाल दुनिया देख रखी है। उनके भी तो दोस्त और परिचित होंगे।''

''वे कलकत्ता जाती हैं और बॉम्बे भी, लेकिन कभी-कभार। मुझे लगता है, उन्हें सबसे ज्यादा अच्छा इन गाँवों में लगता है, इन गाँव वालों के बीच।'' काजल ने तैयार हो चुकी झालमूड़ी को दक्षता से उछालते हुए जवाब दिया।

''पता नहीं उन्होंने शादी क्यों नहीं की!'' मैंने आश्चर्य व्यक्त किया।

''तुम यह मानकर चल रहे हो न कि उन्होंने शादी नहीं की है?'' काजल मेरी ओर देखकर मुसकराई।

''तुम्हारा मतलब वे शादीशुदा हैं?'' मैंने कुछ हैरानी से पूछा, ''मैं तो उन्हें अविवाहित ही समझता था।''

''मैं ऐसा नहीं कह रही हूँ, और सच तो यह है कि मुझे भी नहीं मालूम। लेकिन हो सकता है कि उन्होंने शादी की हो, फिर विधवा हो गई हों, अपने पति से अलग हो गई हों, तलाकशुदा हों। कुछ भी हो सकता है। मेरी भी तो शादी हुई

थी।'' काजल ने जवाब दिया।

अचानक एक अजीब सी खामोशी छा गई। काजल की अल्पावधि की शादी और उसका चौंकानेवाला दु:खद अंत ऐसा विषय था, जो हमारी बातचीत से बाहर रहता था। वास्तव में, कभी-कभी तो मैं भूल भी जाता था कि काजल की शादी हुई थी, खासतौर से इसलिए कि मैंने उसको विवाहित स्त्री के रूप में देखा ही नहीं था। लेकिन मुझे लगता है कि उसकी पूर्व की वैवाहिक स्थिति उसके या उसके बाबा के दिमाग से बहुत देर तक दूर नहीं रहती थी।

''मैं नहीं जानता कि मुझे तुमसे यह बात पूछनी चाहिए या नहीं, लेकिन क्या तुम दोबारा शादी नहीं करना चाहती?...अभी नहीं, पर भविष्य में कभी?'' बिना सोचे-समझे किए अपने इस प्रश्न से मैं भी हैरान था। कहीं मैं उसकी निजी जिंदगी में दखल तो नहीं दे रहा था?

लेकिन स्पष्ट रूप से काजल को ऐसा नहीं लगा। उसने मेरे साहसिक प्रश्न का बहुत सामान्य रूप से जवाब दिया।

''मुझे लगता है कि एक व्यक्ति को शादी तब करनी चाहिए, जब वह दूसरे के साथ अपना जीवन बिताने के बारे में पूरी शिद्दत के साथ सोचता हो। सिर्फ शादी करने के लिए या शादीशुदा कहलाने के लिए किसी से शादी करना मेरे विचार से उचित नहीं है।'' उसने कहा।

मैंने ध्यान दिया कि उसने अकसर दोहराए जानेवाले शब्द 'प्यार' का उपयोग नहीं किया था।

''लेकिन क्या परिवार की मरजी से हुई शादियाँ सफल नहीं होतीं, कम-से-कम भारत में?'' मैंने उसके सिद्धांत को चुनौती दी, हालाँकि मैंने कभी अपने लिए परिवार द्वारा तय की गई शादी की संभावना पर विचार नहीं किया था।

''देखो, मैं परिवार द्वारा तय की गई शादियों पर कोई नैतिक निर्णय नहीं सुना रही हूँ। हो सकता है, उनमें से अधिकांश सफल रहती हों; हालाँकि यह इस बात पर निर्भर करता है कि सफल शादी की आपकी परिभाषा क्या है। मैं तो सिर्फ वह कह रही थी, जो मुझे सही लगता है।'' काजल ने जवाब दिया। उसने बेसन में डले आलू-प्याज के कुछ टुकड़े कड़ाही में डाले। कड़ाही में से 'छन्न' की तेज आवाज आई; क्योंकि तेल बहुत गरम हो चुका था।

कई मामलों में मुझे काजल के विचार न सिर्फ आधुनिक और कुछ हद तक उग्र लगते थे, बल्कि मुझे महसूस होता था कि वह उनमें पूरी तरह विश्वास भी करती है। वह एक नगरीय, लेकिन अपेक्षाकृत छोटे शहर में पली-बढ़ी थी, जीन्स

और पश्चिमी परिधान नहीं पहनती थी; लेकिन इन सबके बावजूद जीवन के प्रति उसका दृष्टिकोण वास्तव में आधुनिक था—एक शांत, आश्वस्त तरीके से। लेकिन अपने विचारों की सच्चाई के प्रति आश्वस्त होने के बावजूद वह उन्हें सार्वभौमिक सिद्धांत की तरह पकड़े रहने का या दूसरों को उनके प्रति आश्वस्त करने का प्रयास नहीं करती थी।

"सही हो या गलत, भारत के अधिकांश हिस्सों में शादियाँ परिवार द्वारा चुने पात्रों से ही होती हैं; क्योंकि विवाह योग्य उम्र के लड़के-लड़कियों को सामाजिक रूप से मिलने-जुलने का अवसर नहीं मिलता है—कम-से-कम महानगरों के बाहर। तुम्हें ऐसा नहीं लगता?" मैंने किचन के दरवाजे के सहारे टिकते हुए पूछा।

"यह तो मैं मानती हूँ।" काजल ने जवाब दिया, "अगर तुम यहीं रहना चाहते हो तो ड्राइंग रूम से एक कुरसी क्यों नहीं ले आते?" काजल ने मुसकराकर कहा। उसकी मुसकराहट सरल और विश्वास से भरी हुई थी और उसमें किसी प्रकार की झिझक या संकोच नहीं था, जैसा कि आमतौर पर देखा जाता है। मैंने ध्यान दिया कि उसकी मुसकराहट बहुत आकर्षक भी थी।

"नहीं-नहीं, मैं ठीक हूँ।" मैं थोड़ा लज्जित भी हुआ, जैसे कि काजल ने किचन में खड़े रहने की मेरी इच्छा को समझकर उसपर प्रश्न किया हो, जबकि ऐसा बिल्कुल नहीं था।

"तुम भी तो खड़ी हो न?"

"हाँ, लेकिन मैं ऑफिस नहीं गई थी।" काजल फिर मुसकराई—"वैसे भी, मेरा काम हो गया है। मैं चाय बना लेती हूँ, फिर हम ड्राइंगरूम में चलकर बैठते हैं।" उसने पानी उबलने को रख दिया। वह चायपत्ती कभी पानी के साथ नहीं उबालती थी, मैंने पहले भी ध्यान दिया था। वह चायपत्ती हमेशा केतली में डालकर ऊपर से उबलता पानी डालती थी और फिर उसे कुछ देर छोड़ देती थी, ताकि उसका स्वाद और खुशबू पानी में समा जाए।

जैसे ही हम—काजल और मैं—ड्राइंगरूम में आकर बैठे, मि. कुलकर्णी भी आ गए। उन्होंने अंदर आने से पहले अपना छाता ध्यान से मोड़कर बरामदे में रख दिया। मैंने ध्यान नहीं दिया था कि बाहर बेमौसम की बरसात हो रही है और वह भी बूँदा-बाँदी से कुछ तेज। शायद पकौड़े तलने की आवाज में बारिश की आवाज दब गई थी।

"आप बिल्कुल सही समय पर आए हैं—जेआईटी (जस्ट इन टाइम), जैसा

कि जापान में कहा जाता है।'' मैंने मि. कुलकर्णी का उन्हीं के घर में स्वागत करते हुए कहा।

मि. कुलकर्णी दिल से मुसकराए, लेकिन फिर सिर हिलाते हुए बोले, ''नहीं-नहीं, मैंने खाना खा लिया है। हालाँकि खाने का समय नहीं हुआ था, लेकिन हमेशा की तरह सुभाष की पत्नी ने मुझे बिना खाए आने नहीं दिया। मैं अंदर जाकर कपड़े बदलता हूँ। तुम अपने चाय-नाश्ते का मजा लो।'' जमीन पर बिछी दरी गीली न हो जाए, इस डर से मि. कुलकर्णी लगभग छलाँग लगाते हुए अंदर चले गए।

''इस बारिश से ठंड बढ़ जाएगी। वैसे भी ये सर्दियाँ काफी ठंडी रही हैं। लेकिन तुम्हें तो फर्क नहीं पड़ेगा, तुम दिल्लीवाले जो ठहरे।'' काजल ने नीचे सेंटर टेबल पर प्लेटें, कटोरियाँ और कप रखते हुए कहा।

पता नहीं क्यों, लेकिन मुझे 'दिल्लीवाला' कहलाना अच्छा नहीं लगता था। इसलिए नहीं कि मुझे अपना बचपन और युवावस्था के शुरुआती साल दिल्ली में बिताने पर कोई शर्मिंदगी थी, बल्कि इसलिए कि इस शब्द के अर्थ में बहुत सकारात्मक संकेत नहीं थे। किसी शब्द या वाक्यांश से जुड़े संकेतार्थ उनके शाब्दिक अर्थ से अधिक महत्त्वपूर्ण होते हैं। लेकिन मैंने कोई आपत्ति नहीं की, न सिर्फ इसलिए कि मुझे नहीं मालूम था कि अगर मैं दिल्लीवाला नहीं हूँ तो क्या हूँ, बल्कि ज्यादा इसलिए कि अब तक मैं जान चुका था कि काजल की सोच में संकीर्णता बिल्कुल नहीं थी और उसने इस शब्द का प्रयोग सिर्फ इसलिए किया था, क्योंकि मैं सच में दिल्ली से आया था।

❑

33

उस दिन रविवार था, मेरी छुट्टी का दिन; लेकिन मेरे बहुत से सहकर्मी, जिनमें मेरा रूममेट भी शामिल था, फैक्टरी गए थे। अत्यधिक माँग के कारण फैक्टरी में पूरे सप्ताह काम होता था। उत्पादन और मेंटिनेंस (रख-रखाव) विभागों के अधिकारियों और कार्यचारियों को साप्ताहिक अवकाश अलग-अलग दिनों पर दिए जा रहे थे, ताकि फैक्टरी पूरे सप्ताह चालू रह सके। मेरे विभाग जैसे सेवा विभागों में सामान्य ऑफिसों की तरह रविवार को ही छुट्टी रहती थी। हालाँकि लाइन विभाग के अनेक लोगों के लिए यह बात ईर्ष्या का कारण थी, फिर भी कोई लाइन विभाग छोड़कर सेवा विभाग में शामिल नहीं होना चाहता था। मुझे न सिर्फ ऑफिस के नीरस काम से दुर्लभ छुट्टियाँ मिलने पर हमेशा खुशी होती थी, बल्कि ऐसे रविवार विशेष रूप से अच्छे लगते थे, जब मैं अपने कमरे के एकांत और सुकून का आनंद ले पाता था।

सर्दियों का वह दिन विशेष रूप से ठंडा था। हॉस्टल के मेरे प्रथम तल के कमरे की खिड़कियाँ बंद थीं, लेकिन उनपर परदे नहीं लगे थे। उन दिनों में सिर्फ भूमि तल के कमरों में कार्यात्मक और संयमी परदे लगे होते थे। हमारे अविवाहित दिमागों में सौंदर्य की वस्तु के रूप में परदे कभी प्रवेश नहीं करते थे।

मैं अपने पलंग पर लेटा छत को घूरता हुआ कुछ सोचने का प्रयास कर रहा था। मैंने उस रविवार को काजल के साथ जीएसएस जाने का प्रस्ताव अस्वीकार कर दिया था। ऐसा नहीं था कि मैं वहाँ जाकर निर्मला दी से नहीं मिलना चाहता था या काजल के साथ नहीं जाना चाहता था, वह भी तब, जब मैं दिल्ली की अपनी छोटी सी यात्रा से लौटने के बाद से निर्मला दी से नहीं मिला था। एक कारण तो यह था कि मैं शारीरिक रूप से बहुत थका हुआ था, जो कि कभी-कभार ही होता था, और दूसरा कारण था कि मैं खुद के लिए कुछ समय और एकांत चाहता था।

मैं पता करना चाहता था कि मैं अपनी जिंदगी, अपने वर्तमान और अपने संभावित भविष्य के साथ क्या करना चाहता था। लेकिन अब जबकि मेरे पास ऐसा करने के लिए समय और अवसर था, तो मेरा दिमाग चारों ओर भटक रहा था। मुझे किसी के साथ की, इनसानी आवाजों की और अपने हॉस्टल के साथियों की कमी महसूस हो रही थी। मुझे काजल को मना करने के अपने निर्णय पर अफसोस होने लगा। मुझे जीएसएस न जाने का भी बुरा लग रहा था। मैं अभी भी जीएसएस के कार्यों में अपने यदा-कदा के योगदान को समय बिताने का एक सुखद जरिया समझता था; लेकिन धीरे-धीरे उन सीधे-सादे ग्रामीणों के दिमागों और दिलों में उम्मीदें पनपने लगी थीं, जिन्हें प्रकट करने में उन्हें संकोच नहीं होता था—और शायद काजल तथा निर्मला दी की अपेक्षाएँ बढ़ने लगी थीं। मुझे नहीं पता था कि जीएसएस के संबंध में मैं कहाँ खड़ा था। मैं नहीं जानता था कि काजल के संबंध में मैं कहाँ खड़ा था, और अब तो मैं यह भी नहीं जानता था कि रिया के संबंध में मैं कहाँ था। अंतिम बात स्वीकार करना मेरे लिए मुश्किल था। सच्चाई यह है कि मुझे नहीं मालूम था कि मैं अपने जीवन में कहाँ था और क्या कर रहा था। मैं अपने दिमाग पर पड़े जाले साफ करना चाहता था, लेकिन यह आसान नहीं था। ऐसा लग रहा था जैसे मेरा दिमाग ही एक मकड़ी बन चुका है।

मैंने रिया को पूरे इत्मीनान से एक पत्र लिखने का निश्चय किया। कुछ दिनों से हमारे पत्र सिर्फ एक जिम्मेदारी पूरी करने का प्रयास बनकर रह गए थे—एक प्रथा पूरी करने के और अपनी प्रतिबद्धता चिह्नित करने की जिम्मेदारी। लेकिन अब मैं विश्वास के साथ नहीं कह सकता था कि रिया मेरी अमूर्त दुविधाओं को समझेगी या उन्हें एक निष्क्रिय दिमाग की गूढ़ विलासिता समझकर झटक देगी—मेरे आलस्य और महत्त्वाकांक्षा की कमी के एक और संकेत के तौर पर। मेरे लिए अपने धूमिल विचारों को कागज पर उतारना मुश्किल हो रहा था और वह पत्र अधूरा ही रह गया। मैं अपने ऑफिस के काम और सहकर्मियों से संबंधित सांसारिक बातें नहीं लिखना चाहता था, जिनके बारे में रिया कुछ नहीं जानती थी और जिनके प्रति उसने शायद ही कभी कोई विशेष दिलचस्पी दिखाई थी। सर्दियों के उस सर्द रविवार को मुझे धीरे-धीरे एहसास हुआ कि मैं काजल से बातें करना चाहता था और वह अकेली ऐसी थी, जिसके साथ मैं अपने मन की बात खुल के कर सकता था। मुझे एहसास हुआ कि वह कम-से-कम मेरी बात समझने का एक ईमानदार प्रयास तो करेगी ही और मुझे उससे एक दुर्लभ सहानुभूति व गरमाहट भी मिलेगी। यह मेरे लिए एक रहस्योद्‌घाटन था, लेकिन इस रहस्योद्‌घाटन को स्वीकार करने

के साथ-साथ मेरे मन में एक अजीब सी अपराध-भावना भी उत्पन्न हुई, जैसे कि मैं उस भरोसे को तोड़ रहा हूँ, जो रिया का मुझ पर था।

मेरी खुशकिस्मती से उसी समय मेरे रूममेट ने भड़ाक से दरवाजा खोला और ठंडी हवा के झोंके के साथ कमरे में प्रवेश किया। वह दोपहर के खाने के छोटे से अवकाश में हॉस्टल आया था।

''खाना खा लिया? मेस में आज छोले-भटूरे बने हैं।'' वह बोला—''मैं जल्दी से हाथ-मुँह धोकर आता हूँ, फिर साथ ही चलते हैं।'' उसने प्रस्ताव रखा। मुझे उस बाहरी यथार्थ दुनिया के साथ फिर से जुड़ना और अपनी आंतरिक दुनिया से दूर जाना अच्छा लग रहा था।

''हाँ, मैं भी तुम्हारा ही इंतजार कर रहा था। चलो, चलते हैं। मुझे भी भूख लग रही है।'' अपने झूठ को आसानी से छुपाते हुए मैंने जवाब दिया। स्पष्ट था कि मेरा झूठ पकड़ा नहीं गया था।

❑

34

वंदना—काले, तेल चुपड़े बालों और बड़ी सी मुसकानवाली युवा महिला, जिससे मैं जीएसएस की अपनी पहली यात्रा में मिला था—हमेशा मुझे देखकर कुछ शरमीले से अंदाज में हँसती रहती थी। लेकिन अगले रविवार जब मैं काजल के साथ लालडीह गया तो वह हमेशा की तरह प्रसन्नचित्त तथा खिली हुई नहीं लग रही थी। उसका चेहरा उदास और उतरा हुआ लग रहा था और उस पर चिंता की लकीरें साफ दिखाई दे रही थीं। मैं काफी दिनों बाद लालडीह गया था, बल्कि दिल्ली से लौटने के बाद पहली बार गया था। लेकिन काजल भी, जो इस बीच कई बार लालडीह गई थी और गाँववालों से तथा वंदना से भी मिली थी, उसकी चिंता का कारण नहीं जानती थी। पूछताछ करने पर पता चला कि वंदना की तीन साल की बेटी मिनी, जो उसकी इकलौती बेटी थी, पिछली रात अचानक बहुत बीमार हो गई थी। किसी को समझ में नहीं आ रहा था कि वह क्यों और कैसे बीमार हो गई; लेकिन उसे लगातार उल्टियाँ और दस्त हो रहे थे, जिनकी वजह से वह बेहोशी की स्थिति में आ गई थी। उस पर से उसे तेज बुखार भी था, जिससे वह बेसुध-सी हो गई थी। मैं अपनी पिछली यात्राओं के दौरान मिनी से कई बार मिला था और इतनी प्यारी तथा चंचल लड़की के एक अर्ध-चैतन्य, बेतरतीब मलबे के रूप में परिवर्तन की कल्पना करना मुश्किल होता, यदि मैंने उसे खुद उस हालत में नहीं देखा होता।

निर्मला दी लालडीह में नहीं थीं। वे किसी काम से कलकत्ता गई थीं और उनकी अनुपस्थिति में वंदना तथा गाँव की अन्य महिलाएँ मिनी को लेकर बहुत डरी हुई थीं। डॉ. दासगुप्ता, जो जीएसएस द्वारा संचालित डिस्पेंसरी/क्लिनिक सँभालते थे, गाँव में सिर्फ मंगलवार और शुक्रवार को आते थे, जब वे शहर के अपने घर से आते थे। उन मोबाइल-पूर्व दिनों में गाँववालों के पास सप्ताह के बीच

में उनसे संपर्क करने का कोई साधन नहीं था। करीब 20 किलोमीटर दूर एक छोटे से मुफस्सिल शहर में स्थित ब्लॉक हेडक्वार्टर में सरकार द्वारा संचालित प्राथमिक स्वास्थ्य केंद्र था। लेकिन कोई निश्चित रूप से नहीं जानता था कि वहाँ कोई डॉक्टर होगा या नहीं, खासतौर से इसलिए, क्योंकि वह छुट्टी का दिन था। शहर जानेवाली अगली बस वही थी, जिससे मैं और काजल आमतौर पर देर शाम को वापस लौटते थे। यह साफ दिखाई दे रहा था कि मिनी को शाम तक बिना उपचार के छोड़ना उचित नहीं होगा। वास्तव में, उसे जल्दी-से-जल्दी एक विशेषज्ञ की चिकित्सकीय सहायता और दवाइयों की आवश्यकता थी तथा उसके इलाज की दिशा में फौरन कुछ करने की भी। मैंने अचानक देखा कि वंदना और बाकी सब गाँववाले हमें—काजल तथा मुझे—उम्मीद, विश्वास और अपेक्षा भरी नजरों से देख रहे हैं। लेकिन मेरे लिए बात उनकी उम्मीदें पूरी करने या खुद को उपयोगी साबित करने से कहीं बड़ी थी। मेरे दिमाग में सिर्फ मिनी का धँसा हुआ चेहरा घूम रहा था। मैं उसे जाने नहीं दे सकता था।

यह पता चला कि हालाँकि लालडीह में रहनेवाले करीब सौ परिवारों में से किसी के पास भी कोई मोटर वाहन नहीं था, लेकिन तीन किलोमीटर दूर झाँसूडीह में एक समृद्ध ग्रामीण के पास एक ट्रैक्टर और एक ट्रॉली थे। मैंने झाँसूडीह तक पैदल चलकर जाने का निश्चय किया—और कोई तरीका भी नहीं था—इस उम्मीद के साथ कि ट्रैक्टर-ट्रॉली काम के सिलसिले में बाहर न भेजे गए हों। मैंने सोचा कि मैं कोशिश करूँगा कि उसका मालिक हमें अपना वाहन उधार दे दे, ताकि मिनी को शहर के किसी अस्पताल में ले जाया जा सके। इस बीच काजल ने गाँव की उत्सुक महिलाओं की मदद से आधी बेहोश मिनी को दाल का पानी पिलाना शुरू कर दिया था, ताकि उसके निर्जलित (डीहाइड्रेटेड) शरीर को आवश्यक नमक और पानी मिल सके। मिनी के शरीर का तापमान नीचे लाने के लिए उसके माथे पर गीली पट्टियाँ रखी जा रही थीं। गाँव में इससे अधिक कुछ नहीं किया जा सकता था। इसलिए काजल और उसकी बेहद चिंतित माँ को मिनी की देखभाल करने के लिए छोड़कर मैं झाँसूडीह के लिए चल पड़ा।

लल्लन नाम का एक स्थानीय युवक मेरे साथ जाने के लिए तैयार हो गया—मुझे रास्ता दिखाने के लिए, और एक मार्गदर्शक, साथी तथा मध्यस्थ की भूमिका निभाने के लिए लालडीह एक ऐसी सड़क पर स्थित था, जिसका रख-रखाव तो बहुत अच्छा नहीं था, लेकिन जो सभी मौसमों में पक्की बनी रहती थी। लेकिन झाँसूडीह पहुँचने के लिए हमें खाली खेत भी पार करने थे। सर्दी का मौसम था,

इसलिए आसपास के सभी खेत फसल-विहीन थे। छोटा नागपुर पठार के अन्य सभी इलाकों की तरह लालडीह और आसपास के गाँवों के किसान अपने खेतों की लाल-भूरी मिट्टी से सिर्फ एक मानसून द्वारा सिंचित वर्षा आधारित धान की फसल पैदा कर सकते थे और बाकी पूरे साल खेत खाली पड़े रहते थे। गाँव के पुरुषों के पास, जिनमें से अधिकतर आदिवासी थे, साल के आधे समय रोजगार प्रदान करनेवाला कोई कृषि कार्य नहीं होता था और अब वे शिकार करने या जंगली उत्पाद इकट्ठा करने के लिए जंगलों में भी नहीं जा सकते थे, जैसा कि उनके पूर्वज करते थे। जंगल अब स्थानीय और प्रत्यक्ष वन रक्षकों के साथ एक दूरस्थ और अदृश्य सरकार के स्वामित्व तथा नियंत्रण में भी रहते हैं। इसलिए उनमें से अधिकांश पुरुष, मिनी के पिता की तरह, गाँव छोड़कर आसपास की बस्तियों में स्थित कारखानों या खदानों में काम करने चले जाते थे और कभी-कभी तो आजीविका कमाने के लिए कोलकाता या मुंबई जैसे दूर और बड़े शहरों में भी चले जाते थे, ताकि कुछ पैसे इकट्ठा करके अपने परिवारों को भेज सकें। लल्लन ने झाँसूडीह के रास्ते में मुझे बताया कि वंदना का पति और मिनी का पिता राजू बंबई चला गया था और शायद कहीं निर्माण मजदूर के रूप में काम कर रहा था। हालाँकि कभी-कभी राजू के पत्र उसके परिवार तक पहुँच जाते थे; लेकिन ऐसा कोई तरीका नहीं था, जिससे आवश्यकता होने पर भी वंदना राजू से संपर्क कर सके; क्योंकि बंबई में उसका कोई स्थायी पता नहीं था। लेकिन अच्छी बात यह थी कि कम-से-कम जीएसएस की मदद से राजू तथा वंदना दोनों ही लिखना-पढ़ना सीख गए थे और इस वजह से राजू में इतना आत्मविश्वास आ गया था कि वह इस विशाल एवं अनजान दुनिया में अकेले अपना गुजारा कर सकता था।

"हालाँकि सभी लोग अपने परिवारों के साथ गाँव में ही रहना चाहते हैं, लेकिन यहाँ करने को कुछ भी नहीं है और जीने के लिए पैसों की जरूरत होती है। इसलिए राजू और उसके जैसे और लोगों को काम तथा पैसे की तलाश में शहरों में जाना पड़ता है। शायद मैं भी एक दिन चला जाऊँगा।" लल्लन ने मुझे बताया। हम लाल, दानेदार मिट्टीवाले खाली खेतों में तेजी से चलते जा रहे थे, जिनमें महीनों पहले कट चुकी पिछली फसल के नुकीले ठूँठ छितराए हुए थे। आसमान में काफी बादल छाए हुए थे और सूरज लुका-छिपी का अंतहीन खेल खेल रहा था। झाँसूडीह का रास्ता बहुत लंबा नहीं था, रास्ते में कोई और गाँव भी नहीं था; लेकिन फिर भी हमें काफी चलना पड़ रहा था।

"तुम्हारी उम्र क्या है ? स्कूल जाते हो तुम ?" मैंने पूछा—कुछ उत्सुकता के

नाते और कुछ विनम्रता के।

"मुझे लगता है, मैं लगभग 14 साल का हूँ। मैं पहले गाँव के स्कूल में जाता था और मुझे लिखना-पढ़ना भी आता है। लेकिन अब नहीं जाता। हाई स्कूल बहुत दूर है और महँगा भी है।" लल्लन ने जवाब दिया।

"मुझे तो लगता था कि पास के ब्लॉक हेडक्वार्टर में एक सरकारी हाई स्कूल है, जहाँ लगभग मुफ्त में शिक्षा दी जाती है?" अपने अज्ञान में लल्लन की दलील पर संदेह करते हुए मैंने आगे पूछा।

"है; लेकिन छात्रों को यूनिफॉर्म, किताब-कॉपी, कलम-पेंसिल के लिए पैसे देने पड़ते हैं। काफी पैसे लगते हैं। गाँव के कुछ ही लड़के वहाँ जाते हैं। और फिर, अगर मैं स्कूल चला जाऊँगा तो घर के सारे काम कौन करेगा? मेरे पिताजी की बहुत उम्र हो चुकी है और अब उनकी हड्डियों में ताकत नहीं बची है।" लल्लन ने समझाया।

उसके बाद धीरे-धीरे हमारी बातचीत का अंत होने लगा और हमें दूर से एक गाँव के झोंपड़ों की स्थानीय लाल मिट्टी से लिपी-पुती छतें दिखाई देने लगीं।

"हम पहुँच गए।" लल्लन ने घोषणा की। हालाँकि मैं खुद भी इतना समझ गया था।

❑

35

हमारी खुशकिस्मती से ट्रैक्टर का मालिक रहमान मियाँ, जो एक अपेक्षाकृत समृद्ध और इस वजह से गाँव का एक सम्मानित व्यक्ति था, उस रविवार घर में मौजूद था। हालाँकि लल्लन झाँसूडीह का रास्ता जानता था, लेकिन गाँव के अंदर प्रवेश करने के बाद उसे भी रहमान मियाँ के घर का रास्ता नहीं मालूम था; क्योंकि वह पहले कभी वहाँ नहीं गया था। उसने गाँव के एक अर्धनग्न बच्चे से पूछा, जो खड़ा-खड़ा हमें घूर रहा था, क्योंकि हमने उसके आत्मकेंद्रित मनोरंजन में बाधा डाल दी थी, ''रहमान मियाँ का घर कहाँ है ?'' प्रश्न की भाषा और स्वर दोनों ही उससे बहुत अलग थे, जिसमें लल्लन ने मुझसे बात की थी।

बच्चे ने पास की पुती हुई ईंटों की एक इमारत की ओर इशारा कर दिया, जो शायद गाँव की इकलौती पक्की इमारत थी, जहाँ तक मैं देख सकता था। लेकिन उसके बाद या तो यह निश्चित करने के लिए कि हम सही रास्ते पर जा रहे थे या सिर्फ अपने मनोरंजन के लिए वह हमारे आगे-आगे दौड़ने लगा—नंगे पाँव, जब तक कि हम रहमान मियाँ के घर पहुँच नहीं गए—और फिर घटनाक्रम को स्पष्ट जिज्ञासा के साथ देखते हुए चुपचाप कुछ दूर खड़ा हो गया। जब हम अपनी विनती लेकर रहमान मियाँ के पास पहुँचे तो वे अपनी कभी सफेद रही बनियान और धारीदार लुंगी पहने हुए अपने घर के सामने एक चारपाई पर बैठे थे, शायद आराम करने के लिए। मुझे यह देखकर बहुत राहत महसूस हुई कि ट्रैक्टर और ट्रॉली हमारी नजरों के सामने थे—और कुछ ही दूरी पर एक खाली जगह पर खड़े हुए थे। इस बार बातचीत मैंने शुरू की, इस उम्मीद से कि उससे सफलता मिलने की ज्यादा गुंजाइश होगी और इस डर से भी कि वृद्ध रहमान मियाँ—उनकी सफेद दाढ़ी से साफ जाहिर था कि वे वृद्ध थे—लल्लन की बात को पर्याप्त गंभीरता से नहीं लेंगे।

''हम पास के लालडीह गाँव से आ रहे हैं। वहाँ एक छोटी सी लड़की बहुत

बीमार है और उसे इलाज के लिए तुरंत शहर ले जाना बहुत जरूरी है। हम यहाँ आपसे विनती करने आए हैं कि आप हमें अपना ट्रैक्टर और ट्रॉली उधार दे दें, ताकि हम उसे शहर के अस्पताल में ले जा सकें।'' मैंने कहा। मैं उम्मीद कर रहा था कि जो मैं कहना चाहता था, वह वृद्ध रहमान मियाँ समझ गए होंगे। मैं इस बात को लेकर दुविधा में था कि मुझे अपनी विनती के साथ कुछ पैसों का प्रस्ताव रखना चाहिए या नहीं। लल्लन मेरी बात पर मौन सहमति जताते हुए अपना सिर हिलाता रहा।

''आप उसे ले कैसे जाएँगे? चलाएगा कौन?'' रहमान मियाँ ने अचानक पूछा। हमारे आने के बाद से वे पहली बार बोले थे। उनकी आवाज भारी, अनुभव से भरी और कुछ अस्वाभाविक-सी लग रही थी, लेकिन दयाहीन नहीं थी। वर्तमान स्थिति में यह सबसे स्वाभाविक प्रश्न था, लेकिन जल्दबाजी और चिंता में मैंने इस महत्त्वपूर्ण प्रश्न पर ध्यान ही नहीं दिया था। मैं अपने जीवन में कभी ट्रैक्टर पर बैठा भी नहीं था, चलाना तो दूर की बात थी, वह भी हाईवे पर। मैंने लल्लन की ओर देखा, जो रहमान मियाँ को घूर रहा था—शायद मुझसे नजरें मिलाने से बचने के लिए।

अचानक रहमान मियाँ ने अपने घर में किसी अदृश्य व्यक्ति को जोर से आवाज लगाई। इससे पहले कि मैं कुछ समझ पाता, एक नौजवान लड़का—लगभग मेरी उम्र का, साँवला और लंबा-चौड़ा—रहमान मियाँ से कहीं अधिक सफेद बनियान और लुंगी पहने हुए और चेहरे पर आकर्षक मूँछें सजाए हुए अँधेरे में से प्रकट हुआ। उसने रहमान मियाँ की ओर सम्मान और प्रश्न के मिले-जुले भाव से देखा। रहमान मियाँ ने अपनी स्थानीय भाषा में उस नौजवान को कुछ समझाया, जो शक्ल-सूरत में असाधारण समानता के कारण साफ तौर पर उनका बेटा ही लग रहा था। मैं उनकी पूरी बात तो नहीं समझ पाया, लेकिन इतना समझ गया कि रहमान मियाँ हमारी मदद करने की कोशिश कर रहे थे। उन्होंने अपने बेटे यूनुस को निर्देश दिया कि वह जल्दी से तैयार हो जाए और ट्रैक्टर-ट्रॉली लेकर मिनी को फौरन शहर के अस्पताल पहुँचाए। अपने बेटे को तैयार होने के लिए अंदर भेजकर उन्होंने दोबारा उसी दिशा में किसी और को आवाज लगाई तथा गुड़ व पानी लाने के लिए कहा। उन्होंने यूनुस के तैयार होने तक मुझे अपनी बगल में रखी चारपाई पर बैठकर आराम करने का इशारा किया।

रहमान मियाँ के सामने चारपाई पर बैठकर मुझे राहत भी महसूस हो रही थी और बेचैनी भी। राहत इसलिए कि हम जिस ट्रैक्टर-ट्रॉली के लिए झाँसूडीह आए

थे, वह हमें मिल गई थी और अब हम मिनी को अस्पताल ले जाकर उसके जीवन को सुरक्षित कर सकते थे। लेकिन मुझे समझ में नहीं आ रहा था कि मैं रहमान मियाँ को उसके किराए और डीजल के पैसे किस तरह दूँ। मैं इतनी नाजुक स्थिति में कोई गलती नहीं करना चाहता था।

रहमान मियाँ ने अपने बेपरवाह, तरीके से मेरी दुविधा का अंत कर दिया। उन्होंने मेरी ओर देखकर कहा, "बाबू, इस समय न तो ट्रैक्टर में ज्यादा डीजल है, न मेरे घर में। इसलिए आप लोग जब शहर की तरफ जाएँ तो हाईवे पर डीजल भरवा लीजिएगा। रास्ते में पेट्रोल पंप है, यूनुस बता देगा। इतना काफी है। अस्पताल पहुँचकर आप ट्रैक्टर छोड़ दीजिएगा। यूनुस उसे वापस ले आएगा। अल्लाह आपकी और उस बच्ची की मदद करे।"

मैंने रहमान मियाँ का शुक्रिया अदा करने की एक कमजोर-सी कोशिश की, जो मेरे कानों को भी बेकार और अनावश्यक लग रही थी तथा जिसे रहमान मियाँ ने फौरन किनारे कर दिया। उसी समय रहमान मियाँ के पीछे अँधेरे में से एक युवा महिला निकलकर आई, जिसने अपनी साड़ी के किनारे से ठुड्डी तक का घूँघट निकाला हुआ था। उसके हाथ में स्टील के तीन गिलास थे और एक कटोरे में गुड़ और भीगे चने। सबकुछ एक बड़ी स्टील की प्लेट पर रखा हुआ था, जो ट्रे का काम कर रही थी। उसने वह सब हमारे सामने रख दिया, उस खटिया पर जिसपर रहमान मियाँ बैठे थे। मुझे लगा, वह यूनुस की बीवी होगी; लेकिन मेरा खयाल बिल्कुल गलत भी हो सकता था। गुड़ और पानी रखकर घूँघट और साड़ी में छिपी वह मौन महिला फिर अपने घर के अँधेरे में गुम हो गई। रहमान मियाँ ने मुझे पानी का गिलास और गुड़ दिया तथा मुझसे मेरे असली काम-काज के बारे में पूछने लगे; क्योंकि मेरी जीन्स, जूतों और टीशर्ट, भाषा व उच्चारण तथा अन्य तौर-तरीकों से साफ पता चल रहा था कि मैं लालडीह का नहीं था। उन्हें जवाब देते हुए अपनी आँखों के कोनों से मैं एक हवाई जहाज को देख रहा था, जो साफ आसमान में उड़ रहा था, इतनी ऊँचाई पर कि वह बिल्कुल शांत लग रहा था और सिर्फ उसका सफेद-स्लेटी धुआँ, जो नीले आसमान में लकीर खींचता जा रहा था, उसकी उपस्थिति को दरशा रहा था।

❑

36

उस रात मैं शहर के अस्पताल में ही रुक गया और सुबह हॉस्टल लौटा। तब तक मिनी पूरी तरह खतरे से बाहर हो चुकी थी, और यूनुस सबका दरियादिली से व्यक्त किया आभार लेकर वापस जा चुका था। अब जाकर वंदना के चेहरे पर भी एक राहत भरी मुसकान लौटी थी—कुछ हिचक भरी, जैसे कि उसे इतनी जल्दी मुसकराने से डर लग रहा हो। काजल को पिछली रात मैंने जबरदस्ती घर भेज दिया था, और चूँकि वह बिल्कुल स्वतंत्र विचारोंवाली लड़की थी, उसने मेरी बात इस शर्त पर मानी थी कि वह सुबह जल्दी ही अस्पताल वापस आ जाएगी, और तब मैं हॉस्टल जाकर आराम करूँगा तथा अगले दिन ऑफिस से छुट्टी ले लूँगा। अस्पताल काफी बड़ा, साफ-सुथरा एवं फैला हुआ था तथा कुशलतापूर्वक संचालित लग रहा था, जिसमें सफेद यूनिफॉर्म में नर्सें और युवा, ताजगी भरे चेहरोंवाले डॉक्टर सफेद दीवारोंवाले वार्डों और बरामदों में आत्मविश्वास तथा जिम्मेदारी के साथ अपनी ड्यूटी निभाते हुए घूम रहे थे। अस्पताल कंपनी द्वारा संचालित था और मुझे डर था कि वहाँ सिर्फ कंपनी के कर्मचारियों और उनके परिवारों का इलाज ही न होता हो। लेकिन उन्होंने पिछली रात मेरी सिफारिश पर बिना अधिक पूछताछ किए मिनी को भरती कर लिया था और कुछ-एक दवाइयों के अलावा, जो मुझे सड़क पार की दुकान से खरीदनी पड़ी थीं, कोई फीस या पैसे नहीं देने पड़े थे। मैंने पूरी रात मिनी के वार्ड के बाहर, जहाँ शुक्र है कि मिनी ठीक हो रही थी, रखी सीधी कठोर प्लास्टिक की कुरसियों में से एक पर बैठे-बैठे गुजारी थी, जो अस्पताल के लंबे से गलियारे की दीवारों से सुरक्षित रूप से जुड़ी हुई थीं। मिनी को साधारण, लेकिन तीव्र गैस्ट्रिक संक्रमण हो गया था; लेकिन सौभाग्य से उस पर दवाइयों का सकारात्मक असर हुआ था, जो उसे एक बुजुर्ग सी दिखनेवाली कुशल नर्स द्वारा ड्रिप के माध्यम से दी जा रही थीं। नर्स देखने से और

बोलचाल से केरल की लग रही थी, जो इस नेक पेशे में अपनी आजीविका कमाने के लिए इस स्टील सिटी में आई थी। रात बहुत ठंडी, लंबी और शांत थी। मैं बहुत थक गया था और मेरा शरीर अकड़ गया था; लेकिन फिर भी मैं संतुष्ट था, राहत महसूस कर रहा था और थोड़ा गर्व भी; क्योंकि मैंने एक नेक और अच्छा काम किया था। ये सब भावनाएँ इस तरह मिल गई थीं कि इन्हें एक शब्द में परिभाषित करना संभव नहीं था।

सुबह जल्दी उजाला होते ही काजल अपने उदार पिता के साथ मिनी का हाल-चाल लेने अस्पताल आ गई और साथ में मेरे लिए नाश्ता भी ले आई, ताकि मैं हॉस्टल जाकर आराम कर सकूँ।

''मिनी अब खतरे से बाहर है और उसकी हालत में तेजी से सुधार हो रहा है। अभी वह आराम से सो रही है।'' मैंने उनके पूछने से पहले ही बता दिया, ''आप लोगों को इतनी जल्दी आने की जरूरत नहीं थी।'' मैंने आगे कहा।

मि. कुलकर्णी अपने चिर परिचित अंदाज में मुसकरा दिए; जबकि काजल ने नाश्ता मेरी ओर बढ़ा दिया, जो शहर के एक मशहूर मिठाई की दुकान के नाम वाले पॉलिथीन में पैक किया हुआ था।

''अब तुम जाकर आराम करो। मैं हूँ यहाँ। वैसे भी, मिनी अब ठीक है।'' काजल ने मेरे प्रति चिंता दरशाते स्वर में कहा, जो मेरे कानों को बहुत संतोषजनक लगा।

''मैं चला जाऊँगा, लेकिन पहले मैं सुनना चाहता हूँ कि डॉक्टर सुबह के राउंड के बाद मिनी के बारे में क्या कहते हैं। वे आते ही होंगे।'' मैंने कहा।

हम सब खाली कुरसियों पर बैठकर डॉक्टर का इंतजार करने लगे। ऐसा लग रहा था कि मि. कुलकर्णी डॉक्टर को जानते थे। डॉ. मुखर्जी युवा थे, हाल ही में कलकत्ता मेडिकल कॉलेज से पास होकर निकले थे, कुशल थे और साफ दिखाई दे रहा था कि उन्होंने अपने कंधों पर भारी जिम्मेदारी उठा रखी थी। उन्होंने हमें आश्वस्त किया कि मिनी वास्तव में ठीक थी और उसे अगली सुबह अस्पताल से छुट्टी भी मिल जाएगी। मिनी का अब शांत और निर्मल सिर उसके काले बालों के किनारों से अस्पताल के सफेद तकिए पर एक प्रभामंडल बनाता हुआ टिका था। वह स्थिर और गहरी साँसें ले रही थी और उसके गालों का रंग वापस आ गया था।

जब मैं हॉस्टल लौटने लगा तो वंदना ने प्रणाम की अचानक और हार्दिक अभिव्यक्ति के रूप में अपने दोनों हाथों से मेरे पाँव छू लिये—बड़ों के प्रति गहरा सम्मान और श्रद्धा दिखाने का पारंपरिक तरीका। भारी और बेहद भावुकतापूर्ण

आवाज में उसने कहा कि ''दादा, मैं सोचकर काँप जाती हूँ कि अगर आप नहीं होते तो मेरी मिनी का क्या होता। आप हमारे लिए भगवान् बनकर आए हैं।''

मुझे समझ में नहीं आया कि क्या प्रतिक्रिया व्यक्त करूँ और विनम्रता दिखाने की तथा इस पूरे मामले में अपनी भूमिका को नकारने की बेअसर कोशिश करता रहा। लेकिन दिल की गहराई से मैं जानता था कि उस दिन मिनी बहुत सी दैवाधीन परिस्थितियों के कारण बची थी। यदि उस दिन रविवार नहीं होता, यदि मैं और काजल उसी दिन लालडीह नहीं गए होते, यदि रहमान मियाँ या यूनुस गाँव में नहीं होते या उनका ट्रैक्टर उस दिन गाँव में नहीं होता और यदि वे इतने सहृदय नहीं होते, या फिर मेरी कंपनी ने दशकों पहले इस उत्कृष्ट अस्पताल को बनाने और चलाने का निर्णय नहीं लिया होता—जो उनके लिए आवश्यक भी नहीं था, न कानूनी तौर पर और न सामान्य व्यवसाय प्रबंधन के सिद्धांत के तौर पर—तो मिनी या वंदना के लिए यह सुबह बहुत अलग हो सकती थी। यह नौकरी करना शुरू करने के बाद से पहली बार मुझे इस कंपनी के लिए काम करने पर बहुत गर्व महसूस हुआ। मैं महसूस कर रहा था कि मैं एक महान् और नेक काम का हिस्सा हूँ, जो हमारे आसपास काररवाई कर रहा है और मुझे लगा कि जिग्स व जुड़नार की ड्राइंग करने का मेरा सांसारिक काम भी, जिसे मैं इतना निचले दर्जे का काम समझता था, मेरी कल्पना से कहीं अधिक बड़ा और नेक काम है। अपने मन में इन्हीं विचारों को लेकर मैं हॉस्टल के अपने कमरे में पहुँचा और लगभग फौरन ही सो गया। पिछले चौबीस घंटे की संपूर्ण छिपी हुई थकावट ने एकत्र होकर मुझे घेर लिया और मुझे नींद आ गई। मैं उस नाश्ते के साथ भी न्याय नहीं कर पाया, जो सुबह इतनी जल्दी उठकर काजल ने प्यार से मेरे लिए बनाया था।

❑

37

प्यार के एक खूबसूरत व मजबूत सुनहरे धागे ने काजल और मि. कुलकर्णी को बाँध रखा था, जो एक पिता-पुत्री के बीच दुर्लभ था। शायद वह बंधन उनके जीवन में काजल की माँ की अनुपस्थिति के कारण बना होगा या फिर वह काजल की अल्पकालिक शादी की हाल की त्रासदी से उत्पन्न हुई एक अपेक्षाकृत हालिया घटना के फलस्वरूप बना होगा। लेकिन उसका स्रोत चाहे कुछ भी हो, उनके आपसी प्यार और विश्वास ने उनके घर को एक सुकून और प्रसन्नता की भावना से भर दिया था, जो उनके दुःखद अतीत की यादों को उनसे दूर करने का प्रयास करती थी। काजल से अधिक मि. कुलकर्णी अपनी बेटी पर निर्भर रहने लगे थे—शारीरिक रूप से कम और अन्य बातों में ज्यादा, इस हद तक कि काजल की अनुपस्थिति में उन्हें घर खाली लगता था और समय उनके लिए रुक जाता था।

उस शनिवार की शाम जब मैं उनके घर पहुँचा तो मैंने उनको ऐसी ही मानसिक अवस्था में पाया। उन दिनों में, जब फोन दुर्लभ थे और मोबाइल प्रकट नहीं हुए थे, किसी के घर बिना बताए पहुँच जाना न ही अस्वाभाविक था और न ही कोई इस बात का बुरा मानता था। मि. कुलकर्णी अपने ड्राइंग रूम की खिड़की के पास एक नीची कुरसी पर बैठे थे और उनकी गोद में एक खुली हुई किताब थी। लेकिन वे अपनी किताब में डूबे हुए थे और मेरे आने से उनके पढ़ने में खलल पड़ा था, ऐसा लगा नहीं; क्योंकि उन्होंने मेरा स्वागत इतनी गर्मजोशी और खुले दिल से किया कि वह एक प्रकार से उनका उत्साह लगता, यदि उसमें एक अस्वाभाविक सी उदासी की झलक न होती। मैं यकीन से नहीं कह सकता कि कैसे, लेकिन घर के अंदर कदम रखते ही, जब मैंने ड्राइंगरूम में नजर दौड़ाई तो मुझे कुछ भी अव्यवस्थित या स्थान से हटा हुआ नहीं लगा; फिर भी मैं समझ गया कि काजल घर में नहीं थी। घर कुछ अलग, खामोश, अँधेरा, सोच में डूबा-सा लग रहा था

और हवा स्थिर तथा प्रसुप्त-सी लग रही थी।

''काजल बाहर गई है। थोड़ी देर में आ जाएगी।'' मि. कुलकर्णी ने अपनी जगह पर वापस बैठते हुए मुझे बताया; क्योंकि वे जानते थे कि मैं मुख्य रूप से काजल से मिलने ही आया था। लेकिन वास्तव में मैं मि. कुलकर्णी का बहुत आदर करता था और मुझे उनके साथ समय बिताना अच्छा लगता था। हालाँकि हम ऑफिस में एक ही कमरे में काम करते थे, लेकिन वहाँ उस तरह का सार्थक वार्त्तालाप करने का अवसर नहीं मिलता था, जो दो लोगों के बीच सांसारिक चीजों से परे होता है।

''ठीक है, कोई बात नहीं। वैसे, मुझे उम्मीद थी कि वह घर में ही मिलेगी।'' मैंने जवाब में कहा।

हमारी बातचीत हमेशा की तरह रोजमर्रा की बातों से शुरू हुई, जैसे मौसम, ऑफिस का काम, सहकर्मी इत्यादि और फिर धीरे-धीरे उसमें वह मजबूती व विश्वास आने लगा, जो किसी वार्त्तालाप को और अंतरंग या गहन क्षेत्र की ओर ले जाता है।

''क्या आप कभी काजल के भविष्य के बारे में सोचते हैं? मेरे कहने का मतलब है, क्या आपको नहीं लगता कि उसे दोबारा शादी करके घर बसाना चाहिए?'' हालाँकि मैं कुलकर्णी परिवार के काफी करीब हो गया था, फिर भी मुझे उनसे ऐसा सीधा प्रश्न पूछने पर हैरानी हुई—और पूछ लेने के बाद मुझे लगा कि मैं ऐसे क्षेत्र में प्रवेश कर रहा हूँ, जो उनके लिए बहुत व्यक्तिगत और शायद बहुत कष्टप्रद है। लेकिन अब तो शब्द मेरे मुँह से निकल चुके थे।

थोड़ी देर के लिए सन्नाटा छा गया। ऐसा लग रहा था कि मि. कुलकर्णी जवाब देने के पहले अपने विचारों को समझना चाहते थे।

''बेशक, मैं काजल को खुश देखना चाहता हूँ—अभी भी और हमेशा। मुझे लगता है कि दोबारा शादी करना उसके लिए सही और स्वाभाविक रास्ता होगा—ऐसे व्यक्ति से, जो उसके लायक हो और उसे खुश रख सके। लेकिन मैं उस पर शादी या किसी और चीज के लिए दबाव नहीं डालना चाहता। अगर उसकी किस्मत में खुशी लिखी है तो वह उसे जरूर मिलेगी।'' मि. कुलकर्णी ने जवाब दिया और आगे बोले कि ''हम इतने शक्तिशाली नहीं हैं कि अपना भविष्य खुद तय कर सकें, हालाँकि हमें ऐसा लगता जरूर है।''

उनकी यह बात हाल में घटित उस असामयिक त्रासदी का दुःखद प्रतिबिंब और स्वीकृति थी, जिसने उनके परिवार को झकझोर दिया था।

''ऐसे उदात्त आदर्शों के प्रति काजल की भक्ति को जानते हुए ऐसा इनसान मिलना मुश्किल है, कम-से-कम आज के समय में।'' मैंने कहा, जैसे कि मैं इन मामलों में बहुत ज्ञानी था।

''लेकिन काजल तो तुम्हें बहुत मानती है, इन मामलों में भी और वैसे भी।'' मि. कुलकर्णी ने कहा।

यह मि. कुलकर्णी की ओर से एक सहज प्रतिक्रिया थी; लेकिन हमारी बातचीत जिस संदर्भ में हो रही थी, उसने हम दोनों के लिए एक अजीब सी स्थिति उत्पन्न कर दी और हमें अचानक अपनी बातचीत की दिशा बदलने की आवश्यकता महसूस होने लगी।

सौभाग्य से, ठीक उसी समय काजल ने बहुत उत्फुल्लता के साथ घर में प्रवेश किया।

''बाहर बहुत सुहावना मौसम है। ठंड तो है, लेकिन साल के इस समय इतनी ठंड तो होनी ही चाहिए। धीमी-धीमी थोड़ी हवा चल रही है।'' काजल ने हमें मुसकराकर देखते हुए सूचना दी और पास रखी सेटी पर बैठ गई।

''तुम कितनी देर पहले आए?'' उसने मुझे देखते हुए पूछा।

''ज्यादा देर नहीं हुई है। लेकिन मैं और कुलकर्णीजी अपनी बातचीत का आनंद उठा रहे थे।'' मैंने जवाब दिया। मुझे एहसास हुआ कि हम दोनों बेकार ही में काजल के भविष्य के बारे में सोच-विचार कर रहे थे, जबकि वह अपनी वर्तमान जिंदगी से बिल्कुल खुश और संतुष्ट लग रही थी। बल्कि सच तो यह था कि अपने जीवन की उस त्रासदी के बावजूद वह अपने जीवन से और खुद से मेरी अपेक्षा कहीं अधिक खुश थी और सुकून से थी।

''और आप लोग किस बारे में बात कर रहे थे?'' काजल ने इस बार मेरे साथ-साथ अपने पिता की ओर भी देखते हुए मासूमियत से पूछा। वह वास्तव में उत्सुक लग रही थी और मुझे नहीं लगता कि उसे संदेह था कि हम उसके जीवन और उसके भविष्य के बारे में बात कर रहे थे।

''ऐसे ही जिंदगी के बारे में, भविष्य के बारे में।''

इस बार मेरे कुछ कहने के पहले मि. कुलकर्णी ने जवाब दे दिया, साफ तौर पर यह छुपाने की कोशिश करते हुए कि हमारी बातचीत का विषय काजल थी।

''हमें वर्तमान में रहकर अपना जीवन पूरी तरह जीना चाहिए और अपना सर्वश्रेष्ठ देना चाहिए। भविष्य अपना खयाल खुद रख लेगा। और फिर, भविष्य के बारे में सोचने, बात करने या चिंता करने से भी कोई विशेष फायदा तो होता नहीं,

है न?'' काजल ने कहा, ''कम-से-कम मैं तो ऐसा ही सोचती हूँ।''

''अगर सब लोग तुम्हारी तरह सोचने लगेंगे, तो इंश्योरेंस कंपनियों और प्रॉविडेंट फंड्स का अस्तित्व ही खत्म हो जाएगा।'' मि. कुलकर्णी हँसने लगे।

''मुझे लगता है कि सार संतुलन में है। व्यावहारिक रूप से कोई भी वास्तव में भविष्य की उपेक्षा नहीं कर सकता, न ही उसकी योजना बनाने से बच सकता है। लेकिन यह इस हद तक नहीं करना चाहिए कि इनसान वर्तमान में जीना और वर्तमान का आनंद लेना ही भूल जाए।'' और मुझे लगता है कि काजल भी यही कहना चाहती थी, मैंने काजल की बात का बचाव करने का प्रयास किया और खुद भी इस बात से सहमत था।

''शुक्रिया। तुम ठीक कह रहे हो। इसीलिए इनसान डेफोडिल्स का आनंद उठाना भूल जाता है, और हमारे मामले में गुलाबों का। और पंकज बाबू, हालाँकि आपको अपनी बात समझाना बहुत अच्छी तरह आता है, लेकिन आप ही हैं, जो अपने वर्तमान की कीमत पर अपने अतीत या भविष्य के बारे में सोचते रहते हैं, जैसा कि मैंने खुद देखा है।'' काजल ने मुसकराते हुए कहा और उठ गई। यह पहली बार था कि उसने मेरे नाम के आगे ''बाबू'' जोड़ा था।

मैं भी वहाँ से जाने के लिए खड़ा हो गया। मुझे देर हो रही थी और मैं मि. कुलकर्णी के घर खाना खाने की आदत नहीं डालना चाहता था। उस प्रत्यक्ष और स्पष्ट गर्मजोशी के बावजूद, जिससे मेरा हमेशा उनके घर में स्वागत होता था, मैं बेखटके कुछ भी सोच या मान लेने के लिए अपने को नहीं मना सकता था। मुझे हमेशा इस बात का डर लगा रहता था कि कोई मुझ पर वहाँ जमे रहने का आरोप न लगा दे, भले ही वास्तव में इस बात की संभावना नहीं थी।

❑

38

हालाँकि न तो रिया ने दिल्ली में छुट्टियों के दौरान हुई मुलाकातों में साफ शब्दों में इस विषय में मुझसे कुछ कहा, न ही कभी साफ-साफ अपने पत्रों में लिखा; लेकिन उसके पत्रों से मुझे आभास हो गया कि वह बहुत लंबे समय के लिए, या शायद हमेशा के लिए अमेरिका में रहने के लिए मानसिक रूप से तैयार है। वह अपनी यूनिवर्सिटी, अपने सहपाठियों और गतिविधियों में इतनी तल्लीन तथा मगन हो चुकी थी कि खुद की मरजी से उसके भारत लौटने की संभावना न के बराबर थी। उसके मम्मी-डैडी भी हालाँकि उसे अपने तरीके से प्यार करते थे, लेकिन चाहते थे कि वह वहीं रहे। उसने अब मुझे परीक्षा देकर स्कॉलरशिप प्राप्त करने और आगे की पढ़ाई के लिए अमेरिका जाने के लिए मनाना छोड़ दिया था, जैसा कि मेरे बहुत से सहकर्मी और हॉस्टल के दोस्त करने में व्यस्त थे। ऐसा करना इतना स्वाभाविक विकल्प बन गया था कि मुझे लगता, वे इसे विकल्प समझते ही नहीं थे। उन्हें ऐसा लगता था, या शायद मैं ऐसा सोचता था, कि यह आगे जाने का एक सीधा रास्ता था, जिसमें न कोई मोड़ था, न चौराहा। लेकिन जहाँ तक मेरी बात थी, मुझे विदेशी धरती पर जाने के लिए कोई ठोस कारण चाहिए था और एक विकसित देश में रहने की संभावना, एक अधिक सुविधा-संपन्न जीवन—आमतौर पर सब यही मानते थे—और ज्यादा पैसे कमाना। मुझे ये कारण बिल्कुल भी प्रेरित नहीं करते थे। मैं दुनिया के बारे में उत्सुक तो था, और ईश्वर द्वारा रचित दुनिया घूमकर इसमें रहनेवाले इनसानों व प्रकृति के आश्चर्यों को देखना तथा उनके बारे में जानना भी चाहता था। लेकिन मैं यात्रा करना चाहता था। भारत से कभी छुट्टियों में एक यात्री की तरह उन विदेशी धरतियों पर जाना चाहता था। मैं इसका उलट नहीं करना चाहता था। मैं अपने देश और देशवासियों के प्रति भी अपनी एक प्रकार की जिम्मेदारी और एक अस्पष्ट-सा दायित्व महसूस करता था। लेकिन मैं समझ नहीं

पाता था कि वह क्या है और मैं उसके बारे में क्या और कैसे कर सकता हूँ। मेरे विचार भी उन लोगों के सामने व्यक्त करने के लिए बहुत आदर्शवादी, आत्मधर्मी और कुछ हद तक अनुभवहीन थे, जो मेरी तरह नहीं सोचते थे।

मुझे एहसास हुआ कि शायद एकमात्र काजल ही थी, जिसके साथ मैं इन मुद्दों पर आसानी से और सहजता से चर्चा कर सकता था। दूसरा ऐसा व्यक्ति गौतम था—मेरा सहकर्मी और हॉस्टल का दोस्त। गौतम हॉस्टल के कुछ अन्य लोगों की तरह सिविल सेवा परीक्षाओं की तैयारी कर रहा था, ताकि वह भारतीय प्रशासनिक सेवा (आई.ए.एस.) में प्रवेश प्राप्त कर सके। यह भारतीय सिविल सेवा की ऐतिहासिक उत्तराधिकारी है, जिसका निर्माण अंग्रेजों ने अधिकारियों का एक दल बनाने के लिए किया था, जिनमें से लगभग सब अंग्रेज ही थे, जो देश के प्रशासन में और नीतियाँ तैयार करने में मदद कर सके। गौतम के अपने भविष्य को लेकर विचार स्पष्ट थे या शायद हमें ऐसा लगता था। वह आई.ए.एस. में प्रवेश लेकर अपने देश और देशवासियों की सेवा करना चाहता था, और अपने इस विचार के प्रति बहुत ईमानदार और प्रेरित था। मुझे लगता था कि वह इस मामले में एक अपवाद था, क्योंकि आमतौर पर लोग सिविल सेवाओं में उससे जुड़ी प्रतिष्ठा, सम्मान और गौरव के लिए शामिल होना चाहते थे तथा कभी-कभी अपने परिवारों की अपेक्षाएँ पूरी करने के लिए भी, जो शैक्षिक रूप से प्रतिभाशाली अपने बच्चों के माध्यम से अपने अधूरे सपनों को पूरा होते देखना चाहते थे। गौतम उनमें से नहीं था और परीक्षाओं की तैयारी, जो दुनिया की सबसे मुश्किल और प्रतिस्पर्धात्मक परीक्षाओं में से एक होती है, लोगों की बेहतरी के लिए कर रहा था। लेकिन इस कार्य के चुनौतीपूर्ण के पहलू ने भी उसे कुछ हद तक प्रेरित किया होगा। इस मामले में वह कुछ हद तक निर्मला दी जैसा था। उसका सकारात्मक दृष्टिकोण और प्रेरणा संक्रामक थे। लेकिन मुझे बहुत जल्दी एहसास हो गया कि जहाँ तक मेरी बात थी, फैक्टरी में काम करते हुए परीक्षा की तैयारी करना असंभव था। यह काम बहुत कठिन तथा बहुत जटिल था और सच कहूँ तो मैं सिविल सेवाओं को लेकर उतना प्रेरित नहीं था, जितना गौतम था। अन्य मंशाएँ मुझे प्रभावित नहीं करती थीं, इतनी मजबूती से नहीं कि मुझे प्रयास करने के लिए पर्याप्त रूप से प्रेरित कर सकें। परीक्षाओं में उम्मीदवार की सेवाओं में शामिल होने की प्रेरणा के परिमाण का परीक्षण किया जाता था, बजाय उसकी योग्यता के; लेकिन उससे उसकी प्रेरणा के स्रोत का पता नहीं लगाया जाता था या संभवतः नहीं लगाया जा सकता था। मुझे इसी जगह पर समस्या दिखाई देती थी।

''तुम्हें सच में लगता है कि तुम यह परीक्षा पास कर लोगे? फैक्टरी में इतने घंटे काम करने के बाद तुम्हें पढ़ने के लिए समय ही कितना मिलता है! और फिर, तुम्हारी प्रतिस्पर्धा उन दिल्ली यूनिवर्सिटीवालों के साथ है, जो परीक्षा की तैयारी करने के लिए पढ़ने के अलावा कुछ नहीं; करते साल-दर-साल अपने ध्यान को कहीं भी भटकने नहीं देते। अपने कॉलेज के दिनों में मैंने खुद भी ऐसे कुछ लोगों को देखा है।'' मैंने गौतम से कहा। हम डिमना झील के पक्के तट पर बैठे थे। वह एक विशाल कृत्रिम जलाशय था, जो शहर के कारखानों और आवासीय कॉलोनियों को पानी की आपूर्ति करता था।

''पता नहीं। लेकिन जब तक मैं कोशिश नहीं करूँगा, मुझे पता कैसे चलेगा? मैं अपनी नौकरी छोड़कर दिल्ली के तुम्हारे दोस्तों की तरह पढ़ाई नहीं कर सकता। मुझे हर महीने अपने परिवार की मदद के लिए घर पैसे भेजने पड़ते हैं। इसलिए इस बात का तो प्रश्न ही नहीं उठता, है न?'' गौतम का बात करने का यह विशेष तरीका था,—अपनी बात पर जोर देने के लिए बीच-बीच में आलंकारिक प्रश्न जोड़ना। ऐसे प्रश्न, जिनके जवाब की न उसे अपेक्षा रहती थी, न आमतौर पर जवाब मिलता था।

''मेरी शुभकामनाएँ सच में तुम्हारे साथ हैं। लेकिन मुझे लगता है, कम-से-कम जब मैं अपने बारे में सोचता हूँ कि यह लगभग असंभव है। इतनी मेहनत करना व्यर्थ है।'' मैंने जवाब दिया।

''देखते हैं। क्या होता है।'' गौतम ने हाथ झुलाते हुए टाइल का एक छोटा, सपाट टुकड़ा पानी की सतह पर फेंका। टाइल ने दो-तीन बार उछाल मारते हुए एक लंबी दूरी तय की और फिर अपरिहार्य व अंतिम डुबकी ली। मुझे समझ में नहीं आया कि गौतम उस टाइल के टुकड़े की बात कर रहा था या अपनी परीक्षाओं की।

''मैं नहीं चाहता कि बूढ़ा होने के बाद मुझे इस बात का पछतावा हो कि मैंने उस काम को करने की ईमानदार कोशिश नहीं की, जो मैं सच में करना चाहता था। मैं मन में पछतावा लेकर जीना और मरना नहीं चाहता। मैंने अपने पिताजी को देखा है, जो लिखित परीक्षा पास करने के बाद भी भारतीय वायुसेना में भरती के लिए इंटरव्यू देने नहीं गए थे। आज तक वे एक पायलट के जीवन की कल्पना करते हैं—जो उनका भी हो सकता था, खासतौर पर जब उन्हें आसमान में कोई जेट प्लेन दिखाई देता है।'' जब टाइल का टुकड़ा हमारी आँखों से ओझल हो गया तो गौतम ने कहा।

अब मैं समझ गया कि वह अपनी परीक्षा की बात कर रहा था। मैं जीवन

के प्रति उसके दृष्टिकोण, उसकी प्रेरणा, ईमानदारी और दृढ़ निश्चय से प्रभावित हुए बिना नहीं रह सका। मैंने बिना कुछ कहे अपने दिल की गहराइयों से उसे उसकी चुनी हुई राह में सफलता मिलने की कामना की। लेकिन वह उसकी राह थी, मेरी नहीं।

सूरज अस्त हो रहा था। गौतम और मैं उस झील पर सुबह जल्दी आकर सूर्योदय का दृश्य देखना चाहते थे, जो हमने सुना था कि बहुत खूबसूरत होता था। गौतम तो सुबह उठ भी गया था, लेकिन मैं अलार्म लगाने के बावजूद सप्ताह की इकलौती छुट्टी के दिन इतनी सुबह नहीं उठ पाया। इसलिए हम दोपहर में यहाँ आए थे।

कुछ परिवार जलाशय के तट पर पिकनिक मनाने आए हुए थे और अब वे अपने टिफिन के डिब्बे और चटाइयाँ समेट रहे थे। वहाँ कुछ जोड़े भी थे, जो शायद एक-दूसरे से प्यार करते थे और एकांत की तलाश में दूर कोनों में बैठे थे। हंस और कुछ अन्य अज्ञात पक्षियों के झुंड झील के ऊपर आसमान में उड़ते जा रहे थे, शायद अपने घरों की ओर। एक दिन और बीत गया था। इस ग्रह पर हमारे जीवन का एक दिन और कम हो गया था; लेकिन मुझे विश्वास था कि उस दिन दिलमा झील के किनारे मेरे अलावा किसी और को इस बात का एहसास इस प्रकार नहीं हुआ होगा।

❑

39

वंदना ने मुझसे कहा है कि तुम्हें इस रविवार गाँव में आने के लिए विशेष रूप से विनती करूँ। वहाँ कोई उत्सव होने वाला है। उनका कोई सालाना त्योहार है। बेशक, निर्मला दी भी तुम्हें देखकर बहुत खुश होंगी, जैसा कि तुम जानते हो।'' काजल ने कहा।

हम ऑफिसर्स क्लब के डाइनिंग हॉल में बैठे थे, जो कंपनी द्वारा उसके अधिकारियों के लिए चलाया और प्रबंधित किया जाता था। पंद्रह किलोमीटर के दायरे में यह मनोरंजन के लिए एकमात्र स्थान था। इसके अलावा, दोस्तों के साथ कभी-कभार बाहर जाने के लिए एकमात्र विकल्प था, अपने दुपहिया वाहनों को चलाकर बीस किलोमीटर दूर किसी रेस्टोरेंट या सिनेमा घर में जाना, जो शहर के मध्य में थे। यह किसी विकल्प का अभाव ही था, यहाँ के प्रभावशाली रख-रखाव वाले लॉन और परिसर या खेलकूद की सुविधाएँ नहीं, जो कुछ अफसरों को विशेष रूप से उनको, जो शराब के शौकीन थे, शाम के समय क्लब में खींच लाता था, वह भी यहाँ के बार और डाइनिंग हॉल में। बहरहाल, हम क्लब में काफी जल्दी आ गए थे और अब तक अकेले ही थे।

''हाँ, मैं भी गाँव जाना चाहता हूँ। पिछले रविवार भी मैं लालडीह जाना चाहता था, लेकिन समय नहीं मिला।'' मैंने जवाब दिया।

काजल को कुछ समझाने की आवश्यकता नहीं थी, क्योंकि वह अच्छी तरह जानती थी कि पिछले सप्ताह ऑफिस में काम का बोझ अचानक बढ़ गया था। हमें एक छोटी और तय समय सीमा के अंदर कुछ ड्राइंग बनाकर देनी थी। उस काम ने मुझे और मि. कुलकर्णी को सुनसान व शांत ऑफिस में अपने ड्राइंग बोर्ड्स के ऊपर झुकाए रखा था। बेशक, वह काजल ही थी, जो हमारे लिए घर से खाना बनाकर लाई थी, क्योंकि हमें देर हो गई थी।

''हाँ, मैं जानती हूँ; लेकिन निर्मला दी और जीएसएस तुम्हारे ऊपर निर्भर रहने लगे हैं। वे लोग तुम्हारा इंतजार करते हैं और आजकल जब भी मैं अकेले जाती हूँ, मुझे उत्सुक एवं आशान्वित चेहरों का सामना करना पड़ता है, जो तुम्हें न देखकर निराश हो जाते हैं। उन लोगों ने मेरा कभी इस तरह इंतजार नहीं किया। था,'' काजल ने हलके-फुलके अंदाज में, लेकिन दिल से कहा।

रिक्की और गुरु सहाय, मेरे सहकर्मी और हॉस्टल के दोस्त, बाहर की ओर जाते हुए डाइनिंग हॉल में झाँकते गए थे। उन्होंने हमें अनदेखा कर दिया था, हालाँकि हम उनकी नजरों से छुपे नहीं थे। वे दोनों अभी भी ऑफिस की यूनिफॉर्म में थे और साफ था कि ऑफिस से हॉस्टल जा रहे थे।

''मुझे कभी-कभी बहुत बुरा लगता है, जैसा कि मैंने तुमसे पहले भी कहा है, कि जीएसएस के जिम्मेदारी ले लेने के बावजूद मैं उन्हें पूरा करने के लिए समय नहीं निकाल पा रहा हूँ।'' मैंने काजल से कहा। यूनिफॉर्मधारी वेटर ने हमारी ऑर्डर की हुई दो कप दूध वाली कॉफी लाकर सफेद कवरवाले टेबल पर रख दी, जो मेरे और काजल के बीच में था।

''चिंता मत करो। ये लोग तुम्हारा इंतजार उस काम की वजह से नहीं करते जिसमें तुम उनकी मदद करते हो; हालाँकि वह भी जरूरी है। उन्हें वैसे भी तुम्हारा इंतजार रहता है। और इस बार वंदना का पति राजू भी बॉम्बे से आया है और वंदना उसे तुमसे मिलाना चाहती है।'' काजल बोली।

''यह बात है ? तब तो मैं इस रविवार चलने की पूरी कोशिश करूँगा।'' मैंने जवाब दिया। हम दोनों जानते थे कि उसके पिता मि. कुलकर्णी मेरे बॉस थे, लेकिन हम यह भी अच्छी तरह जानते थे कि जहाँ तक ऑफिस का सवाल था, मेरा उनसे कोई अनुग्रह या छूट माँगने का सवाल ही नहीं पैदा होता था। हालाँकि मुझे संदेह था कि अगर कभी मैं ऐसा कुछ करने की हिम्मत करता तो मि. कुलकर्णी जैसे उदार व्यक्ति के लिए मेरी विनती ठुकराना मुश्किल हो जाता।

सर्दियों ने अपनी तेजी खो दी थी, लेकिन फिर भी हवा में एक चुभन-सी थी, जो बहुत भली और खुशनुमा-सी लग रही थी। भारत में वसंत ऋतु बहुत छोटी अवधि की होती है और बहुत जल्दी फरवरी के अंत तक आ जाती है तथा लोग उसका एहसास कर पाएँ, इससे पहले विदा भी हो जाती है। उसके बाद आसमान एक गरम चमकदार प्लेट के रूप में परिवर्तित हो जाता है और ऑफिसर्स क्लब की ओर जानेवाली सड़क के किनारे लगी गुलमोहर के पेड़ों की कतारें अपने विपुल लाल-पीले फूलों से खिल उठती हैं।

क्लब से बाहर निकलते समय मुझे लगा कि मुझे रिक्की और गुरु सहाय से मिलने के लिए एक बार चक्कर लगाना चाहिए, जिन्होंने कुछ देर पहले ऐसा जताया था जैसे हमें देखा न हो लेकिन वे सफलतापूर्वक यह दिखावा नहीं कर पाए थे। मैंने मि. कुलकर्णी की बेटी के रूप में काजल का उनसे परिचय कराया—अनजाने में और अनावश्यक रूप से उससे अपनी संबद्धता समझाते हुए। उस दिन काजल ने जीन्स पहनी थी। मैंने पहली बार उसे पश्चिमी परिधान में देखा था, क्योंकि आमतौर पर वह सीधी-सादी सूती साड़ी ही पहनती थी और इस लिबास में वह अपेक्षाकृत कम उम्र की लग रही थी। रिक्की और गुरु सहाय न तो मेरे अधिक निकट थे और न ही मेरे विभाग में काम करते थे, इसलिए वे मि. कुलकर्णी या काजल से परिचित नहीं थे। उन्होंने मेरे अभिवादन का जवाब तो काफी गर्मजोशी से दिया, लेकिन काजल के मेरे साथ होने के कारण वे मुझे बैठने के लिए स्टूल या ड्रिंक की पेशकश करने को लेकर दुविधा में थे। उस मुख्य रूप से पुरुष प्रधान क्लब में विशेष रूप से पुरुषों का गढ़ था। काजल को ड्रिंक पेश करने का विचार किसी के भी दिमाग में नहीं आया, हालाँकि अब मैं उसके बारे में निश्चित रूप से नहीं कह सकता। उन दिनों किसी महिला को शराब पेश करना, विशेष रूप से किसी सार्वजनिक स्थान पर, यदि एक असंभावित घटना के रूप में हो भी जाता था तो उसे एक जानबूझकर किया गया असभ्य कृत्य माना जाता था।

''क्या मैं सिर्फ मि. कुलकर्णी की बेटी हूँ और क्या मेरे पिताजी सिर्फ तुम्हारे बॉस हैं?'' काजल ने पार्किंग में मेरे स्कूटर की पिछली सीट पर बैठते हुए पूछा।

मैं नहीं जानता था कि वह कितनी गंभीर थी या उसे मेरे जवाब की कितनी परवाह थी, क्योंकि मैं उसे देख नहीं सकता था। मैंने स्कूटर स्टार्ट कर दिया।

''नहीं, और मैं तुम्हें सिर्फ मि. कुलकर्णी की बेटी के रूप में नहीं देखता। लेकिन शायद उनसे तुम्हारा परिचय करवाने का यही एक आसान तरीका था।'' मैंने जवाब दिया। ठंडी हवा मेरे हेलमेट के नीचे से मेरे चेहरे को स्पर्श कर रही थी और मेरा स्कूटर तेजी से काजल के घर की ओर बढ़ रहा था।

''क्या सोचते हो तुम मेरे बारे में?'' मुझे काजल के स्वर में हलकी सी हँसी का आभास हुआ; लेकिन मैं सुनिश्चित नहीं था और अपना चेहरा घुमाकर उसे देख भी नहीं सकता, क्योंकि मैं स्कूटर चला रहा था। मुझे लगता है, वह समझ गई थी। मैं आदतन बातूनी आदमी नहीं था, विशेष रूप से तब जब मैं मजाक के मूड में नहीं होता था। मुझे समझ में नहीं आया कि काजल के प्रश्न का क्या जवाब दूँ। यह कहना कि मैं उसके बारे में सोचता ही नहीं था, गलत भी होता और असभ्य

भी; लेकिन यह कहना कि मैं उसके बारे में सोचता था, किसी ऐसी बात का संकेत होता, जो पूरी तरह सच नहीं होती। कुछ देर की चुप्पी छा गई। कई पल बीत गए और अँधेरी रात में उन पलों तथा स्कूटर के इंजन की आवाज में वह प्रश्न डूब गया और काजल ने भी दोबारा वह प्रश्न नहीं पूछा।

जब हम उसके घर पहुँचे और वह मेरे स्कूटर से उतरी तो मैंने उसके दरवाजे पर लगे पीले बल्ब की रोशनी में उसका चेहरा देखा। यदि वह उस अनुत्तरित प्रश्न को पूछते समय सच में मजाक ही कर रही थी तो उसकी आँखों में ऐसा कोई संकेत नहीं था।

''तो ठीक है। फिर तुम इस रविवार को समय निकालना। अगर तुम लालडीह चल पाओगे तो अच्छा रहेगा।'' काजल ने कहा।

मैंने स्कूटर न्यूट्रल पर डालकर स्टार्ट करने के लिए मोड़ा तो उसने मुसकराकर हाथ हिलाया।

''पक्का। मैं पूरी कोशिश करूँगा। मिलता हूँ फिर।'' मैंने पेट्रोल के धुएँ की महक के बीच जवाब दिया और हॉस्टल की ओर बढ़ गया। अकेला होने के कारण अब मेरे स्कूटर की रफ्तार तेज थी और मैं सोच रहा था कि क्या काजल मुझे लालडीह सिर्फ वंदना, निर्मला दी और जीएसएस के गाँववालों के लिए ही ले जाना चाहती थी? और फिर मैं प्रार्थना करने लगा कि ऐसा न हो।

❑

40

ऐसा लग रहा था कि गाँव में उत्सव के लिए विशेष रूप से सफाई करवाई गई है, हालाँकि वह आम दिनों में भी साफ-सुथरा ही रहता था। गलियों में और घरों के बाहरी दरवाजों पर अनजान पेड़ों के पत्तों से तोरण बनाकर सजाए गए थे। पड़ोसी गाँव से कुछ लोग बजाने के लिए ड्रम और एक प्रकार का हवा से चलनेवाला वाद्य लेकर आए थे, जो मैंने पहले कभी नहीं देखा था। छोटे बालक पकड़म-पकड़ाई खेल रहे थे, जबकि उनके माँ-बाप हरिया नाम की स्थानीय बियर—चावल से बनी हलकी खमीर-युक्त बियर, जो उन्होंने मुझे भी दी थी—पीते हुए बातचीत और हँसी-मजाक कर रहे थे। कुछ गाँववाले, जिनमें राजू भी था, अपने ऊपर आयोजन की जिम्मेदारी लेकर घूम रहे थे और खुद को व्यस्त तथा महत्त्वपूर्ण जता रहे थे; जबकि उनकी गतिविधियों और क्रियाओं का कोई खास असर दिखाई नहीं दे रहा था।

उस रविवार काजल और मैं सुबह ही लालडीह आ गए थे। मैंने सप्ताहांत के पहले ही अपना काम पूरा कर लिया था, और वैसे भी पिछले सप्ताह की तरह इस बार काम का बहुत अधिक भार नहीं था। निर्मला दी अपनी नीली किनार वाली सफेद साड़ी और नीली-भूरी शॉल में लिपटी एक कोने में सैटी जैसी किसी चीज पर बैठी थीं। वे ग्रामीणों के बीच लगभग सार्वभौमिक श्रद्धा और सम्मान का केंद्र थीं, जो उन्हें जानते थे, उनकी प्रशंसा करते थे और उन्हें प्यार करते थे। काजल और मैं उनके पास बैठे थे—गाँव के लगभग उतने ही सम्मानित मेहमानों की तरह; हालाँकि काजल उनमें से लगभग सभी लोगों को काफी घनिष्ठ रूप से जानती थी। यह उत्सव एक वार्षिक प्रथा थी, जिसके अंतर्गत गाँव के देवता की पूजा होती थी और पास के जंगलों से शिकार करके लाए गए पशु की बलि दी जाती थी। पिछले कुछ वर्षों से आसपास के जंगलों के शिकार योग्य जानवरों की संख्या में कमी

आ गई थी और वन कानून तथा वन्य जीवों के शिकार के निषेध संबंधी उनका कार्यान्वयन और सख्त हो गया था। इसलिए, कई बार—जैसे उस बार—गाँव की पालतू बकरी की बलि दी जाती थी। खाना—चावल और मीट—खुले में बड़े-बड़े कड़ाहों में पक रहा था—संगीत के साथ, जो मेरे अनभ्यस्त कानों को एक अजीब से शोर जैसा प्रतीत हो रहा था। आम दिनों के विपरीत, जब घर की महिलाएँ त्योहारों पर परिवार के लिए खाना बनाती थीं, दो पहलवान नुमा साँवले आदमी, जिनकी बाँहों और उघाड़े शरीरों पर पसीना चमक रहा था—गरम कड़ाहों में इस प्रकार करछुल हिला रहे थे, जिसे देखकर मुझे उन नाविकों की याद आ गई, जो विशाल और अनियंत्रित नदी में चप्पू चलाकर अपनी नाव को रास्ते पर लाते हैं। वह एक चमकदार व उजला दिन था। आसमान नीला और साफ था तथा धूप गुनगुनी। उस रविवार को मैं वहाँ के शांतिपूर्ण एवं प्रसन्न वातावरण तथा अपने आसपास हो रही गतिविधियों का भरपूर आनंद उठा रहा था। उस उत्सव की हरेक चीज का माधुर्य धीरे-धीरे मुझे घेर रहा था।

कोई भी स्त्री या पुरुष यह नहीं जानता कि उसके विचार वास्तव में कैसे प्रकट होते हैं, अपने ही किन्हीं अप्रत्याशित क्षेत्रों में स्थानांतरित होते हैं और फिर गायब हो जाते हैं तथा फिर उनका स्थान कुछ अन्य अनपेक्षित विचार ले लेते हैं। ऐसे बेतरतीब विचार उस समय और अधिकता से आते हैं तथा अधिक स्वच्छंदता से घूमते हैं, जब कोई व्यक्ति अवकाश पर होता है और अपने मन में तनाव आने देने का इच्छुक नहीं होता। जब मैं मिट्टी से पुते उस झोंपड़े से टिककर बैठा था, जो वंदना और राजू का था तो पता नहीं क्यों, मेरे विचार उस गाँव के शांतिपूर्ण प्रांगण से भटकते हुए नीले आसमान और बादलों के पार रिया और उसकी यादों की ओर चले गए।

हमारा माहौल कितना अलग था और दिन पर दिन कितना अलग होता जा रहा था। उसने मुझे अपने पिछले पत्र में लिखा था कि उसके यूनिवर्सिटी टाउन में भारी हिमपात हुआ था। यहाँ की तपती सूरज की किरणों और नीले आसमान को देखकर बर्फ से अटी उन पक्की सड़कों की कल्पना करना मुश्किल था, जिनपर रिया चलती होगी; न ही उस बादलों से घिरे स्लेटी आसमान की, जिन्हें वह नजरें उठाकर देखती होगी। भाप उगलते कड़ाहों से आती मसालों की सुगंध से और उसके आसपास मौजूद आशान्वित ग्रामीणों की चहल-पहल तथा हलचल देखकर मेरे लिए यह कल्पना करना मुश्किल था कि रिया अपने सुव्यवस्थित, स्वच्छ और साफ-सुथरे वातावरण में अपना गृहकार्य करते हुए अन्यमनस्क भाव से किस तरह

की ठंडी सैंडविचें और पिज्जा के स्लाइस खा रही होगी। हालाँकि उसने अपनी दिनचर्या और गतिविधियों के बारे में कुछ लिखा तो था, जैसे वह किस प्रकार अपने असंख्य निबंधों और गृह कार्यों की प्रस्तुति समय सीमा के अंदर करने की कोशिश में व्यस्त रहती थी, फिर भी मेरे लिए उसके और उसके जीवन की कल्पना की सटीकता के बारे में सुनिश्चित होना मुश्किल होता जा रहा था। मुझे एहसास हुआ कि हमारे बीच समय, स्थान, परिस्थितियों और धारणाओं की असमानता बहुत बड़ी थी। यहाँ तक कि मैंने रिया के साथ कॉलेज के दिनों में जो समय बिताया था दिल्ली का हमारा जीवन—वह भी किसी और दुनिया का प्रतीत होने लगा था—मेरी वर्तमान जीवन-शैली से मीलों दूर, सिर्फ उस दिन के वातावरण से ही नहीं। मुझे लग रहा था कि मैं और रिया दोनों ही उस समय के बाद से अपने-अपने रास्ते पर काफी दूर निकल आए हैं। क्या पता, शायद वह हरिया के गिलास से प्रेरित व्यामोह था, जिसे उसकी गंध के बावजूद मुझे पीने के लिए मजबूर किया गया था, जो उस रविवार मेरे मन में इतने स्पष्ट विचार ला रहा था। लेकिन तभी मेरा आत्म-रोपित व्यामोह मिनी की आवाज से टूट गया।

''काकू, खाना तैयार है। बाबा ने आप सबको बुलाया है।'' उसने कहा।

मिनी मुझे 'काकू' कहकर बुलाने लगी थी, जिसका शाब्दिक अर्थ तो 'पिता का छोटा भाई' था, लेकिन वास्तव में वह सिर्फ सम्मानित बड़ों को संबोधित करने का एक सम्माननीय तरीका था। फिर भी, उसके द्वारा 'बाबा' शब्द का प्रयोग, जो उसने राजू के लिए किया था, विशिष्ट और अनन्य था। वह एक गहरे गुलाबी रंग का फ्रॉक पहने हुई थी, जो कि मैं निश्चित रूप से कह सकता था, उसके पिता बंबई से लाए थे।

''नया फ्रॉक? बहुत सुंदर है, और तुम्हारे ऊपर बहुत अच्छा लग रहा है!'' मैंने उसके नए फ्रॉक की प्रशंसा करते हुए कहा, उसे इस बात का एहसास कराने की अपनी इच्छा से प्रेरित होकर कि मैंने उसकी नई पोशाक पर ध्यान दिया था। जैसा कि मैं चाहता था, वह मेरी बात से स्पष्ट रूप से बहुत खुश हुई।

''हाँ, यह अच्छा है न? बाबा लाए हैं मेरे लिए, बंबई से।'' मिनी ने हमारे आगे अपने फ्रॉक का प्रदर्शन करते हुए गर्व से कहा।

तभी मैंने उसके बाबा को देखा, जो उसके गर्व और मनुहार की वजह थे। राजू पतलून के ऊपर फीके पीले रंग की कमीज पहने, जो गाँव के लिए एक अनूठी चीज थी, हमारी ओर आ रहा था। उसने एक शरमीली मुसकान के साथ खाने का निमंत्रण दोहराया, जो उसकी ओर से उसकी बेटी कुछ मिनटों पहले दे चुकी थी।

''खाना तैयार है। चलिए, सब गाँववाले आप लोगों का बेसब्री से इंतजार कर रहे हैं। वैसे, खाने में कुछ खास नहीं बना है। गाँव का साधारण खाना है।'' राजू ने एक-एक करके मेरी, काजल की और निर्मला दी की ओर देखते हुए कहा। मैंने महसूस किया कि उसने लोगों को 'गाँववाले' कहकर संबोधित किया, जैसे कि वह उनमें से एक नहीं था, हालाँकि मुझे नहीं लगता कि उसका या किसी और का ध्यान इस बात पर गया होगा।

''हाँ, मैं भी बेसब्री से इंतजार कर रही थी।'' निर्मला दी ने मुसकराते हुए जवाब दिया और उठकर अपनी साड़ी की सलवटें ठीक करने लगीं। वे राजू को कई वर्षों से जानती थीं और स्पष्ट रूप से वह उनके साथ कहीं अधिक सहज महसूस कर रहा था, काजल की, और विशेष रूप से मेरी अपेक्षा।

❑

41

लालडीह में उस उत्सव के दिन, उस आलस्य भरे रविवार को, भोजन उल्लेखनीय रूप से गरमागरम, मसालेदार और स्वादिष्ट था। खर्च सीमित था, सामग्री जानी-पहचानी, रसोइए साधारण; लेकिन खाना—कम-से-कम मेरे स्वाद की दृष्टि से—इतना स्वादिष्ट था कि बिना किसी दिखावे के संतुष्टि प्रदान कर रहा था। हरिया के गिलास और धूप में इतनी देर के इंतजार ने मेरी भूख बढ़ा दी थी। हालाँकि शुरुआत में मैं थोड़ा असहज और औपचारिक महसूस कर रहा था, लेकिन जल्दी ही आग्रह, गर्मजोशी, भूख और हरिया के संयुक्त प्रभाव ने मुझे ढीला कर दिया और लंबे समय के बाद मैंने उँगलियों से खाना शुरू कर दिया। मुझे किसी प्रकार की हिचक या संकोच नहीं हो रहा था।

पेट भर के स्वादिष्ट, मसालेदार देहाती खाना खाने के बाद मैं राजू के साथ टहलता हुआ गाँव के बाहरी इलाके में चला गया। हमारे सामने लाल-भूरी मिट्टी वाले खाली खेत फैले हुए थे और दूर धुंध में मुझे कुछ पेड़ों के झुरमुट और झोंपड़ों की रूपरेखा दिखाई दे रही थी, जो शायद उस दिशा में मौजूद किसी पड़ोसी गाँव के थे।

कुछ देर की शुरुआती हिचकिचाहट के बाद राजू ने मुझे चारमीनार के पैकेट से एक सिगरेट निकालकर पेश की, जो उसने अपनी पतलून की जेब से निकाली थी। हालाँकि उसने ऐसा दोस्ताना भाव से किया था, लेकिन मुझे लगा कि उसकी यह हरकत बहुत सोची-समझी थी और उसने इसके लिए मन-ही-मन काफी अभ्यास किया था। हालाँकि मैं उन दिनों सिगरेट नहीं के बराबर पीता था, जब सिगरेट पीना इतना बुरा नहीं माना जाता था और आजकल की तरह बीमारी का निश्चित कारण भी नहीं माना जाता था, फिर भी मैं राजू को निराश नहीं करना चाहता था। इसके अलावा, मैं नहीं चाहता था कि मुझे कोई शहर से आया एक

अशिष्ट और रूखा आदमी समझे। बिना कुछ बोले सिगरेट के दो-तीन कश लेने के बाद हम सहजता से बात करने लगे।

''तो तुम बंबई वापस कब जा रहे हो?'' मैंने पूछा। वास्तविक जिज्ञासा या चिंता से अधिक मेरा प्रश्न विनम्रता से प्रेरित था।

''शायद आठ या दस दिन बाद। इस बार लल्लन भी मेरे साथ बंबई जाना चाहता है। हो सकता है, मैं उसे अपने साथ ले जाऊँ। बेशक, मुझे उसके पिताजी से बात करनी पड़ेगी; लेकिन यह सबके लिए अच्छा होगा। आखिर वह यहाँ करेगा क्या? आजकल के समय में इन जमीनों से हमारा गुजारा नहीं हो सकता।'' राजू ने सामने फैले खाली खेतों की ओर इशारा करते हुए जवाब दिया।

मैं उससे पूछना चाहता था कि उसकी बंबई की जिंदगी कैसी थी, एक बार फिर चिंता या जिज्ञासा की वजह से नहीं, बल्कि समय बिताने के उद्देश्य से; लेकिन मैंने खुद को रोक लिया। मैं अपने शब्दों को लेकर दोगुनी सावधानी बरत रहा था और किसी को यह आरोप लगाने या शिकायत करने का अवसर नहीं देना चाहता था कि मैं एक असंवेदनशील, असभ्य, शहरी नवाबी किस्म का व्यक्ति था। लेकिन यह सब मेरे दिमाग की उपज थी, राजू के नहीं।

''मैं सोच रहा था कि तुम लोगों को इस मौके पर पड़ोसी गाँव से रहमान मियाँ और यूनुस को बुलाना चाहिए था। मुझे लगता है,ऐसा करना अच्छा होता।'' मैंने काफी देर चुप रहने के बाद कहा।

कुछ देर लिए चुप्पी छा गई और राजू ने मेरे अनचाहे सुझाव का जवाब देने में काफी समय लगाया, ''वंदना ने भी यह सुझाव दिया था। मैं मानता हूँ कि उन्होंने उस दिन ट्रैक्टर उधार देकर हमारी बहुत बड़ी मदद की थी, लेकिन मैंने उन्हें बुलाने से मना कर दिया। आखिर यह हमारे गाँव का मामला है।'' राजू ने सिगरेट का एक और लंबा सा कश लगाया और शून्य में देखते हुए जवाब दिया।

''इस तरह तो काजल और मैं भी बाहरी लोग हैं।'' मैंने कहा।

मेरी प्रतिक्रिया स्वतः प्रवर्तित थी और मेरे अनुसार, सही भी।

''आपकी बात अलग है।'' राजू ने जवाब दिया।

मुझे समझ में नहीं आया कि वह मुझे और काजल को वास्तव में किन मायनों में अलग और रहमान मियाँ व यूनुस से अधिक स्वीकार्य कहना चाहता था। शायद इसलिए कि हम शहर से आए थे या फिर इसलिए कि हम अकसर गाँव में आया करते थे। मुझे लगा, राजू और कुछ नहीं कहेगा; लेकिन उसने अनपेक्षित रूप से आगे कहा, ''ये लोग अलग होते हैं। हालाँकि इनमें से कुछ

दयालु और अच्छे भी होते हैं।''

उसकी यह बात सुनने के बाद मुझे एहसास हुआ कि उसका इशारा रहमान मियाँ के मजहब की ओर था। इस प्रकार की सोच गाँव के लिए बिल्कुल अनजान थी और मुझे लगा कि यह बड़े शहर के शातिर जघन्य वर्ग की प्रदूषित हवा थी, जहाँ रहना राजू की मजबूरी थी, जो उसके माध्यम से अपनी बात कहलवा रही थी।

कुछ दिनों पहले बंबई में हिंदू-मुसलिम दंगे हुए थे, जिनमें शहर की महत्त्वपूर्ण इमारतों में बम विस्फोट किए गए थे और बहुत से लोगों का मानना था कि यह कुछ महीने पहले हुए बाबरी ढाँचे के विध्वंस की प्रतिक्रिया-स्वरूप हुआ था। राजू उस वहशीपन का प्रत्यक्षदर्शी रहा होगा और क्या पता वह सिर्फ एक प्रत्यक्षदर्शी से अधिक कुछ रहा हो। मैं राजू की इस स्पष्ट रूप से गलत दलील का खंडन करना चाहता था; लेकिन मेरे अंदर किसी आवाज ने कहा कि ऐसा करना न सिर्फ व्यर्थ होगा, बल्कि उसका उलटा असर भी हो सकता है।

दो साँवले, दुबले-पतले, कृशकाय ग्रामीण—जो शायद दूसरे गाँव से आए थे और निश्चित रूप से आदिवासी थे—अचानक कहीं से प्रकट हो गए थे और मैं उन्हें अचानक अपने सामने देखकर थोड़ा स्तब्ध हो गया था। उनके पास हाथ से बने आदिवासी धनुष थे, जो बाँस से बने थे और कंधों पर खतरनाक-से लगनेवाले तीर। ऐसा दृश्य अब आदिवासी गाँवों में भी आम तौर पर दिखाई नहीं देता था। उन दोनों में से एक अधिक उम्र का प्रतीत हो रहा था, जिसकी दाढ़ी सफेद थी और आँखों में एक खालीपन एवं भक्ति-भाव नजर आ रहा था। उसने एक लंबा व घिसा हुआ पुराना कुरता पहना था और धोती, जो मुश्किल से उसके साँवले घुटनों तक आ रही थी। दूसरा कम उम्र का हट्टा-कट्टा ग्रामीण था, जिसने अपने माथे पर एक लाल बंदना पहनी हुई थी। वह पान चबा रहा था। साफ पता चल रहा था कि राजू उनसे परिचित था और उसी ने उन्हें दावत में शामिल होने का निमंत्रण दिया था। मैंने अनुमान लगाया कि राजू इस आदिवासी जोड़ी को बाहरी लोगों की श्रेणी में नहीं गिनता था। उन दोनों ने राजू से थोड़ी-बहुत ही बात की, लेकिन बहुत अपनेपन के साथ और वह भी समझ में न आनेवाली आदिवासी बोली में। शायद वे गाँव में जाने से पहले एक-दूसरे से हाल-चाल पूछ रहे थे।

''ये हमारे अलग राज्य की माँग को लेकर लड़ रहे हैं। एक ऐसा राज्य, जो हमारा अपना होगा—झारखंड।'' राजू ने उन दोनों के जाने के बाद मुझे देखकर कहा। राजू के कहने के ढंग से साफ पता चल रहा था कि वह उस कारण की संभावित सफलता और न्याय में पूरा विश्वास रखता था, जिसके लिए उसके दोस्त

लड़ रहे थे। उसने मेरी ओर आशान्वित निगाहों से देखा, जैसे कि वह चाहता हो कि या तो मैं उसकी बात से सहमति प्रकट करूँ या उसके विचार को चुनौती दूँ। लेकिन मैं चुप रहा—इस बार विनम्रता दिखाने के लिए नहीं, बल्कि वास्तविक अज्ञानता की वजह से। मैंने इस आंदोलन के बारे में सरसरी तौर पर कुछ स्थानीय समाचार-पत्रों में पढ़ा था, जिनका इस विषय के प्रति बरताव आमतौर पर सतही और सीमाबद्ध होता था; क्योंकि लेखक कुछ ही कॉलमों में सदियों पुरानी जटिल घटनाएँ संपीड़ित कर देते थे। भारत के किसी-न-किसी हिस्से से संबंधित ऐसे समाचार विलासिता की वस्तुओं के विज्ञापनों के साथ स्थान और ध्यान के लिए धक्का-मुक्की करते हुए समाचार-पत्रों में दिखते रहते हैं। अंततोगत्वा हम विस्तार से वही समाचार पढ़ते हैं, जो हमें लगता है कि हमारे मतलब के हैं। जमशेदपुर के द्वीप समान शहर में रहते हुए मैंने नहीं सोचा था कि कभी-कभी उग्र हो जानेवाले इस आंदोलन का प्रभाव हमारी टाउनशिप के बाहर के निकटवर्ती क्षेत्रों और वहाँ के महानगरीय निवासियों के भविष्य के साथ-साथ हमारे दैनिक जीवन पर भी पड़ सकता है।

"अभी तो बाहरवाले ही हमारी जमीनों, खानों और जंगलों से पैसे बना रहे हैं। हमारी स्थिति तो वैसी ही है।" राजू झारखंड के मुद्दे पर अपने समर्थन की सफाई देते हुए और साथ ही मुझे कोई प्रतिक्रिया देने के लिए उकसाते हुए बोला।

अचानक मैं बहुत असहज महसूस करने लगा, जैसे कि नए राज्य की सीमा हम दोनों के बीच की जमीन पर खींच दी गई है और हमें अलग कर रही है। मुझसे कोई प्रतिक्रिया प्राप्त करने में विफल होने पर राजू ने निर्णय लिया कि हमें अब गाँव लौट जाना चाहिए था। वैसे भी हमारी सिगरेटें बहुत पहले खत्म हो चुकी थीं। ❑

42

हजारों वर्षों से विभिन्न संस्कृतियों से आए हजारों लेखक, दार्शनिक और कवि, विभिन्न भाषाओं में प्रेम की व्याख्या करनेवाले और प्रेम को परिभाषित करने वाले करोड़ों शब्द लिखते आए हैं। ज्ञानी लोग जानते हैं कि ये सभी प्रयास व्यर्थ हैं। वास्तव में गहरी भावनाओं और उदात्त विचारों को कभी शब्दों के माध्यम से नहीं समझाया जा सकता, जो इनसान के शब्दों और सांसारिक कारणों द्वारा नश्वर सीमाओं के अंदर कैद होते हैं।

मैं अब उस विश्वास के साथ नहीं कह सकता था कि मैं अब भी रिया से प्यार करता था कि नहीं, जैसे कि मैं उस समय कह सकता था, जब हम अपने कॉलेज के समय में प्रतिदिन मिला करते थे—उसके उच्च शिक्षा के लिए अमेरिका जाने से पहले। लेकिन मैं अपने आप से ऐसी कोई अनिश्चितता या संदेह स्वीकार नहीं करना चाहता था। जब भी ऐसा कोई संदेह मेरे मन के किसी अनपेक्षित कोने से अपना कुरूप सिर उठाता, मैं उस पर तर्क, सामान्य ज्ञान और निश्चय का भारी ढक्कन डालकर उसे अँधेरे में धकेल देता था। मेरे अंदर इस बात को ईमानदारी से परखने का साहस नहीं था कि मुझे जो चीज पागल कर रही है, वह रिया के प्रति मेरी प्रतिबद्धता और निष्ठा है या मेरी कल्पना। और हालाँकि मेरे भी कई दोस्त थे, फिर भी मुझे किसी पर इतना भरोसा नहीं था कि मैं अपने विचार उनके साथ बाँट सकूँ। लेकिन इसमें उनकी कोई गलती नहीं थी। मैं तो अपने विचार खुद से भी साझा करने की हिम्मत नहीं जुटा पा रहा था। यदि दोस्ती का मतलब एक साझा आनंद की खोज में समय बिताना या आवश्यकता पड़ने पर मदद के लिए आगे आना है तो उन दिनों मेरे बहुत से दोस्त थे। लेकिन अगर उसका कोई और मतलब भी है, जो मैं निश्चित रूप से नहीं कह सकता कि है, तो हॉस्टल में मेरा कोई दोस्त नहीं था।

हालाँकि हॉस्टल में मेरे कई तथाकथित दोस्त थे, लेकिन वह काजल ही थी जिसके साथ मैं दिन-पर-दिन ज्यादा सहज होता जा रहा था—और ऐसा इसलिए नहीं था, क्योंकि अब मैं उसके साथ अकसर जीएसएस के गाँवों में जाने लगा था। प्रत्येक यात्रा हमें बस के लंबे, धूल भरे और भीड़-भाड़वाले सफर में एक-दूसरे के साथ विशेष समय बिताने का अवसर देती थी, जिसका मैं उत्सुकता से इंतजार करने लगा था। उन लंबी यात्राओं के दौरान, जो तब उतनी लंबी नहीं लगती थीं, हम लगभग हर विषय पर बात करते थे—अधिकतर विचारों, घटनाओं और कभी-कभी झारखंड आंदोलन से जुड़े लोगों के बारे में भी। हम आदिवासी संस्कृति एवं फिलिस्तीन मुद्दे से लेकर धर्म तक के बारे में चर्चा करते थे। लेकिन दो विषय ऐसे थे, जिनके बारे में बात करने से हम एक अनकहे आपसी समझौते के तहत बचते थे, काजल की पिछली शादीशुदा जिंदगी और मेरा रिया के साथ भविष्य।

''पता है, मैं कुछ दिनों से तुम्हें एक बात कहना चाहती थी लेकिन कभी कह नहीं पाई। लेकिन मैं तुम्हारी दोस्त होने के नाते तुमसे कहना चाहती हूँ कि तुम अपने वर्तमान से हमेशा कुछ असंतुष्ट-से लगते हो। तुम्हारे अंदर एक अजीब सी बेचैनी दिखाई देती है, जैसे कि तुम भविष्य में होनेवाली किसी बात का इंतजार कर रहे हो। मैं पूरी तरह समझा नहीं सकती।'' काजल ने एक दिन मुझसे कहा।

मुझे कुछ अस्वाभाविक-सा लगा, क्योंकि हम एक-दूसरे के बारे में शायद ही कभी बात करते थे। हमारी लालडीह जानेवाली बस खराब हो गई थी और हम अन्य यात्रियों के साथ भीड़ व घुटन भरी बस से बाहर आकर एक छोटी सी पुलिया पर बैठे थे, जो एक ऐसी नहर को पाटने के लिए बनी थी, जिसने वर्षों से पानी नहीं देखा था।

अपने बारे में ऐसे प्रश्नों और अवलोकन के बारे में, चाहे वे जितने भी गहरे और ईमानदार हों, प्रतिक्रिया व्यक्त करना मुश्किल होता है। लेकिन मुझे इस अनावश्यक घुसपैठ से असहजता महसूस नहीं हुई; बल्कि मुझे यह सोचकर अच्छा लगा कि किसी ने मेरे बारे में इतना सोचा। मुझे समझ में नहीं आ रहा था कि क्या कहूँ, लेकिन मैं इस बात को टालना नहीं चाहता था। मैं काजल को दिखाना चाहता था, बिना साफ-साफ कहे कि मुझे बहुत खुशी हुई थी कि उसने इतनी हमदर्दी के साथ मेरे बारे में सोचा, लेकिन मुझे शब्द नहीं मिले। मैं काफी देर मौन रहा; लेकिन उसका अवलोकन हमारे आसपास की हवा में तैरता रहा मेरी प्रतिक्रिया के इंतजार में। बाकी के यात्री आपस में बातचीत करते हुए आसपास घूम रहे थे। कुछ यात्री असहाय ड्राइवर के पास झुंड बनाकर खड़े थे, जो इंजन खोलकर उसमें आई

खराबी का पता लगाने की कोशिश कर रहा था।

''क्या सभी के साथ ऐसा नहीं होता? क्या कोई भी अपने जीवन से पूरी तरह संतुष्ट है?'' आखिर मैंने उसके अवलोकन को अपने एक प्रश्न से मोड़ने की कोशिश की।

''नहीं, सबके साथ ऐसा नहीं होता। तुमको देखकर लगता है कि तुम हमेशा भविष्य के लिए जीते हो, अपने वर्तमान की कीमत पर। बुरा मत मानना। न मुझे इस बात का हक है और न मैं तुम्हारे बारे में कोई निष्कर्ष निकालने की कोशिश कर रही हूँ। मैंने सिर्फ एक दोस्त होने के नाते तुमसे यह कहा और अगर तुम्हें अच्छा नहीं लगा तो हम इस बात को यहीं खत्म कर देते हैं।'' काजल ने कहा।

''नहीं, मुझे बुरा नहीं लगा, सच में। मैं समझता हूँ, शायद तुम ठीक कह रही हो। अवचेतन रूप से मैं हमेशा अपने जीवन के लिए एक ऊँचा व बड़ा लक्ष्य तलाश करने की कोशिश करता रहता हूँ। मुझे अपने वर्तमान जीवन से जो मिल रहा है, उससे अधिक पाना चाहता हूँ। इसके अलावा, शायद मैं अपने भविष्य को लेकर थोड़ा अनिश्चित भी हूँ। जैसे कि मेरे सामने यह स्पष्ट नहीं है कि आज से दस साल के बाद मैं खुद को कहाँ देखना चाहता हूँ और क्या करके मुझे खुशी मिलेगी।'' मैंने कहा।

इस बार काजल चुप थी। लेकिन हमारे बीच के मौन का मतलब आपसी समझ की कमी नहीं थी। ऐसा बहुत कम होता है कि किसी को अपनी निजी और व्यक्तिगत बातें दूसरे के साथ इस तरह बाँटने का अवसर मिले, जैसे वह खुद को टुकड़ा-टुकड़ा करके परत-दर-परत उसकी सहनशील निगाहों के सामने खोल रहा हो।

''शायद सभी को ऐसे प्रश्नों के उत्तर खुद ही तलाश करने की आवश्यकता होती है। लेकिन सब लोग ऐसे प्रश्न पूछते भी नहीं हैं। तुम एक तरीके से सबसे अलग हो।'' काजल ने कुछ देर बाद कहा। यह एक अवलोकन प्रतीत हो रहा था, निष्कर्ष नहीं और मुझे समझ में नहीं आया कि जब उसने कहा कि 'मैं अलग हूँ' तो उसका क्या मतलब था। लेकिन मुझे विश्वास था कि उसने कोई अपमानजनक बात नहीं कही थी, बल्कि उसने मेरी तारीफ ही की होगी। मुझे एक अजीब सी खुशी महसूस हुई।

ऐसा लग रहा था कि ड्राइवर ने अपने सीमित ज्ञान की वजह से बस को ठीक करने की कोशिश छोड़ दी थी और अपने साथी को पैदल ही हाईवे की ओर मेकैनिक की तलाश में भेज दिया था। यात्रियों में से अधिकांश ने इस बस से

यात्रा करने की आशा छोड़ दी थी और वे सड़क पर ऐसे किसी वाहन के इंतजार में खड़े थे, जो उन्हें मंजिल तक नहीं तो कम-से-कम नजदीक की किसी मानव बस्ती में छोड़ दे। वर्तमान स्थिति में कोई कुछ नहीं कर सकता था; लेकिन फिर भी सबने स्थिति को अद्भुत और प्रसन्नचित्त तरीके से स्वीकार कर लिया था—न कोई नाराजगी, न झगड़ा, न जोरदार शिकायत या ड्राइवर का विरोध।

''क्या तुम्हारे पास तुम्हारे प्रश्नों के उत्तर हैं ?'' मैंने बात जहाँ रुकी थी, वहीं से दोबारा शुरू करते हुए काजल से पूछा।

''मैंने सीख लिया है कि हमें बहुत आगे का नहीं सोचना चाहिए।'' उसने कहा।

उसकी इस बात ने एक बार फिर याद दिला दिया कि उसकी शादीशुदा जिंदगी का कितने अनपेक्षित तरीके से अंत हुआ था।

''लेकिन शायद मैं खुद को जीएसएस और निर्मला दी के कामों में और ज्यादा व्यस्त कर लूँगी। मुझे लगता है, इस प्रकार के निस्स्वार्थ और उद्देश्यपूर्ण काम बहुत कम होते हैं और यह मेरा सौभाग्य है कि मैं उनके साथ जुड़ी हूँ।'' काजल ने जवाब दिया, ''कम-से-कम अभी तो मैं ऐसा ही सोचती हूँ।'' उसने आगे कहा।

''यह तो अच्छी बात है। यह तथ्य कि मेरे जैसा शहरी निंदक भी बार-बार उन गाँवों में जाता है, इस बात का सुबूत है कि उनका काम वास्तव में असाधारण है। मैं भी खुद को भाग्यशाली समझता हूँ कि मैं उनके किसी काम आता हूँ, चाहे वह काम कितना ही छोटा क्यों न हो।'' मैंने कहा।

''असल में, जैसा कि मैं देख रही हूँ, तुम बहुत सारा उपयोगी काम कर रहे हो—अपने ऑफिस में भी और जीएसएस की मदद करके भी। फिर भी तुम असंतुष्ट रहते हो। शायद तुम्हारी अनिश्चितता की जड़ इस बात में है कि तुम निश्चित तौर पर नहीं जानते कि तुम और रिया साथ में कहाँ और कैसे रहोगे। माफ करना, अगर तुम्हें लगता है कि मैं तुम्हारे निजी मामले में दखल दे रही हूँ।'' काजल ने कहा।

एक बार फिर लंबी चुप्पी छा गई। लेकिन इस बार, इससे पहले कि मैं अपने विचारों को पर्याप्त रूप से व्यवस्थित कर पाता या उचित शब्दों का चयन कर पाता, पता नहीं कैसे चमत्कारिक तरीके से हमारी बस, जिससे हमारा ड्राइवर अभी तक जूझ रहा था, अचानक स्टार्ट हो गई। हम भागकर उसमें चढ़ गए, जैसे हमारे जल्दी करने से ही वह फिर से उस निराशाजनक स्थिति में जाने से बच सकती है, जिससे वह अभी-अभी बाहर निकली थी। बस का ड्राइवर उस पल का हीरो बन चुका

था। वह यात्रियों की शाबाशी और बधाई को गर्व और आत्म–प्रशंसा भरी मुसकान के साथ स्वीकार कर रहा था। उसने बस आगे बढ़ा दी और मेरा अंदाजा है कि आगे के सफर में एक बार भी इंजन को बंद करने की हिम्मत नहीं की। बीच में उसने हमें सड़क के धूल भरे एक मोड़ पर उतार दिया, जो लालडीह के बस स्टॉप की भूमिका निभा रहा था।

हमने अपना वार्त्तालाप आगे नहीं बढ़ाया; लेकिन वह समाप्त नहीं हुआ था, कम–से–कम मेरे लिए तो नहीं। ऐसा नहीं था कि मैं निरंतर उन अस्तित्वपरक प्रश्नों के बारे में सोचता रहता था। दैनिक जीवन के सांसारिक, समय लेनेवाले मुद्दों ने मेरे समय और स्थान पर अतिक्रमण कर लिया, जैसा कि सबके साथ होता है और वैसे भी, ऐसे प्रश्नों का सामना करना असहज और मुश्किल भी होता है।

❑

43

कुछ ही दिनों बाद कंपनी द्वारा मुझे आधिकारिक कार्य से कलकत्ता भेजा गया। यह अत्यंत दुर्लभ घटना थी, क्योंकि बाहरी दुनिया के साथ संपर्क खरीद और विपणन जैसे अन्य विभागों द्वारा प्रबंधित किया जाता था। मेरे गंभीर, अलग-थलग विभाग को तो विक्रेताओं के साथ पत्राचार के काम में भी यदा-कदा ही शामिल किया जाता था, आमने-सामने की बैठकों में शामिल करना तो दूर की बात थी। लेकिन अब कंपनी ने सबकुछ इन हाउस (आंतरिक तौर पर) करने के अपने पुराने सिद्धांत के विपरीत कई कार्यों की आउटसोर्सिंग (बाहरी स्रोत से सेवाएँ लेना) करनी शुरू कर दी थी, मुख्य रूप से लागत बचाने के लिए। जिग्स और जुड़नार की जो ड्राइंग मि. कुलकर्णी और मैं बनाते थे, वे अब नीचे फैक्ट्री के फर्श पर नहीं बनते थे, बल्कि कलकत्ता के औद्योगिक उपनगरों के सुदूर शेडों में बनते थे।

उस मौके पर आपूर्तिकर्ता द्वारा निर्मित जिग्स बार-बार के निर्देशों और रद्दीकरण के बावजूद हमारे डिजाइन किए मानकों के अनुरूप नहीं बन पा रहे थे। चूँकि उसके फलस्वरूप होनेवाला विलंब संकटमय होता जा रहा था, यह निर्णय लिया गया कि आपूर्तिकर्ता से बात करके समस्या का समाधान निकालने के लिए डिजाइन टीम से किसी को भेजा जाए। काम का बोझ अधिक होने के कारण मि. कुलकर्णी स्वयं नहीं जा सकते थे। इसलिए एक सुबह मैं 'स्टील एक्सप्रेस' में सवार हो गया—वह ट्रेन जो, मुझे रात भर के सफर के बाद जमशेदपुर से कलकत्ता ले गई—अंधकार की पट्टियों को पार करते हुए, जिनमें बीच-बीच में मद्धिम रोशनी वाले छोटे रेलवे स्टेशन बाधा उत्पन्न कर रहे थे।

मैंने निर्मला दी और काजल से सलाह करने के बाद निर्णय लिया था कि मैं अचानक हाथ आए इस अवसर का लाभ उठाकर जीएसएस की महिलाओं द्वारा

निर्मित उत्पादों की बिक्री के लिए कुछ संपर्क बनाने की कोशिश करूँगा। मैंने अपने चमड़े की अटैची में अपने कपड़ों और कुछ निजी वस्तुओं के साथ उनके उत्पादों के कुछ नमूने भी रख लिये थे। हालाँकि कलकत्ता, जो एक समय ब्रिटिश भारत की गर्वीली राजधानी और ब्रिटिश साम्राज्य का दूसरा सबसे बड़ा शहर था, जमशेदपुर से सिर्फ एक रात की दूरी पर था। फिर भी मैं पहले कभी वहाँ गया नहीं था, इस तथ्य के बावजूद कि कलकत्ता के रहनेवाले मेरे कई सहकर्मियों और हॉस्टल के दोस्तों ने मुझे बार-बार सप्ताहांत की छुट्टियों में उनके साथ घर जाने का निमंत्रण दिया था। यह बात और भी अजीब इसलिए लगती थी, क्योंकि मेरी दादी और बुआ अभी भी कलकत्ता के उसी पुराने घर में रहती थीं, जिसमें मेरे पिताजी ने अपने बचपन और किशोरावस्था के शुरुआती दिन बिताए थे। ऐसा कोई स्पष्ट या प्रत्यक्ष कारण नहीं था, जिसने अब तक मुझे कलकत्ता जाने से रोका था; लेकिन अब मैं बहुत खुश और संतुष्ट था, विशेष रूप से इसलिए, क्योंकि मैं जानता था कि मेरे पिताजी, जो दिल्ली में थे, मेरे दादी से मिलने की बात पर उतने ही खुश होंगे, हालाँकि उन्होंने कभी मुझसे कुछ कहा नहीं था। बेशक, इस वजह से मेरे कंपनी के गेस्टहाउस में रुकने का कोई सवाल नहीं उठता था, हालाँकि वह शहर के केंद्र में स्थित था। मैं उस धुँधली, बादलों से घिरी सुबह एक काली-पीली एंम्बेसडर टैक्सी में सवार हुआ और शहर के दक्षिण की ओर चल पड़ा, जहाँ मेरी दादी मेरी बुआ के साथ रहती थीं।

मुझे उस घर में आए और उनसे मिले कई वर्ष हो गए थे और स्वतंत्र रूप से सिर्फ अपने पिता के पुत्र की नहीं बल्कि एक वयस्क पुरुष की हैसियत से मैं पहली बार उनसे मिलने जा रहा था। माँ के निर्देशानुसार मैंने उनके लिए कुछ उपहार ले लिये थे—दादी और बुआ दोनों के लिए एक-एक साड़ी। मैं जानता था कि वे मुझसे कोई अपेक्षा तो नहीं करेंगे, लेकिन उन्हें इससे खुशी अवश्य मिलेगी। उपहार से अधिक महत्त्व उनके लिए उसके पीछे की भावना का होगा—एक रिश्ते की स्वीकृति, जिसमें वे ऐसा सोचने में गलत नहीं थे, इतने वर्षों में दूरी आ गई थी। यह कुछ ऐसा था जैसे दो दिन के लिए ही सही, लेकिन सैलानी बेटा घर वापस लौट रहा हो। मुझे न चाहते हुए भी अपने आपको उनकी ढेर सारी मनुहारों और उनके खिलाने-पिलाने के लाड़ से खुद को मुक्त करना पड़ा, ताकि मैं उस विक्रेता से बात कर सकूँ, जिसने मुझे लेने के लिए अपनी कार और ड्राइवर भेजा था।

दादी के घर से हावड़ा तक के लंबे सफर में मैं कार की खिड़की से बाहर देखता रहा, उस शानदार शहर के दृश्य, आवाजें और गंध को आत्मसात् करते

हुए, जिसकी सड़कें और गलियाँ किसी अस्पष्ट, सुदूर स्मृति से मुझे परिचित-सी लग रही थीं। सड़कों के किनारे खड़े लोग, छोटे-छोटे मंदिर, उनमें बजते घंटे, गीले बालों में लाल किनारे की सफेद साड़ियों में लिपटी महिलाएँ, टैक्सियों और फेरीवालों की आवाजें—सबकुछ मुझे जाना-पहचाना लग रहा था; लेकिन मेरे पास कोई वास्तविक स्मृति नहीं थी, क्योंकि मैं शायद ही कभी वहाँ रहा था। वह मेरे पिता के बचपन का शहर था, जो उन्होंने छोड़ दिया था।

❑

44

अपने आपूर्तिकर्ता के शेड तक पहुँचने पर मुझे पता चला कि उसने—समीर ने—और उसके विशेषज्ञ इंजीनियर ने लगातार बनी रहनेवाली उस समस्या को पिछली रात खुद ही सुधार लिया है। अब जो जिग्स उनकी मशीन लाइन द्वारा तैयार हो रही थीं, वह पूरी तरह हमारे मानकों के अनुरूप थीं। मैंने खुद को उनकी गुणवत्ता के प्रति आश्वस्त किया और मन-ही-मन खुश भी हुआ, क्योंकि इंजीनियरिंग की तमाम किताबों से मिले ज्ञान के बावजूद मुझे भरोसा नहीं था कि मैं उस समस्या को सुलझा सकता था। लेकिन समीर ने मुझे यह एहसास बिल्कुल भी नहीं कराया कि मेरा वहाँ जाना व्यर्थ रहा था और बार-बार उसके छोटे से शेड में आने के लिए मुझे शुक्रिया कहता रहा, जो उसका ऑफिस भी था और जिसके एक कोने में छोटी सी वातानुकूलित कोठरी थी, जो मेरे जैसे मेहमानों के आने पर इस्तेमाल होती थी।

समीर मुझे उसी कोठरी में ले गया। उसमें एक नीचा सेंटर टेबल था, एक लाल रंग का मखमल चढ़ा सोफासेट, काँच लगा ऑफिस टेबल और एक सीधी पीठवाली ऑफिस की कुरसी। एक साँवले-से किशोर वय के लड़के ने स्टील की अलमारी में से सफेद चीनी मिट्टी के कप-प्लेट निकाले, क्योंकि समीर ने मुझसे आग्रह किया था कि मैं कम-से-कम चाय पीकर जाऊँ, जो कि स्वाभाविक भी था। भारत में अकेली चाय शायद ही कभी परोसी जाती है, इसलिए कुछ ही देर में वही लड़का कहीं से गरमागरम समोसे लेकर आया और फिर उसने हमारे कपों में मीठी व दूधिया चाय डाली। बाहर हलकी-हलकी बारिश शुरू हो गई थी और पानी की बूँदें छत पर लगी टिन की चादरों पर टपककर एक मधुर संगीत उत्पन्न कर रही थीं। समीर का व्यवसाय स्क्रैच से शुरू हुआ था और वह एक प्रथम पीढ़ी का व्यवसायी था, जिसने एक सरकारी संस्था से कर्ज लेकर छोटे स्तर पर शुरुआत की थी; लेकिन फिर वह एक सफल व्यवसायी बन गया था, जैसा कि मैं आज देख

रहा था। मैं उससे और उसकी कहानी से काफी प्रभावित हुआ था।

यह सब मेरी अच्छी किस्मत और माँ दुर्गा के आशीर्वाद से हुआ, वरना मेरे पास तो कुछ भी नहीं था। न पैसा, न किसी का सहयोग, न कोई अनुभव और न कोई राजनीतिक संपर्क। कुछ भी नहीं। चाय पीते-पीते हम एक-दूसरे से थोड़े-बहुत परिचित हो गए तो समीर ने बताया। हमें सहज होने में अधिक समय नहीं लगा था। यह सिर्फ अच्छी किस्मत के कारण नहीं हुआ होगा, मुझे विश्वास था। सफल होने के लिए उसमें असाधारण योग्यता और दृढ़ता रही होगी और उसने कड़ी मेहनत भी की होगी। आज उसने खुद एक दर्जन से अधिक कर्मचारियों को नौकरी पर रखा हुआ था; जबकि एक समय ऐसा था, जब वह किसी व्यापारी के दफ्तर में एक क्लर्क की नौकरी हासिल करने के लिए कलकत्ता की सड़कों पर घूमता रहता था और उसे सफलता नहीं मिल रही थी।

"हो सकता है, मुझे अकाउंटेंट की नौकरी न मिलना मेरे लिए एक वरदान के समान रहा हो। हो सकता है, वह माँ दुर्गा की मरजी रही हो।" समीर ने अब परिचित-से लगनेवाले अपने आत्म-विरोधी, ईश्वर से डरनेवाले स्वर में कहा। "सर, आप फैक्टरी का एक चक्कर क्यों नहीं लगा लेते? शायद आप मुझे कुछ सुझाव दे पाएँ।" मैंने अपनी प्लेट में रखे स्वादिष्ट समोसे के अंतिम ग्रास को खत्म किया ही था कि समीर ने मुझसे विनती की। मैंने बहुत दिनों के बाद इतना स्वादिष्ट समोसा खाया था, जिसमें सामान्य रूप से भरे जानेवाले मसालेदार आलू के अलावा मटर के दाने भी थे। मुझे समझ में नहीं आया कि मैं क्या कहूँ। जहाँ एक ओर मुझे पूरा विश्वास था कि इस मेहनती और कुशल व्यवसायी को कोई महत्त्वपूर्ण सुझाव देना मेरे बस की बात नहीं थी, वहीं मैं उसे निराश नहीं करना चाहता था और न ही खुद को रूखा व घमंडी दिखाना चाहता था।

"ठीक है, चलो," मैंने कहा।

शेड लगभग बीस मीटर लंबा था, जिसकी टिन की बनी ऊँची छत थी। कुछ कामगार पुरानी-सी लगनेवाली ग्रीस-युक्त मशीनों पर उत्पादन का काम कर रहे थे, मुख्यत: जिग्स के उत्पादन का, जो अंतत: हमारी कंपनी में आने वाली थीं। वातावरण में सामान्यतया व्यस्त रहनेवाली मशीन शॉप की आवाजें और गंध फैली हुई थीं। मशीनों की विशिष्ट आवाज, चिल्लाने की और चलने-फिरने की आवाज, ग्रीस, कूलैंट, पसीने की गंध और निलंबित हवा।

"वह क्या है?" मैंने वहाँ रखे हाथ से इस्तेमाल होनेवाले एक छोटे से उपकरण की ओर इशारा करते हुए समीर से पूछा, जो मैंने पहले कहीं नहीं देखा था।

''ओह! यह उपकरण हम ऑर्डर पर बनाते हैं। यह एक हाथ से चलनेवाली मशीन है, जो पॉलिथीन की थैलियाँ बनाने के काम आती है। यह बहुत उपयोगी है और इसकी माँग भी बहुत है। लेकिन अभी हम स्वाभाविक रूप से अपना पूरा ध्यान और समय आपकी कंपनी का ऑर्डर पूरा करने में लगा रहे हैं; क्योंकि उसमें पहले ही देर हो चुकी है। लेकिन मैं आपको विश्वास दिलाता हूँ कि हम सारी जिग्स समय पर दे देंगे।'' समीर ने जवाब दिया। उसकी आवाज में संतोष और चिंता दोनों के भाव थे। अब तक उसका मुख्य मशीनिस्ट वसीम भी, जो सफेद दाढ़ी और झुर्रियों भरी चमड़ीवाला एक वृद्ध और अनुभवी आदमी था, हमारे पास आ गया था।

''सच तो यह है, कि समीर बाबू ने खुद इसे डिजाइन किया है। यह बहुत काम की चीज है, खास तौर से छोटे कारखानों के लिए, जो बिजली से चलने वाली बड़ी-बड़ी मशीनें नहीं खरीद सकते। हम इन्हें ऑर्डर पर बनाते और बेचते हैं।'' वसीम ने बताया और उसके काम करने का तरीका बताने के लिए उसे चलाकर दिखाने लगा।

मैं हैरान हो गया। मेरे सामने एक ऐसा आदमी था, जिसने कॉलेज में पारंपरिक एकाउंटेंसी की शिक्षा प्राप्त की थी, जिसे इंजीनियरिंग डिजाइन का कोई अनुभव नहीं था, फिर भी उसने ऐसा अनूठा आविष्कार किया था। मैंने दिल से समीर को बधाई दी और उससे ऐसी एक मशीन की कीमत पूछी। मैं अभी से सोचने लगा था कि जीएसएस की महिलाओं के लिए यह मशीन कितनी उपयोगी हो सकती थी।

समीर हैरान हो गया।

''लेकिन आपकी कंपनी इन सस्ती, हाथ से चलने वाली मशीनों का क्या करेगी? ये तो लघु उपक्रमों, मिठाई और खाने-पीने की दुकानों इत्यादि के मतलब की हैं।'' उसने ईमानदारी से कहा।

''नहीं, मुझे हमारी कंपनी के लिए नहीं चाहिए। मैं कुछ ऐसे लोगों के बारे में सोच रहा था, जिनके ये काम आ सकती हैं,'' मैंने कहा।

मैंने उसे संक्षेप में जीएसएस की महिलाओं के बारे में बताया, निर्मला दी के काम के बारे में बताया और यह भी बताया कि मैं उनके संपर्क में कैसे आया। पता नहीं क्यों, मुझे लगा कि समीर मेरी बात का मतलब समझेगा। जीवन में कई बार ऐसा होता है कि बिना किसी प्रत्यक्ष कारण के कोई किसी व्यक्ति के साथ पहली ही मुलाकात में सहज और निकट महसूस करने लगता है। मेरे लिए समीर वैसा ही एक व्यक्ति था।

''सर, हम इसे साढ़े तीन हजार रुपए में बेचते हैं। लेकिन आपके लिए मैं तीन

हजार कर दूँगा और आप जहाँ कहेंगे वहाँ इसे भेजने व स्थापित करने की व्यवस्था भी करवा दूँगा। आपके लिए इसे ले जाना मुश्किल होगा।'' समीर ने कहा। उसने सही अंदाजा लगाया था। मुझे वाकई अपने सामने रखी उस छोटी, लेकिन काफी भारी स्टील की मशीन को अपने साथ ले जाने में परेशानी होती।

''आप बता दीजिएगा। मेरा कोई लड़का यह मशीन ले जाकर लगा देगा और वहाँ के लोगों को इसे चलाने का तरीका भी सिखा देगा। यह अच्छा काम है।'' समीर ने आगे कहा।

मुझे पता नहीं अच्छे काम से उसका तात्पर्य उसके अपने काम से था या मेरे बताए जीएसएस के काम से।

मुझे उसका प्रस्ताव अच्छा लगा और समीर मदद करने को तत्पर भी था, लेकिन मैं निर्मला दी से सलाह किए बिना निर्णय नहीं ले सकता था। तीन हजार रुपए बहुत होते थे। इसलिए मैंने समीर के ऑफिस का फोन नंबर लिया और उसे बताने का वादा किया। मेरे पास उसके डाक का पता पहले से था।

टिन की छत से बरसात का पानी टपकने की आवाज बंद होने से मुझे एहसास हुआ कि बारिश बंद हो चुकी थी। मैंने वहाँ से जाने का निर्णय लिया, क्योंकि अब वहाँ रुकने का कोई कारण या उद्देश्य नहीं बचा था। हम तीनों बाहर निकल आए और समीर का ड्राइवर, मुश्किल से किशोरावस्था का लड़का, जो सुबह मुझे लेने आया था, कुछ दूरी पर खड़ी कार लेने चला गया। समीर के शेड के बाहर मौजूद सँकरी व गंदी गली में चौपहिया वाहन खड़ा करने की जगह नहीं थी। आसपास स्थित विभिन्न शेडों से ध्वनियों का कोलाहल उत्पन्न हो रहा था। कुछ शेडों की चिमनियों से काला धुआँ निकलकर साफ होते आसमान की ओर जा रहा था। घंटी बजाता एक साइकिल रिक्शा और गंदी सी नेकर पहने एक छोटा लड़का हमारे सामने से निकलकर गए। मैंने समीर से विदा ली तो वह आदरपूर्वक हाथ जोड़कर अपने चमकते दाँत और दिली गर्मजोशी दिखाते हुए मुसकरा दिया। मैंने उसे कहा कि मैं मध्य कलकत्ता में कहीं उतरकर कार वापस भेज दूँगा।

''नहीं, नहीं सर। आप कार अपने पास ही रखिए। जब तक आप यहाँ हैं, कार और ड्राइवर आपके साथ ही रहेंगे। इतना तो हम आपके लिए कर ही सकते हैं।'' समीर ने तत्परता से जवाब दिया, जैसे उसे मेरे लिए कुछ करने का मौका मिल गया था। एक मदद का प्रस्ताव, जो अगर स्वीकार हो जाता तो उसे वह संतुष्टि मिल जाती, जो अब तक नहीं मिली थी—मेरे मौखिक आश्वासन के बावजूद। ❑

45

जब हमारी कार हुगली नदी के ऊपर बने ब्रिटिश काल के हावड़ा ब्रिज पर स्वच्छंद और अप्रत्याशित यातायात के बीच से संघर्ष करती गुजर रही थी, तभी सूरज बादलों के पीछे से बाहर आ गया। नदी और उसके तट अचानक एक प्राचीन रोशनी से नहा गए। नदी में और नदी के किनारे नौकाएँ व जहाज तैर रहे थे और ऊपर धुआँ उगल रहे थे। यात्रियों की भीड़ आ रहे जहाजों की प्रत्याशा में घाट की ओर फेरी पॉइंट पर पहुँचने के लिए भाग रही थी, जिसके फलस्वरूप धक्का-मुक्की अपरिहार्य हो गई थी। थोड़ी दूरी पर कुछ महिलाएँ अपनी पवित्र नदी के तट पर पूरे कर्मकांड के साथ स्नान कर रही थीं—शायद किसी अलिखित परंपरा का पालन करते हुए। अब मृत हो चुकीं जूट मिलों की लंबी चिमनियाँ, जो अप्रत्याशित अंतरराष्ट्रीय सीमा द्वारा अलग कर दिए गए पूर्वी बंगाल की दलदली भूमि पर उगाए गए कच्चे जूट पर पलती थीं, तटों के एक किनारे पर बिंदियों की तरह दिखाई दे रही थीं। वे जूट की नौकाएँ अब कभी नदी को पार नहीं करेंगी और शायद चिमनियाँ भी मौन हो गई हैं—हमेशा के लिए। सबकुछ पिछली सदी के किसी घुमंतू अंग्रेज चित्रकार के पानी के रंगवाले उन चित्रों से निकले दृश्य की तरह था, जो भारत और विदेश दोनों में आयोजित प्रदर्शनियों में सजाए जाते हैं। उस दृश्य में सीमा पार के उन सुदूर गाँवों में से एक की प्रतिध्वनि थी, जहाँ से मेरे पूर्वज आए थे और जहाँ मेरी जड़ें अब किसी विदेशी हो चुके क्षेत्र में छिपी हुई हैं, दूसरों द्वारा पोषित, जो कभी हमारे पड़ोसी हुआ करते थे। यह सब सोचना बहुत मुश्किल था।

हालाँकि समीर ने कहा था कि मैं जब तक कलकत्ता में हूँ, उसकी कार अपने पास रख सकता हूँ; लेकिन मुझे संकोच हो रहा था। मुझे महसूस हो रहा था कि यह किसी ऐसे व्यक्ति से अनुचित दायित्व या लाभ उठाने जैसी बात होगी, चाहे वह मेरा कितना भी अच्छा मित्र हो, जिससे मेरा आधिकारिक संबंध है। उस समय मुझे

अपने संबंधों के दायरे में ऐसा करना उचित नहीं लग रहा था, इसलिए मैंने ड्राइवर को उसके विरोध के बावजूद विक्टोरिया मेमोरियल पर छोड़ दिया; लेकिन उसे कहा कि अगले दिन वह मुझे मेरी दादी के यहाँ से लेकर रेलवे स्टेशन तक छोड़ दे। मेरी इस बात से उसे कुछ राहत मिली और उसके भय से भरे विरोध-प्रदर्शन में कुछ कमी आ गई। उसे डर था कि मेरे उसे छुट्टी दे देने से उसके मालिक यह न समझें कि उसकी सेवाएँ संतोषजनक नहीं थीं।

जब मैं कार को छोड़कर बाहर आ गया, तब मुझे एहसास हुआ कि असल में मेरे पास जाने के लिए कोई जगह ही नहीं थी। मेरे बहुत से रिश्तेदार—निकट के भी और दूर के भी—इस विशाल शहर के विभिन्न हिस्सों में रहते थे; लेकिन मुझे बिल्कुल भी अंदाजा नहीं था कि वे कहाँ और कैसे रहते थे। इतने सालों से संपर्क छूट जाने के कारण खून के रिश्ते, जो कभी निकट थे, धीरे-धीरे बहुत दूर हो गए थे और पीछे छूटा शून्य ही उनके पूर्व अस्तित्व का एकमात्र यादगार रह गया था। फिर भी, मैं अपने आप में एक अजीब सा सुकून और शांति महसूस कर रहा था।

मेरे सामने विशाल संगमरमर से बनी लॉर्ड कर्जन की इमारत खड़ी थी, जिसका निर्माण भारत के निर्धन लोगों की कीमत पर भारत के समृद्ध लोगों द्वारा दान किए गए पैसों से हुआ था। यह स्मारक उस सुदूरवर्ती रानी की भी उतनी ही याद दिलाता था, जो कभी अपने इस आकर्षक प्रभुत्व का दौरा नहीं करती थीं, जितनी कि उनके वायसराय और भारत के राजाओं व जमींदारों की चाटुकारिता की, जो अपने नाम और यश के लिए उनके अस्तित्व पर निर्भर करते थे। लेकिन इसके निर्माण के पीछे कारण जो भी रहा हो, यह सफेद इमारत अत्यधिक सुंदर, भव्य, चमकदार और सौहार्दपूर्ण थी; हालाँकि एक व्यर्थ प्रयास था। मैं स्मारक के सामने बने मुख्य मार्ग के किनारे फुटपाथ पर धीरे-धीरे टहल रहा था। आसपास के दृश्य सुंदर थे और वर्ष के इस समय, जब गरमी अपनी चरम पर नहीं थी, यहाँ की चौड़ी सड़कें, जिनके किनारे पेड़ लगे थे और सामने हरे-भरे मैदान थे, बहुत सुखद एहसास उत्पन्न कर रही थीं। यह शायद शहर का सबसे अधिक ब्रिटिश प्रभाव वाला क्षेत्र था, जिसके पास ही एस्प्लेनेड, न्यू मार्केट, पार्क स्ट्रीट जैसे क्षेत्र भी थे, जिनके नाम बहुत प्राचीन तो नहीं, लेकिन एक अलग अतीत का आह्वान करते थे। शहर और शहर में रहनेवाले जल्दी में थे, जो कि मेरे आसपास के ट्रैफिक की हलचल से साफ पता चल रहा था और किसी के पास अतीत के बारे में सोचने का समय नहीं था। लोग अपने भविष्य की ओर बढ़ रहे थे—उम्मीद से भरे हुए, लेकिन चिंतित भी।

मेरे पास काफी समय था, क्योंकि समीर के शेड में मेरा काम अनपेक्षित रूप से जल्दी समाप्त हो गया था और मैं निरुद्देश्य-सा सड़कों पर टहल रहा था। मेरे मन में कई विचार उभर रहे थे, लेकिन बिना कोई रूप लिये गायब हो रहे थे, क्योंकि उन्हें स्पष्टता का वह लाभ नहीं मिल रहा था, जो बातचीत से आता है। मैं किसी विशेष व्यक्ति से बात करना चाहता था, यूँ ही किसी से नहीं। हम दूसरों के साथ कितना समय बिताते हैं, उनसे बात करते हैं, उनके साथ हँसते हैं; लेकिन ऐसा कभी-कभार ही होता है कि हमें समय, स्थान, व्यक्ति और मानसिक अवस्था का उचित संयोग प्राप्त हो। जब एक ओर विचार उत्पन्न हों और दूसरी ओर हम उन्हें किसी के सहानुभूतिपूर्ण और समझपूर्ण कानों तक पहुँचा सकें, तभी हमें एहसास होता है कि प्रत्येक व्यक्ति एक द्वीप के समान होता है—का क्या अर्थ है। पता नहीं क्यों, मुझे लगा कि इस समय वह काजल ही होती, जिसके साथ मैं अपने विचारों को बाँटकर स्पष्ट रूप देने का प्रयास कर सकता था। हालाँकि अभी भी मेरे बारे में बहुत कुछ था, जो वह नहीं जानती थी; लेकिन फिर भी, मुझे लग रहा था कि वह कोई निर्णय लिये बिना मेरी बात को समझने का प्रयास करेगी। जाने क्यों, मुझे लगा कि अगर कलकत्ता में इस फुरसत भरे दिन वह भी मेरे साथ होती तो अच्छा होता। लेकिन जैसे ही यह विचार मेरे अवचेतन मन में आया, मैंने उसे जान-बूझकर बाहर धकेल दिया, इस बात के प्रति सचेत होते हुए कि न तो ऐसा होना संभव है और न ही सही। निष्ठा और नैतिकता के मेरे सहज भाव ने मुझे रिया के बारे में सोचने को प्रेरित कर दिया, जो मुझसे मीलों दूर कहीं बैठी थी—एक ऐसी दुनिया में, जो मेरे लिए नितांत अजनबी और अनजानी थी। लेकिन मैं उसके बारे में कुछ ज्यादा नहीं सोच पाया।

जब एक अजीब सी लगनेवाली फिटन मेरे पास से गुजरी तो मैं समय और स्थान के अपने वर्तमान वातावरण में लौट आया। फिटन को एक दुबला-पतला दाढ़ीवाला आदमी चला रहा था, जो सफेद कुरते-पाजामे के ऊपर एक बंडी पहने, हाथ में एक बूढ़े से घोड़े की कमान थामे उसके ऊपर बैठा था। चालक के कपड़ों की तरह फिटन को देखकर भी लग रहा था कि उसने बेहतर दिन देखे थे। आज के कारों और बसों के युग में वह एक अनोखा जुगाड़ था—उन दिनों का आवर्तन, जब कलकत्ता—बल्कि भारत, जिसकी वह राजधानी था—औपचारिक वस्त्र पहने, कठोर, भींचे होंठों और गोरी चमड़ीवाले विक्टोरियन अंग्रेजों द्वारा शासित था। मेरे मन में तो एक विक्टोरियन महिला की कल्पना भी उभर आई, जो अपनी विस्तृत व जटिल पोशाक और केश-विन्यास में शहर की ट्रॉपिकल जलवायु के लिए बिल्कुल

अनुपयुक्त है, तनकर अपनी गाड़ी में बैठी है—अपने अगले सामाजिक दौरे के बारे में सोचती हुई, खुद को इस विदेशी और अपरिचित माहौल में खुश रखने की कोशिश करती हुई, अपने कॉत्स्वोल्ड गाँव के गीले, हरे-भरे खेतों से मीलों दूर, जहाँ वह बड़ी हुई थी। क्या वह भी इस विदेशी, अनजानी जगह पर रहते हुए उतनी ही खुश, लिप्त और उत्साहित थी, जितनी रिया है या वह अपने घर से दूर आकर असहज और व्याकुल है?

तभी एक और हाथ से खींचनेवाला रिक्शा मेरे पास से निकला—बीते समय का एक और घटता जा रहा अवशेष। एक दुबला-पतला बिहारी आदमी, जो शायद महानगर के अराजक यातायात का आदी नहीं था, एक मोटे और गोरे चश्माधारी आदमी को, जो शहर में अपनी हैसियत से परिचित था, बैठाकर कठिनाई से रिक्शा खींच रहा था। दोनों एक-दूसरे से इतने अलग लग रहे थे कि उनके बीच एक विभाजन का अभाव अप्रासंगिक लग रहा था। शहीद मीनार (जो एक समय ऑक्टरलोनी स्मारक, के नाम से जाना जाता था) की पृष्ठभूमि में एक हाल में प्रसिद्ध हुई बँगला अभिनेत्री एक टी.वी. चैनल के रिपोर्टर को इंटरव्यू दे रही थी। उसको संतुष्टि प्रदान करते हुए एक छोटी सी सहज भीड़ उसके आसपास एकत्र हो गई थी और उत्सुकता से दृश्य को देख रही थी। चैनल का स्टाफ इस प्रयास में लगा हुआ था कि उस अनचाही भीड़ का कोई सदस्य कैमरे के फ्रेम में न आ जाए। उस दृश्य को देखकर मेरे मन में लालडीह की साधारण ग्रामीण महिलाओं का और उनके अथक संघर्ष का खयाल आ गया, जो वे खुद के और अपने परिवारों के जीवन के लिए करती थीं; जबकि यहाँ मैं आधुनिक, उदार भारत को अपनी जमीन तलाशते देख रहा था—कैमरे के फ्रेम के बाहर, लेकिन कम वास्तविकता से नहीं।

कुछ देर बाद अपनी ही धुन में अकेले चलता हुआ मैं पार्क स्ट्रीट पहुँच गया, जो अंग्रेजों का एक परिचित माहौल उत्पन्न करने का एक और प्रयास था। पार्क स्ट्रीट कुछ-कुछ लंदन में स्थित उनकी ऑक्सफोर्ड स्ट्रीट जैसा था—एक ऐसे शहर के केंद्र में, जो उन्होंने एक अनजान और अपरिचित धरती पर बनाया था; एक शहर जिसमें उनकी जड़ें कभी नहीं उग पाई थीं और जहाँ रहनेवाले लोगों को वे कभी समझ नहीं पाए थे। वहाँ सड़क के किनारे मोकैम्बो और फ्लूरीज जैसे नामोंवाले रेस्टोरेंट थे, जो एक समय लगभग पूरी तरह कलकत्ता के ब्रिटिश कुलीन जनों के स्वामित्व, प्रबंधन और संरक्षण में थे, जिनमें उनके अफसर, जज, व्यापारी, विदेशी कंपनियों के मैनेजर, बैरिस्टर और उनकी मिलनसार पत्नियाँ शामिल थीं। अंग्रेजों के जाने के बाद भी इन रेस्टोरेंटों के नाम नहीं बदले थे और कहीं-कहीं

फर्नीचर व आंतरिक साज-सज्जा भी वैसी ही थी। लेकिन लोग, मालिक, मैनेजर, ग्राहक—सब बदल गए थे। लोगों का एक बिल्कुल नया दल, भारतीय व्यापारी, अधिकारी, यात्री और घूमने आए कुछ परिवार भी अब उन कुरसियों पर बैठते थे। मैं भी पार्क स्ट्रीट के उन मशहूर रेस्टोरेंटों में से एक में खाने के लिए जाना चाहता था; लेकिन मेरे अंदर किसी चीज ने शायद हिचकिचाहट, एक प्रकार के अपराध भाव, जिसे मैं ठीक से व्यक्त नहीं कर पा रहा था, अनुचित अपव्यय या दादी के साथ समय बिताने के कर्तव्य ने मुझे रोक दिया और मेरे कदम एक भीड़ भरे कोने की ओर, जो टैक्सी स्टैंड भी था, चल पड़े। एक और प्राचीन, काली-पीली टैक्सी मुझे बैठाकर चल पड़ी—शहर की रीढ़ से होते हुए, एक समय के इस ब्रिटिश शहर की सड़कों से गुजरते हुए, जिसका स्वतंत्र युग के नव-निर्मित स्थानों के साथ विलय हो गया था; मेरी दादी के घर की ओर, जहाँ सालों पहले मेरे पिताजी ने युवावस्था में प्रवेश किया था।

❑

46

मेरी दादी हाथ में पीतल की एक थाली लिये, जिसमें धूप और नारियल के कुछ रेशों का मिश्रण जलकर सुगंधित धुआँ फैला रहा था, एक कमरे से दूसरे में घूम रही थी। ऐसा वे घर को शुद्ध करने के लिए कर रही थीं। यह उनका दैनिक नियम था, जो वे तब से करती आ रही थीं, जब वर्षों पहले तेरह वर्ष की उम्र में वे विवाह करके अपनी ससुराल आई थीं। उनके इस नियम में तब भी बाधा नहीं आई थी, जब उनके पूरे जीवन और घर में सबकुछ उथल-पुथल हो गया था, जब वे सैकड़ों-हजारों अन्य असंदिग्ध परिवारों की तरह ढाका स्थित अपने घर और दुनिया को छोड़ने पर विवश कर दी गई थीं, जो अब एक दूसरे देश की राजधानी है। भारत के विभाजन के बाद हुई बरबादी की घटनाओं के दौरान वे लोग कलकत्ता आ गए थे।

बाहर शाम घिर गई थी और अँधेरा होने लगा था। पड़ोस के घरों में एक-एक करके बिजली की लाइट आन हो रही थीं, जो उनकी खुली खिड़कियों से दिखाई पड़ रही थीं और घरों में रहनेवालों की झलक भी दिखा रही थीं। पास के एक घर में एक लड़की संगीत का अभ्यास करने का प्रयास कर रही थी और उसकी तनावपूर्ण, अनिमेष आवाज हवा में उड़ते परदों से छनती हुई खुली खिड़की से अंदर आ रही थी।

''तुम मेरे साथ मंदिर चलोगे? मैं तुम्हें नारिकेल दादू से भी मिलाना चाहती हूँ। चलोगे तुम?'' दादी ने एक पल के लिए मेरे सामने रुकते हुए पूछा और अपने हाथ में पकड़ी पीतल की थाली मेरे सामने कर दी, जिसका धुआँ और गरमाहट मुझे अपनी हथेलियों में अवशोषित करके अपने चेहरे पर लगाना था—उस प्रथा के अनुसार, जो मैं अपने घर में बचपन से देखता आ रहा था। मैं जानता था कि मैं उनके साथ जाकर असहज महसूस कर सकता हूँ, बोर भी हो सकता हूँ; लेकिन

मैं दादी को निराश नहीं करना चाहता था, जो मेरे लिए मेरे पिताजी और उनकी अनकही अपेक्षाओं की जीती-जागती प्रतीक थीं।

''ठीक है। गैं चलूँगा, जब भी आप चलना चाहें।'' गैंने जवाब दिया।

वे स्पष्ट रूप से प्रसन्न हो गईं। शायद उन्होंने मुझसे पूछने से पहले उस प्रश्न का कई बार अभ्यास किया था—उसके औचित्य के बारे में खुद से सवाल करते हुए; लेकिन अब मेरे जवाब ने उनके विश्वास की पुष्टि कर दी थी। कुछ ही देर में वे तैयार हो गईं, उसी साड़ी को पहनकर—मैंने ध्यान दिया—जो सुबह मैं उनके लिए लाया था। मुझे एहसास हुआ कि अगर वे मेरे लिए मेरे पिताजी का प्रतीक थीं तो मैं भी उनके लिए उसी इनसान का प्रतीक था, उनके बेटे का। उस बेटे का, जिसे उन्होंने उसी घर में बड़ा किया था और फिर सालों पहले जाते हुए देखा था। अब उनका बेटा वापस आ गया था, भले ही सिर्फ दो दिनों के लिए।

हम ईंटों से बनी पक्की गलियों में चलते हुए दादी के मंदिर में पहुँचे। इन गलियों में हमारे जैसे कई घर थे, जिनमें वे परिवार रहते थे, जिन्हें विभाजन के बाद, करीब दो पीढ़ियों पहले, अपने घर छोड़कर यहाँ आने पर विवश होना पड़ा था। लेकिन इस समय इन घरों में रहनेवालों के पास उस समय या उन दिनों के बारे में सोचने या याद करने का न वक्त था, न इच्छा; क्योंकि उन्होंने उस ऐतिहासिक अनिवार्यता को स्वीकार कर लिया था। बस, कभी-कभार कोई वृद्ध व्यक्ति मिल जाता था, जो अपनी धूमिल, झिलमिलाती आँखों से शून्य में देखता रहता, जैसे कि खुद को अतीत के साये से मुक्त करना चाहता हो, लेकिन वह साया उसे छोड़ने को तैयार न हो।

''आपको अपने ढाका के दिन याद हैं?'' मैंने दादी से पूछा, जो कोने में स्थित एक छोटी सी दुकान के सामने अपने किसी परिचित से बात करने के लिए रुकी थीं और अब फिर मेरे साथ चलने लगी थीं।

''कोई उन दिनों को कैसे भूल सकता है? वह हमारी जिंदगी थी, हमारी दुनिया थी।'' दादी ने कुछ पल के मौन के बाद कहा। लेकिन न उन्होंने इसके आगे कुछ कहा और न कुछ कहने की इच्छुक दिखीं। वे अपनी नई दुनिया में अपने बच्चों की चिंता और एक गमगीन पति को लेकर लगभग खाली हाथ आई थीं। उन्होंने एक बहुत लंबा संघर्ष किया था। लेकिन मेरे पिता, और अब मैं, कुछ हद तक उनके संघर्षों की पुष्टि और उनमें विश्वास के लिए खड़े थे। अब वे अपने मंदिर में जा रही थीं—अपने व्यक्तिगत भगवान् के निवास में, जिन्होंने उन कठिन व निराशाजनक दिनों में उनका विश्वास बनाए रखा था, वह विश्वास, जिसके

अलावा उस समय उनके पास कुछ भी नहीं था'।

वह कोई पारंपरिक मंदिर नहीं था, बल्कि साधु महाराज को समर्पित एक स्मारक था, जो सालों पहले स्वर्ग सिधार चुके थे; लेकिन उनकी विरासत उनके नियुक्त किए उत्तराधिकारियों और समर्पित शिष्यों के समूह द्वारा आज भी सफलतापूर्वक चलाई जा रही है। ऐसे पवित्र लोग और उनके उपदेश भारत में हमेशा से प्रचलित रहे हैं, 24 घंटों के टेलीविजन चैनलों और टी.वी. जनित गुरुओं व बाबाओं की भीड़ आने के बहुत पहले, जिन्हें आगे जाकर महत्त्व मिला। विभिन्न उम्र के समर्पित शिष्यों का एक समूह, जिनमें अधिकांश महिलाएँ थीं, फर्श पर एक माला चढ़ी तसवीर के इर्द-गिर्द गोलाकार घेरा बनाकर बैठा था। तसवीर उन्हीं साधु महाराज की थी, मेरी दादी के ठाकुर, जिसका शाब्दिक अर्थ—वास्तविक नहीं, भगवान् था। मैंने उस तसवीर का फ्रेम लगा, माला चढ़ा लघु रूप दादी के शयनकक्ष में देखा था। उन कुछ कीमती चीजों में से एक, जो वे ढाका से अपने साथ लाने में कामयाब रही थीं। अधिकांश भक्त, जिनमें से कुछ की आँखें श्रद्धा से बंद थीं, एक पवित्र गाने की धुन पर झूम रहे थे—एक कीर्तन की धुन पर, जो गेरुआ वस्त्र पहने एक व्यक्ति गा रहा था और हारमोनियम पर एक अन्य व्यक्ति उसका साथ दे रहा था। हमने अपनी चप्पलें उतारीं, जैसा कि किसी भी हिंदू मंदिर में प्रवेश करने के पहले किया जाता है और उस गोलाकार घेरे की परिधि में पालथी मारकर चुपचाप बैठ गए।

मंदिर के आसपास के असमान आँगन में कुछ हाल ही में निर्मित, बेतरतीबी से स्थित कमरे थे। कुछ कमरे अतिथि-कक्ष का काम करते थे, कुछ दफ्तरों के रूप में काम आते थे। एक में दवा की डिस्पेंसरी थी और एक में पुस्तकालय। हालाँकि वहाँ के वातावरण से मेरे मन में कोई भक्ति-भाव जाग्रत नहीं हुआ, लेकिन उत्सुकता अवश्य जागी। धर्म और ईश्वर के प्रति मेरा दृष्टिकोण अभी अनिश्चित और अनाकार था। मेरे विचार अभी किसी भी पक्ष में मजबूत नहीं हुए थे। बाद में, नारिकेल दादू के घर के रास्ते में, मेरी दादी ने बताया कि वे खुद को खुशकिस्मत मानती थीं कि उनकी अपने ठाकुर से मुलाकात हुई और उनके जिंदा रहते उनसे दीक्षा ली। यह मुलाकात उनके मूल आश्रम में हुई थी, जो चिट्टागोंग या चट्टग्राम, जैसा कि वे बहुत पहले कहती थीं, की तलहटी में था। वे एक युवा माँ के रूप में अपने पति और बच्चों के साथ उनके आश्रम गई थीं। उन बच्चों में से एक बड़ी- बड़ी आँखोंवाला बालक, जिसके लिए ढाका से वहाँ तक की लंबी यात्रा ही एक साहसिक कारनामा रही होगी, मेरे पिताजी थे और मेरी उत्साहित दादी ने

उनको भी नाममात्र की दीक्षा दिलाई थी। लेकिन वह दूरस्थ दीक्षा शायद इतने वर्षों की पाश्चात्य शिक्षा और शहरी जीवन के प्रभाव से धूमिल पड़ गई होगी; क्योंकि मैंने अपने पिताजी को किसी संस्थागत धर्म का पालन करते या उसपर विश्वास जताते नहीं देखा था।

'नारिकेल' का बँगला में अर्थ होता है—नारियल, और मुझे नहीं पता कि नारिकेल दादू को यह विचित्र नाम क्यों और कैसे मिला। वे मेरे दादा-दादी के ढाका के दिनों के मित्र थे और परिवार के सदस्य से कुछ अधिक ही थे। यह तथ्य कि मैंने उनके बारे में अपने पिताजी से सिर्फ सुना था और मैं उनसे कभी मिला नहीं था, उस दूरी को प्रतिबिंबित करता था, जो मेरे और मेरे परिवार के बीच उत्पन्न हो गई थी। हम एक साधारण सी इमारत की सँकरी सीढ़ियाँ चढ़कर नारिकेल दादू के कमरे में पहुँचे। मेरी दादी का उन्हें पहले से मेरे आने के बारे में बताने का प्रश्न ही नहीं उठता था। लेकिन हमारी खुशकिस्मती से वे घर पर थे और उन्होंने तत्परता से अपने कमरे का नीला लकड़ी का दरवाजा खोल दिया।

"यह बबलू का बेटा है। मैंने सोचा, इसे आपसे मिला दूँ।" दादी ने मेरी उपस्थिति का कारण बताया और लकड़ी के बड़े से बक्से पर बैठ गईं, जिस पर एक कपड़ा बिछा था, ताकि वह एक बेंच का काम कर सके। नारिकेल दादू का कमरा एकल और साधारण था, लेकिन बहुत छोटा नहीं था। मैं वहाँ रखी इकलौती लकड़ी की सीधी कुरसी पर बैठ गया, जो कमरे में रखे गिने-चुने सामानों में से एक थी। नारिकेल दादू स्वयं अपने बिस्तर पर पालथी मारकर बैठे थे। एक ओर की दीवार पर 'श्रीमद्‌भगवद् गीता' का दृश्य दरशाता एक कैलेंडर टँगा था, जिसमें श्रीकृष्ण अर्जुन को गीता का ज्ञान दे रहे थे।

"ओह! यह तो बिल्कुल अपने बाबा जैसा लगता है। मुझे बबलू की याद है जब वह इस उम्र का था। वह इसी कमरे में मुझे अपनी पहली नौकरी लगने की खुशी में मिठाई देने आया था।" नारिकेल दादू ने कहा तो उनके होंठों पर मुसकान थी और आँखें दूर कहीं टकटकी लगाकर देख रही थीं। मैं कुछ नहीं बोला। मुझे समझ में नहीं आ रहा था कि मैं क्या कहूँ और कैसी प्रतिक्रिया व्यक्त करूँ। मुझे लगा, शायद मुझे भी उनके लिए मिठाई लेकर आना चाहिए था या कमरे में प्रवेश करने के बाद उनके पाँव छूकर आशीर्वाद लेना चाहिए था। लेकिन उस समय मुझे यह खयाल नहीं आया था और अब बहुत देर हो चुकी थी। फिर भी, मेरे मन में उस व्यक्ति को लेकर उत्सुकता थी। उनके आचरण, मुद्रा और निगाहों में कुछ था, जो मुझे आकर्षित कर रहा था।

नारिकेल दादू ने कभी शादी नहीं की थी और ढाका में रहने के दौरान वे अनुशीलन समिति में शामिल हो गए थे। एक क्रांतिकारी संगठन, जिसका उद्देश्य ब्रिटिश शासन से भारत को आजाद कराना था, आवश्यकता होने पर हिंसक साधनों का उपयोग करके भी। उसके लिए उन्हें गिरफ्तार किया गया, अपराधी ठहराया गया और अंडमान की सेल्युलर जेल में काला पानी की सजा भुगतने के लिए भेजा गया, जहाँ से वे कई वर्षों के बाद वर्ष 1947 में छूटे थे। आजादी और विभाजन के दिनों से नारिकेल दादू कलकत्ता में रहते थे। उन्होंने अनुशीलन समिति के दिनों के अपने कुछ साथियों के साथ मिलकर उन पुराने क्रांतिकारियों के लिए यह इमारत बनवाई थी, जिनका कोई और ठिकाना नहीं था। पिछले कुछ वर्षों में उनमें से अधिकांश वृद्ध और बीमार होकर स्वर्ग सिधार गए थे और अब नारिकेल दादू इस इमारत में निर्धन परिवारों से आए लड़कों के हॉस्टल के 24 घंटे के केयरटेकर (अभिरक्षक) की जिम्मेदारी सँभाल रहे थे।

"तो तुम भी अपने बाबा की तरह इंजीनियर हो? तुम जमशेदपुर में नौकरी करते हो न? अच्छा है। मैं तुम्हारे लिए बहुत खुश हूँ।" नारिकेल दादू ने दिल से कहा। "यह अच्छी बात है कि तुम समय निकालकर अपनी दादी से मिलने आए। कोशिश करके आगे भी आते रहना।" उन्होंने कहा। वे मुझे उपदेश नहीं दे रहे थे और उनके स्वर में शिकायत या आरोप लगाने जैसा भाव भी नहीं था।

हालाँकि नीचे हॉस्टल के लड़कों के लिए एक अच्छा-खासा रसोईघर था, फिर भी नारिकेल दादू अपने कमरे से लगी रसोई में अपना खाना खुद पकाना पसंद करते थे। हमारे मना करने के बावजूद उन्होंने हम सबके लिए चाय बनाई और साथ में हमें चिवड़े व गुड़ से बनी एक ठेठ बंगाली मिठाई 'मोआ' खिलाई, जो उन्होंने हॉर्लिक्स की एक पुरानी काँच की बोतल में रखी थी। मेरी अपेक्षाओं के विपरीत, नारिकेल दादू जीवन से निराश हो चुके एक व्यक्ति नहीं लग रहे थे और जहाँ तक उनका वश चलता था, अपने अतीत के बारे में बात करना पसंद नहीं करते थे। वे धार्मिक व आध्यात्मिक हो चुके थे, और अपना शेष जीवन एक संन्यासी की तरह बिता रहे थे। वे वैरागी नहीं थे, लेकिन अकेले और संतुष्ट थे, इस चलायमान शहर और उसके शोर, गंदगी व तनाव से घिरे होने के बावजूद उनसे अनछुए, अपनी तनहाई में मगन।

❑

47

काजल और मि. कुलकर्णी अपने किसी निकट के रिश्तेदार, बल्कि काजल के चचेरे भाई की शादी में शामिल होने नासिक गए थे, जो महाराष्ट्र के गढ़ में स्थित एक शहर है। भारत में शादियाँ अधिकतर दूर के शहरों में रहनेवाले रिश्तेदारों के लिए बहुत बड़े अवसर लेकर आती हैं। लंबे समय बाद आपस में मिलने का, परिवार के नए सदस्यों का परिचय कराने का, भाई-बहनों के लिए मिलने और एक-दूसरे से अपने बच्चों को मिलाने का। ये ऐसे अवसर भी होते हैं, जब दूसरी शादियाँ तय होती हैं, संभावित बहुओं और दामादों का आकलन होता है और उनके घरवालों के पास प्रस्ताव भेजा जाता है—अधिकतर माताओं और चाची-बुआ की उत्सुक नजरों के नीचे।

काजल की माँ नहीं थी और मि. कुलकर्णी इस तरह के प्रयोजनों के अनुकूल हैं या नहीं, इस बात के प्रति मेरे मन में बहुत ज्यादा संदेह था। साथ ही काजल का एक विधवा होना, भले ही इतनी कम उम्र में, इस प्रकार की तय की हुई शादियों की दृष्टि से एक गंभीर दोष था। लेकिन सबसे महत्त्वपूर्ण बात यह थी कि मुझे मालूम था कि काजल एक अलग तरह की लड़की है और वह अपना निर्णय खुद लेगी और साथ ही अपने निर्णय के परिणामों की जिम्मेदारी भी लेगी, जैसा कि वह पहले एक बार ले चुकी थी, इतने दु:खद रूप में।

हालाँकि मेरी दोस्ती मि. कुलकर्णी और काजल दोनों से थी और मुझे काजल के दोबारा शादी करके घर बसाने के विचार से खुशी होनी चाहिए थी; लेकिन पता नहीं क्यों, मेरे मन का एक हिस्सा उसके किसी अनजान व्यक्ति से शादी करके दूर चले जाने के खयाल से बहुत खुश नहीं था।

काजल के वहाँ न होने के बावजूद मैं उस रविवार लालडीह गया। मैं अपनी जानी-पहचानी बस में पहली बार अकेले यात्रा कर रहा था, जो सड़क के किनारे

स्थित छोटी-छोटी बस्तियों और रास्ते में पड़नेवाले इक्का-दुक्का शहरों को पार करते हुए खाली झाड़ीदार जमीनों और कम आबादीवाले जंगलों के बीच से ऊबड़-खाबड़ रास्तों पर टकराते और झटके खाते हुए लालडीह की ओर चली जा रही थी। हालाँकि मैं पहले भी कई बार उसी रास्ते से लालडीह जा चुका था, उस दिन मुझे कुछ अलग-सा महसूस हो रहा था और बगल की सीट पर एक सहयात्री—एक काला सा आदमी—जो लगातार पतली बीड़ियाँ फूँके जा रहा था, के बैठे होने के बावजूद मुझे वह सीट खाली लग रही थी। मैं आसानी से उस दिन अकेले लालडीह जाना टाल सकता था; लेकिन मैं खुद को दिखाना चाहता था कि जीएसएस के गाँवों में मेरी असंख्य यात्राओं के पीछे इकलौती वजह काजल नहीं है, और मेरे लिए मेरा काम निर्मला दी की संस्था और लालडीह एवं अन्य गाँवों की महिलाओं के साथ मेरी भागीदारी काजल से अधिक महत्त्वपूर्ण है।

गरमी की शुरुआत का साफ व खिला-खिला दिन था और धूप निकली होने के बावजूद अभी मौसम उतना गरम नहीं था, जितना कुछ दिनों बाद होने वाला था। निर्मला दी घर पर थीं और हमेशा की तरह मुझे देखकर बहुत खुश हुईं। अगर उन्हें मेरे साथ काजल को न देखकर निराशा हुई तो उन्होंने प्रकट नहीं की। निर्मला दी ने हमारी पहली मुलाकात से ही उनके प्रति मेरे सम्मान का प्रतिदान एक सहज स्नेह से दिया था, जिसे समझा पाना बहुत मुश्किल था। उनका मेरे प्रति स्नेह जीएसएस के कामों में मेरे थोड़े-बहुत योगदान के प्रति सराहना से कहीं ऊपर था। हम उनके छोटे से घर के सामने बरामदे में बाँस के बने मोढ़ों पर बैठे थे। पड़ोसी गाँव की महिलाओं ने हाल ही में अपनी प्राचीन परंपराओं से प्रेरित होकर निर्मला दी के प्रोत्साहन व सहयोग से ये मोढ़े बनाने शुरू किए थे।

''गाँव की औरतें उस पैकिंग मशीन को लेकर बहुत उत्साहित हैं, जो तुमने उनके लिए मँगाई है। कुछ औरतें तो उसे बहुत दक्षता से इस्तेमाल भी करने लगी हैं। वे सब बहुत खुश हैं। उसके लिए तुम्हारा शुक्रिया!'' निर्मला दी ने अपने स्टील के गिलास से चाय का घूँट भरते हुए कहा। वे हमेशा मेरे कामों की बहुत सराहना करती थीं। लेकिन समीर भी अपने वादे का पक्का निकला था और जैसे ही मैंने निर्मला दी से बात करके उसे फोन पर बताया, उसने अपने सबसे विश्वासपात्र लड़के को मशीन के साथ गाँव भेज दिया था। लड़के ने मशीन स्थापित कर दी, कुछ औरतों को उसे चलाने का प्रशिक्षण दिया और पैसे लेकर लौट गया।

''हाँ, पैक की हुई खाने की चीजें बेचना आसान होगा। फिर हम छपे हुए लेबल भी खरीद सकते हैं। और मुझे लगता है कि अब समय आ गया है कि हम

खाद्य उत्पादन के लिए एक सरकारी प्रमाण-पत्र प्राप्त करने के लिए आवेदन दे दें। उससे हमें अपने उत्पाद बेचने में सहायता मिलेगी, विशेष रूप से उन कंपनियों को जो कठोर और अवैयक्तिक नियमों का पालन करती हैं।''

मैंने कहा। मेरा दिमाग भविष्य के लक्ष्यों और मील के पत्थरों की ओर दौड़ रहा था और मैं अपनी चाय पीना ही भूल गया।

''हाँ, समय आने पर सबकुछ होगा। ऐसा नहीं है कि हमने पहले कोशिश नहीं की थी; लेकिन सरकारी प्रमाण-पत्र हासिल करने की प्रक्रिया बहुत जटिल है। इन सीधे-सादे गाँववालों के लिए बार-बार पैसे और समय खर्च करके जमशेदपुर जाना, किसी अनजान से दफ्तर में जाकर किसी क्लर्क से मिलना, जिसके वहाँ मौजूद होने की कोई गारंटी नहीं होती, बहुत मुश्किल है।'' निर्मला दी ने कहा।

चूँकि मैं खुद भी जमशेदपुर से लालडीह और अन्य गाँवों की असंख्य यात्राएँ कर चुका था, इसलिए मैं उनकी बात का मर्म समझ रहा था, जो शायद जमशेदपुर के ऑफिस में बैठे क्लर्क और अधिकारी नहीं समझ पा रहे थे।

''वैसे, काजल मुझे एक दिन बता रही थी कि तुम अपनी कॉलेज की दोस्त रिया का अमेरिका से लौटने का इंतजार कर रहे हो, ताकि तुम दोनों शादी करके घर बसा सको।'' निर्मला दी ने बातचीत का विषय जीएसएस की तात्कालिक चिंताओं से बदलकर मेरे भविष्य की संभावनाओं की ओर कर दिया। यह पहली बार था कि हम रिया के बारे में बात कर रहे थे। और मुझे एहसास हुआ कि यह भी पहली बार था कि हम काजल की अनुपस्थिति में बात कर रहे थे।

''हाँ, विचार तो कुछ ऐसा ही है।'' मैंने जवाब दिया। मैं खुद को आश्वस्त दिखाने की भरपूर कोशिश कर रहा था; लेकिन मेरे मन में इस विचार के प्रति विश्वास उतना मजबूत नहीं था, जितना मैं चाहता था।

''यह तो अच्छी बात है।'' निर्मला दी बोलीं। फिर कुछ पल की चुप्पी के बाद उन्होंने आगे कहा, ''मैं रिया से कभी मिली नहीं हूँ और उसके बारे में ज्यादा जानती भी नहीं हूँ। लेकिन क्या वह भारत लौटने के लिए उत्सुक है? ऐसे बहुत लोग हैं। जब मैं अमेरिका में पढ़ाती थी तो मेरे कुछ भारतीय छात्र थे, जो जल्दी-से-जल्दी पढ़ाई समाप्त करके भारत लौटने के प्रति प्रतिबद्ध थे। लेकिन मैं नहीं जानती कि वह सच में लौटे या नहीं।''

यह एक ऐसा प्रश्न था, जो सीधा और ईमानदार उत्तर चाहता था और यह वही प्रश्न था, जिसे मैं पिछले कई दिनों से टाल रहा था। हम दोनों चुप थे और शायद मेरी चुप्पी ने निर्मला दी को उससे अधिक ही बता दिया, जो मैं अपने शब्दों

के माध्यम से बता पाता।

''क्योंकि अगर वह खुद को भारत लौटने के लिए तैयार कर लेती है, ताकि तुम्हारे साथ रह सके तो इस बात की संभावना शेष रहेगी कि वह खुश रहे और तुम दोनों के आपसी प्यार के आगे बाकी चीजें महत्त्वहीन हो जाएँ। लेकिन इस बारे में साफ-साफ व खुले दिमाग से बात कर लेना बेहतर रहता है, बजाय उस निर्णय में फँस कर जीवन बिताने से जो तुमने किसी जमाने में लिया था।'' निर्मला दी ने ज्ञान और स्पष्ट चिंता के भाव से कहा।

''क्या उसने तुम्हें उसके पास अमेरिका आने के लिए कभी नहीं कहा? मैं यकीन से कह सकती हूँ कि तुम अपने कॉलेज के उत्कृष्ट छात्रों में से रहे होगे।'' कुछ देर बाद निर्मला दी ने फिर पूछा। किसी और के साथ शायद मैंने इतने कम समय में अपने जीवन के बारे में इतने प्रश्नों का सामना करने में असहज महसूस किया होता, लेकिन किसी ने पहले कोशिश भी नहीं की थी। निर्मला दी के साथ मैं असहज नहीं था; बल्कि मुझे खुशी हो रही थी कि मैं उनसे ऐसी चीजों और मुद्दों के बारे में बात कर रहा था, जिनका मैं खुद भी सामना नहीं कर पा रहा था। वे मेरे बदले नहीं सोच रही थीं, सिर्फ मुझे सोचने में मदद कर रही थीं और दोनों बातों के बीच बहुत बड़ा अंतर है।

''हाँ, उसने मुझे अमेरिका जाकर पढ़ाई करने के लिए कई बार मनाने की कोशिश की। उसके मम्मी-डैडी ने भी की। लेकिन बाद में उसने कहना छोड़ दिया, शायद निराश होकर। वह खुद वहाँ बहुत खुश और व्यस्त है। शायद वह वहाँ की यूनिवर्सिटी में पी-एच.डी. के लिए आवेदन भी देगी।'' अंततः मैंने जवाब दिया।

''मुझे विश्वास है कि तुम इस बात को समझते होगे कि मैं तुम्हारी दोस्त हूँ, भले ही उम्र में तुमसे बहुत बड़ी हूँ। और इस समय मैं तुमसे सिर्फ दोस्ती की भावना से बात कर रही हूँ। मैं जानती हूँ कि प्रत्येक व्यक्ति अलग होता है और जो बात एक के लिए सही हो, जरूरी नहीं है कि वह दूसरे के लिए भी सही हो। लेकिन तुम जानते हो, कभी-कभी किसी दूसरे से बात करने से मदद मिलती है और हम चीजों को साफ-साफ देख पाते हैं। अकेले सोचते रहने पर हम कभी-कभी बिल्कुल स्पष्ट चीजों को भी नहीं देख पाते, क्योंकि हम एक ही दृष्टिकोण के आदी हो जाते हैं। मेरे साथ ऐसा कई बार हुआ है। मैं भी इस बात का दावा नहीं कर सकती कि मैंने अपने जीवन में सारे निर्णय सही लिये हैं। खुद के दिल और दिमाग में झाँककर देखना बाहरी दुनिया को देखने से ज्यादा मुश्किल होता है'' निर्मला दी ने बरामदे से बाहर की ओर देखते हुए कहा।

खुरदुरी मिट्टी में मेहनत से बनाई गई क्यारियों में कुछ पीले फूल खिल चुके थे। कुछ दिनों में वे गायब हो जाएँगे, जब सूरज की तपिश से सबकुछ सूख जाएगा, सिवाय गुलमोहर और अमलतास के फूलों के, जो गरमी के चरम पर भी ऊँचे पेड़ों की शाखों पर खिले रहते हैं।

❑

48

गौतम ने भारत की प्रीमियम सिविल सेवाओं में प्रवेश की अनुमति देनेवाली त्रि-स्तरीय परीक्षा में से मुख्य परीक्षा उत्तीर्ण कर ली थी। यह मुख्य परीक्षा या मेन्स तीनों में से सबसे कठिन मानी जाती है और उसे उत्तीर्ण करके उसने आई.ए.एस. अफसर बनने के अपने अंतिम लक्ष्य की ओर एक बड़ा कदम उठाया था। अब सिर्फ इंटरव्यू देना बाकी था, जिसके लिए वह जल्दी ही दिल्ली जाने वाला था। वह स्वाभाविक रूप से खुश तो था, लेकिन उत्तेजित नहीं था। वह खुद को इंटरव्यू के लिए तैयार करने की दिशा में ज्यादा कुछ नहीं कर सकता था और उसकी अनिश्चितता व आत्मवाद उसे थोड़ा परेशान कर रहा था।

''पंकज व तुम कुछ मॉक (नकली) इंटरव्यूज लेकर मेरी मदद कर सकते हो क्या? तुम मुझसे इस तरह प्रश्न पूछना जैसे कि तुम इंटरव्यू लेनेवाले अधिकारी हो और मैं उत्तर दूँगा। इससे मुझे बहुत मदद मिल जाएगी।'' गौतम ने एक शाम मुझसे कहा।

हालाँकि हॉस्टल में शायद मैं ही उसके सबसे निकट था, फिर भी इस बात से कि उसने सबको छोड़कर मुझे इस काम के लिए चुना, मुझे बहुत खुशी हुई। काजल और मि. कुलकर्णी अब तक महाराष्ट्र से वापस नहीं आए थे और मैं अनपेक्षित रूप से अकेला व खाली-खाली महसूस कर रहा था। उन्होंने शिरडी जाकर वहाँ के मशहूर साईं बाबा मंदिर में दर्शन करने का निर्णय ले लिया था।

''कभी भी, कहीं भी। हालाँकि मुझे नहीं पता कि मैं इस काम को ठीक से कर पाऊँगा या नहीं। तुम्हारा इंटरव्यू लेनेवाले अधिकारी मुझसे कहीं अधिक शिक्षित और अनुभवी लोग होंगे, यह मैं यकीन के साथ कह सकता हूँ।'' मैंने कहा।

''हो सकता है; लेकिन यहाँ बात सोचकर तार्किक और स्पष्ट जवाब देने का अभ्यास करने की है। और फिर, तुमने भी पर्याप्त पुस्तकें पढ़ी हैं और तुम्हें काफी

जानकारी है। अफसोस की बात है कि तुमने कभी यह परीक्षा देने की कोशिश नहीं की।'' गौतम ने जवाब में कहा।

रिया की तरह गौतम ने भी मुझे कई बार सिविल सेवा परीक्षा देने के लिए प्रेरित करने की कोशिश की थी और रिया की ही तरह असफल रहा था। लेकिन दोनों मामलों में कारण अलग थे। रिया के मामले में जो बात मुझे रोक रही थी वह थी अपना देश छोड़कर विदेश में बसने के प्रति मेरे झुकाव में निश्चित कमी, बल्कि एक सकारात्मक अनिच्छा भी; जबकि गौतम के मामले में मेरे अंदर महत्त्वाकांक्षा और आत्मविश्वास की कमी ने मुझे उस जीवन को जीने का प्रयास करने से रोक लिया, जिसे मैं नेक समझने के साथ-साथ अपनी पहुँच से बाहर भी मानता था।

''तुमने क्या सोचा है ? तुम आगे भी यही नौकरी करना चाहते हो ? तुम अभी जो काम कर रहे हो, उसे जीवन भर करके तुम खुश रहोगे ?'' गौतम ने मुझसे पूछा।

हम दोनों मेरे कमरे में बैठे थे। मेरा रूममेट शिफ्ट ड्यूटी कर रहा था। शाम ढलने वाली थी और हम रात के खाने के लिए नीचे डाइनिंग रूम में जाने का इंतजार कर रहे थे।

''पता नहीं। अभी तो सबकुछ अनिश्चित और प्रवाह में लग रहा है। मेरा काम अच्छा है; हालाँकि मुझे ज्यादा संतुष्टि जीएसएस के काम करने में मिलती है। लेकिन मैं जीएसएस के साथ पूरे समय काम करके अपना और अपने परिवार का भरण-पोषण तो नहीं कर सकता न।'' मैंने जवाब दिया। जवाब देते हुए मुझे एहसास हुआ कि अपने भविष्य के बारे में सोचने और निर्णय लेने में मेरी असमर्थता के लिए रिया और उसकी योजनाएँ भी जिम्मेदार थीं।

''मैं आशा करता हूँ कि हमें वह काम करने को मिले, जो हम करना चाहते हैं और जो सार्थक व उपयोगी भी हो।'' गौतम ने गहरी साँस लेकर कहा, ''मैं कितने ही लोगों को देखता हूँ, जो एक जीवन जीते हुए दूसरा जीवन जीने की चाहत रखते हैं। उम्मीद है, हमें ऐसा नहीं करना पड़ेगा।'' उसने कहा। वह उस समय प्रशस्त, लेकिन गहन सोचवाली मानसिक अवस्था में था।

''देखो, शायद मैं भी तुम्हारे साथ दिल्ली चलूँ, जब तुम इंटरव्यू के लिए जाओगे। फिर मैं तुम्हें दिल्ली घुमा दूँगा। रिया ने अपने पिछले पत्र में लिखा था कि वह भी लगभग उसी समय भारत आएगी, इसलिए मेरे लिए वह समय ठीक रहेगा। तुम कहाँ रुकोगे, कुछ सोचा है ?'' मैंने गौतम से पूछा। यह विचार मेरे दिमाग में अभी-अभी आया था और मुझे बहुत अच्छा लग रहा था। हो सकता है, कुछ महीनों में गौतम जीवन की एक अलग राह पर चलने लगे और मुझसे दूर हो

जाए—हमेशा के लिए।

''हाँ, मुझे बहुत खुशी होगी। यह विचार बहुत अच्छा है। लेकिन मैंने अभी सोचा नहीं है कि मैं कहाँ ठहरूँगा। मैं कभी दिल्ली नहीं गया हूँ। मैं किसी सस्ते होटल में रुकने की सोच रहा था, जो रेलवे स्टेशन के पास हो; लेकिन अगर तुम भी उस समय वहाँ रहोगे तो मुझे बहुत मदद मिलेगी।'' गौतम ने कहा। वह मेरे प्रस्ताव से वास्तव में बहुत खुश लग रहा था। ''चलो, फिर हम लोग अपने टिकट बनवा लेते हैं; क्योंकि मुझे इंटरव्यू की तारीखें मिल गई हैं। तुम सेकंड क्लास में चलोगे ?'' गौतम ने पूछा।

''हाँ, मैं हमेशा सेकंड क्लास में ही यात्रा करता हूँ। हम कल ही अपने टिकट बनवा लेते हैं। गरमी की छुट्टियों के दौरान कभी-कभी रिजर्वेशन मिलना मुश्किल हो जाता है।'' मैंने जवाब दिया। हालाँकि अब मैं वातानुकूलित कोच में यात्रा कर सकता था, क्योंकि सेकंड क्लास के कोच गरमी के मौसम में कभी-कभी बहुत ज्यादा गरम हो जाते थे; लेकिन फिर भी मेरे अंदर की कोई चीज, शायद मेरी परवरिश, मुझे उतने महँगे टिकट लेने से रोक लेती थी।

''तो फिर तय रहा। चलो, खाना खाने चलते हैं। नौ बजने वाले हैं। कल से हम खाने के पहले अपने मॉक इंटरव्यू शुरू करेंगे।'' गौतम ने अपनी एचएमटी की कलाई घड़ी पर नजर डालते हुए कहा। उसके लिए मुझे शुक्रिया कहना आवश्यक नहीं था। मैं जानता था कि वह मुझे शुक्रिया कहना चाहता है; लेकिन ऐसा करना विनम्रता का अनावश्यक प्रदर्शन होता, जो दोस्तों के बीच औपचारिकता का काम करता।

''चलो, आशा है, आज भी वे लोग हमें करेले नहीं खिलाएँगे।'' मैंने हँसते हुए कहा। हम दोनों को करेले से चिढ़ थी। वास्तव में, मैं हॉस्टल में ऐसे किसी व्यक्ति को नहीं जानता था, जिसे करेले पसंद हों, फिर भी वे आएदिन हमारे खाने की टेबल पर प्रकट हो जाते थे, या शायद हमें ऐसा लगता था।

❑

49

आश्चर्य की बात थी कि हमारा डाकिया नीचे की मंजिल में सारे पत्र एक साथ पटक देने की बजाय हॉस्टल के करीब 100 कमरों में अलग-अलग जाकर सबके पत्र पहुँचाता था। उस समय उसका काम समझकर हम इस बात पर ज्यादा ध्यान नहीं देते थे। मुझे नहीं लगता कि हमारा वृद्ध डाकिया भी इस बारे में कुछ सोचता होगा, शायद उसने इस परिश्रम को अपना रोजमर्रा का काम समझकर अपनी आदत बना लिया होगा—वैसे ही, जैसे होली और दिवाली पर हम में से प्रत्येक से बख्शीश लेना उसका काम था। वह हमारे कमरों के बंद दरवाजों के नीचे की थोड़ी सी जगह से हमारे पत्र अंदर खिसका देता था। दोपहर में उसके आने के समय हम अधिकतर फैक्टरी में होते थे। कई बार जब हम कमरे में प्रवेश करते थे तो हमें अपने पैरों के नीचे पत्र महसूस होते थे और हमारे हाथ स्वत: ही हमारे माथों तक पहुँच जाते थे—विद्या की देवी से क्षमा माँगने के लिए; क्योंकि हमने कागज को, जो विद्या का प्रतीक होता है अपने पैरों से छूकर उनका अनादर किया था। यह उन कई कामों में से एक था, जिसे हम अपनी संस्कृति का अंग मानकर बचपन से करते रहते हैं और अकसर वह हमारी आदतों में शामिल हो जाता है।

काफी दिनों से मेरे पास किसी का पत्र नहीं आया था। उस मंगलवार को जब मैंने अपने हॉस्टल के कमरे में प्रवेश किया तो दरवाजे के नीचे से डाले गए तीन पत्र एक साथ मेरा इंतजार कर रहे थे। एक तो स्पष्ट रूप से रिया का था, जो मैंने उसके अंतरराष्ट्रीय लिफाफे और अमेरिका की स्टैंपिंग से पहचान लिया। दूसरा मेरा जाना-पहचाना पोस्ट ऑफिस का आसमानी रंग का अंतरदेशीय पत्र था, जिस पर मेरे पिताजी की साफ-सुथरी लिखावट में मेरा नाम लिखा था, जिसका प्रत्येक अक्षर स्पष्ट रूप से अंकित था। लेकिन मेरा ध्यान वास्तव में उस तीसरे पत्र ने आकर्षित किया। मैंने काजल के पत्र की अपेक्षा नहीं की थी और इससे पहले

मुझे पत्र लिखने का उसे कोई अवसर भी नहीं मिला था, क्योंकि हमारी पहली मुलाकात के बाद से वह कभी जमशेदपुर के बाहर नहीं गई थी। इसके अलावा, मि. कुलकर्णी और काजल सिर्फ दस दिनों के लिए महाराष्ट्र गए थे। फिर भी, उस पत्र के अनपेक्षित और अकथनीय होने के बावजूद मुझे एक अजीब सी खुशी और संतुष्टि महसूस हो रही थी।

अपने हेलमेट को उसकी निश्चित जगह पर रखने और अपने जूते उतारने के बाद मैंने सबसे पहले पिताजी का पत्र खोला। हालाँकि वह एक अंतरदेशीय पत्र था, लेकिन उसके अंदर की सीमित जगह पर पिताजी, माँ और मेरी बहन तीनों ने अपनी भावनाएँ व्यक्त की थीं। पत्र सीधे-सरल और अपेक्षित तर्ज पर थे, संबंधों और संसार को दोबारा सत्यापित और आश्वस्त करते हुए, जो अनजाने में अपरिवर्तनीय स्थायित्व का भ्रम पैदा करने की कोशिश करते थे। पत्र में हमेशा की तरह सांसारिक चीजों और घटनाओं की बातें थीं, उनके स्वास्थ्य और हाल-चाल के प्रति मुझे आश्वस्त करती हुईं और मेरे स्वास्थ्य और हाल-चाल के बारे में प्रश्न करती हुईं। वह एक बंदरगाह से एक जहाज को भेजा गया पत्र था।

रिया का पत्र वजन में सबसे हलका, लेकिन खबर में सबसे भारी था। उसे उसी की यूनिवर्सिटी द्वारा पी-एच.डी. करने का अवसर दिया जाना लगभग तय था और वह इस बात को लेकर निश्चित रूप से बहुत उत्तेजित थी। अमेरिका जाने के बाद से उसमें एक छात्रा के रूप में स्पष्ट रूप से काफी सुधार आया था, जिसके लिए उसे सराहना मिल रही थी और वह खुशी से उस सराहना का प्रतिदान दे रही थी। उसके एक प्रोफेसर ने पेशेवर रूप से उसकी सहायता की थी और उसे पी-एच.डी. करने के लिए प्रेरित किया था, जिसकी उसे बहुत खुशी थी। हालाँकि उसने संक्षेप में अपनी प्रस्तावित पी-एच.डी. थीसिस के विषय में मुझे लिखा था, लेकिन मेरे लिए वह बहुत अस्पष्ट और समझ से बाहर था। उसने मुझे जो भी लिखा था, उसका असली मतलब यह था कि उसने अमेरिका में लंबे समय तक रहने का निर्णय ले लिया था—अकेले ही; और भविष्य में भी वह लौटेगी या नहीं, इसके बारे में वह निश्चित तौर पर कुछ नहीं कह सकती थी। मैं समझ नहीं पाया कि रिया मुझसे किस बात की अपेक्षा कर रही थी—और कोई अपेक्षा कर भी रही थी या नहीं। अपने पत्र में उसने हमारे भविष्य के बारे में, उसकी संभावनाओं के बारे में और हमारे भविष्य पर उसके निर्णय से होनेवाले प्रभाव के बारे में कुछ नहीं लिखा था। इस समाचार से मुझे झटका लगना चाहिए था; लेकिन शायद उसके पत्र के स्पष्ट भाव के कारण या शायद इसलिए कि मन की गहराइयों में मैं ऐसा

कुछ होने की उम्मीद करने लगा था, मुझे वास्तव में उतना बड़ा झटका नहीं लगा जितना लगना चाहिए था।

काजल का पत्र मैंने अंत में पढ़ने के लिए रखा था। उसका पत्र बिल्कुल अनपेक्षित था और शायद इसीलिए मैं ज्यादा खुश था। हालाँकि वह अपने रिश्तेदारों के घर में शादी की विभिन्न रस्मों में बहुत व्यस्त थी, फिर भी उसने भीड़ के बीच अपने लिए थोड़ा समय निकाल लिया था। शायद वह वहाँ अलग-थलग महसूस कर रही थी, इसलिए मुझे पत्र लिखने बैठ गई। मैं सोचने लगा, मुझे ही क्यों? क्या उसने भी ऐसा ही सोचा होगा?

उसने लिखा था कि वह मुझे और हमारी लालडीह एवं अन्य जीएसएस गाँवों की सप्ताहांत की यात्राओं को याद करती थी, जो हम खस्ताहाल बसों में करते थे। हालाँकि वह वहाँ चल रही शादी की रस्मों का आनंद ले रही थी, खासतौर से, क्योंकि वे उसके लिए अनूठी थीं। लेकिन फिर भी, उसे खुशी थी कि वह जल्दी ही अपने शहर में लौटने वाली थी—अपने स्थान पर, अपनी दिनचर्या में और वह काम करने, जो उसके लिए महत्त्वपूर्ण था। उसके पत्र से साफ पता चल रहा था कि वह खुद से और अपने जीवन से संतुष्ट थी और उसके मन में अपने स्थान के प्रति अपनत्व की भावना थी। पूर्ण संतुष्टि की यह भावना मुझसे हमेशा दूर रहती थी, हालाँकि जमशेदपुर मुझे अपना शहर नहीं लगता था। दिल्ली भी, जहाँ मैं बड़ा हुआ था, मुझ पर से अपनी पकड़ खोती जा रही थी।

मैं दो स्थानों और दो जिंदगियों के बीच झूल रहा था—शायद किसी और चीज की तलाश में। लेकिन फिर मुझे एहसास हुआ कि स्थान का कोई महत्त्व नहीं होता। फर्क उस दृष्टिकोण से पड़ता है, जिससे हम उस स्थान को देखते हैं। कई मामलों में काजल का पत्र सबसे अंतरंग था, कर्तव्यपरायणता की आवश्यकता के किसी भाव के बिना वह एक व्यक्ति का दूसरे को लिखा हुआ पत्र था, जिसमें उसने बिना किसी संकोच के अपने मन और दिल की बात लिखी थी। वह पत्र जैसे उसका एक अंश था। मैंने धीरे-धीरे तीनों पत्र मोड़े और सावधानी से रख दिए। रिया के पत्र उस बंडल में चले गए, जिसमें मैंने उसके पहले पत्र से इस पत्र तक सब सँभालकर रखे थे। अब मुझे काजल का पहला पत्र रखने के लिए कोई जगह तलाश करनी थी।

❑

50

काजल से उनकी महाराष्ट्र की यात्रा का विवरण सुनकर मैं स्तब्ध रह गया। काजल और मि. कुलकर्णी के वहाँ रुकने का कारण सिर्फ दर्शन के लिए शिरडी जाना नहीं था, जैसा कि उसने बताया। हम एक बार फिर उनके ड्राइंग रूम में बैठे थे।

''मेरे प्रिय पिताजी ने मेरी दूसरी शादी लगभग करवा ही दी थी। हम मकरंद और उसके परिवार को कई वर्षों से जानते हैं। असल में, वे लोग मेरी माँ की तरफ से हमारे दूर के रिश्ते में लगते हैं। सब चीजों के बावजूद मकरंद मुझसे शादी करना चाहता है, और उसके माता-पिता भी इस रिश्ते के लिए राजी हैं।'' काजल ने कहा। 'सब चीजों' से काजल का मतलब उसकी पहली शादी और उसके दु:खद अंत से था। मूर्ति की मृत्यु का सच कभी उनसे दूर नहीं जा पाया था।

''वे लोग इस शादी के लिए इतने उत्सुक थे कि सबने हमें सुझाव दिया कि हम कुछ दिन और रुक जाएँ और फिर शिरडी में हमारी शादी करवा दी जाए।'' काजल ने बताया। यह सब अचानक ही तय हुआ था; उसने मुझे पत्र लिखा था, उसके तुरंत बाद।

मैं काजल की अचानक शादी की संभावना से इतना चौंक गया था कि न कुछ बोल पाया, न अपनी प्रतिक्रिया व्यक्त कर पाया। लेकिन मैं अपनी खुद की प्रतिक्रिया से भी चौंक गया था। आखिरकार, काजल के लिए दूसरी शादी करना वांछित भी था और पूर्णत: स्वाभाविक भी और जितना उसने मुझे बताया था, उस लिहाज से तो उस प्रस्ताव में या बात में कुछ भी आपत्तिजनक नहीं था। बल्कि प्रस्ताव बहुत उपयुक्त था। लेकिन पता नहीं क्यों उसकी उपयुक्तता से मुझे जलन हो रही थी। मैं चुप रहा और काजल को प्रश्न भरी आँखों से देखता रहा—आगे की बात सुनने के लिए।

''लेकिन अंत में बाबा ही थे, जिन्होंने बात को वहीं रोक दिया। हालाँकि वे मेरी शादी करने के लिए स्वाभाविक रूप से उत्सुक हैं। लेकिन शायद वे समझ गए कि मैं पूरी तरह सहज नहीं हूँ, खासतौर से उस जल्दबाजी को लेकर जिससे यह सब हो रहा था। इसलिए वह बात अभी एक अनौपचारिक समझौते के साथ टाल दी गई है कि अगर सबकुछ वैसा ही रहा जैसा अभी है तो वे लोग बात आगे बढ़ा सकते हैं।'' काजल ने बताया।

मैंने देखा कि उसने 'हम लोग' के स्थान पर 'वे लोग' का प्रयोग किया था जैसे वह किसी और के बारे में बात कर रही हो।

''तुम इस बारे में क्या सोचती या महसूस करती हो ? तुम क्या चाहती हो ?'' बहुत मुश्किल से मैंने पूछा, क्योंकि मैं अभी भी उस अनपेक्षित झटके से बाहर नहीं निकल पाया था, जिसने मुझ पर हथौड़े की तरह वार किया था।

''मैं अभी इस बारे कुछ तय नहीं कर पाई हूँ।'' काजल ने कुछ पल सोचने के बाद जवाब दिया। ''एक तरफ मैं सच में जमशेदपुर को नहीं छोड़ना चाहती। मेरा काम और निर्मला दी तथा जीएसएस के साथ मेरा रिश्ता मेरे लिए बहुत महत्त्वपूर्ण है। लेकिन मैं समझ सकती हूँ कि मेरे शादी करके घर बसाने से बाबा को मन-ही-मन बहुत राहत महसूस होगी। हम जिस युग और जिस समाज में रहते हैं, उसे देखते हुए मैं उन्हें दोष भी नहीं दे सकती।'' उसने आगे कहा। कोई भी मि. कुलकर्णी को दोष नहीं दे सकता था; बल्कि उन्होंने तो काजल को उसके जीवन के बारे में निर्णय लेने की पूरी स्वतंत्रता और अवसर दिया था। मुझे यह बात अजीब लगी कि हमारी चर्चा में मकरंद का नाम नहीं आया था।

''मि. मकरंद करते क्या हैं ? कहाँ रहते हैं ?'' मैंने काजल से पूछा, उस नाम को सचेत सम्मान देते हुए, जो मैंने कुछ देर पहले पहली बार सुना था।

''मकरंद लंदन में रहता है और वहीं पढ़ाता है। वह ह्यूमैनिटीज का छात्र था, समाज-शास्त्र या नृविज्ञान जैसा कुछ पढ़ता था, उसने मुझे बताया था। पिछले कुछ सालों में मैं उससे बहुत कम मिली हूँ, वह भी अधिकतर ऐसे पारिवारिक मौकों पर। लेकिन मुझे लगता है, वह मुझे पसंद करता है। इसीलिए मेरी पहली शादी के बारे में जानते हुए भी मुझसे शादी करना चाहता है। असल में, उसने मुझे बताया था कि वह हमेशा से मुझसे शादी करना चाहता था, लेकिन कभी कह नहीं पाया।'' काजल ने अनजाने में मुझसे आँखें चुराते हुए कहा।

''कम-से-कम यह सोचकर अच्छा लगता है कि अभी भी कोई आपको पसंद करता है। इससे आपका अहं संतुष्ट होता है।'' काजल ने मुसकराते हुए

कहा। ''शायद सच में ही ऐसे व्यक्ति से शादी करना बेहतर होता है, जो आपको पसंद करता हो, बजाय उससे शादी करने के, जो आपको पसंद हो।'' इस बार उसने सीधे मेरी आँखों में देखते हुए कहा।

मुझे लग रहा था जैसे काजल ने खुद को उस दिशा में जाने के लिए लगभग तैयार कर लिया था, जिस दिशा में नियति उसे अप्रत्याशित रूप से ले जा रही थी। हम चाहे जो भी सोचें, हमारा जीवन अधिकतर कुछ घटनाओं और उनके प्रति हमारी प्रतिक्रियाओं का परिणाम होता है, उन बड़ी-बड़ी योजनाओं का नहीं, जो हम अपने लिए बनाते हैं। हम अपने जीवन नहीं जीते, वास्तव में उसका उलटा होता है।

''क्या तुम मि. मकरंद से प्यार करती हो? वैसे उसका सरनेम क्या है?'' मैंने काजल से पूछा, किसी अज्ञात वजह से लगभग उसे चुनौती देने के अंदाज में। लेकिन मैं चुनौती क्यों देना चाहता था और उसे चुनौती देनेवाला मैं था कौन?

''नहीं, मुझे इस बारे में कोई भ्रम भी नहीं है। और शायद यह इस बात पर भी निर्भर करता है कि प्यार की हमारी परिभाषा क्या है। मुझे वह पसंद है। वह एक अच्छा व मिलनसार व्यक्ति है और बहुत शरीफ है। मेरे मन में उसके लिए वैसी भावना नहीं है जैसी कभी मूर्ति के लिए थी। लेकिन एक व्यक्ति दो बार भाग्यशाली नहीं हो सकता, है न? ऐसी इच्छा रखने का मतलब होगा कि हम लालची हो रहे हैं। मैं ठीक कह रही हूँ न?'' काजल ने जवाब देने के साथ मेरी ओर भी एक प्रश्न उछाल दिया; लेकिन वह जवाब की उम्मीद नहीं कर रही थी। वह पहले से जानती थी कि उसे क्या चाहिए था।

''हाँ, कम-से-कम दो पुरुषों ने तुम्हें बिना किसी शर्त प्यार किया है। आज की दुनिया में ऐसा होना बहुत दुर्लभ है।'' मैंने कहा। मैं अभी भी असहज महसूस कर रहा था और मेरे पेट में एक गाँठ जैसी बनती जा रही थी।

''यह बात तुम्हारे लिए भी सच है। हम सब बहुत भाग्यशाली हैं, है न?'' काजल ने गहरी साँस लेते हुए कहा और कुरसी से उठ गई। ''लेकिन जीवन में प्यार के अलावा भी बहुत कुछ चाहिए होता है। इनसान को घर में शांति और सुकून की आवश्यकता होती है और एक समझदार साथी की, जो उसे पनपने में, प्रगति करने में मदद करे, उसके मन का काम करने दे और उसका सम्मान करे। जरूरी नहीं है कि जिस व्यक्ति को आप प्यार करें, उसमें ये सब गुण हों।'' उसने कहा।

''और प्यार का क्या? तुम पूरा जीवन किसी ऐसे व्यक्ति के साथ कैसे बिता सकती हो, जिसे तुम प्यार नहीं करतीं?'' मैंने पूछा। मेरी आवाज में अचानक एक

तीखापन आ गया, जिसे पहचानकर मैं हैरान हो गया।

''यह भी इसी बात पर निर्भर करता है कि आपके लिए प्यार का क्या मतलब है। मुझे लगता है, तुम प्यार की अपनी अवधारणा को ज्यादा ही महत्त्व देते हो। प्यार होता है, लेकिन वह घटता-बढ़ता भी रहता है। मेरे अनुसार, प्यार को हमारे जीवन को अपनाकर उसमें व्याप्त हो जाना चाहिए। जीवन को प्यार के पीछे नहीं भागना चाहिए। लेकिन शायद सबको अपने प्रश्नों के उत्तर खुद ही ढूँढ़ने पड़ते हैं।'' काजल ने मेरी आँखों में देखते हुए कहा, जैसे वह खुद कुछ जानना चाह रही हो और मुझे भी कुछ समझाना चाहती हो।

''तुमने सबकुछ पहले से सोच रखा है न? ऐसा लग रहा है कि तुमने प्यार और जीवन पर पी-एच.डी. कर रखी हो!'' मैंने कुछ व्यंग्यात्मक-से स्वर में कहा।

''हाँ, मुझे इन बातों के बारे में सोचने के लिए काफी समय मिला था। मूर्ति के जाने के बाद मुझे लोगों से मिलना या बातें करना अच्छा नहीं लगता था। सबकुछ कितना अचानक हुआ था। मेरा पूरा जीवन, भविष्य के सपने—सब एक पल में खत्म हो गए—यूँ ही, अचानक। मुझे अपने जीवन को समेटना था, फिर से जीना सीखना था।'' काजल ने अपने स्वर में बिना कोई कड़वाहट या आत्मदया का भाव लाए जवाब दिया। मुझे अपनी संकीर्ण सोच पर शर्म आ रही थी। सोचने की जरूरत तो शायद मुझे थी।

उस रात मेरा खाना मि. कुलकर्णी और काजल के घर पर था। हालाँकि खाना हमेशा की तरह बिना किसी ताम-झाम के परंतु स्वादिष्ट और पौष्टिक था, लेकिन मैं उसका आनंद नहीं ले पा रहा था। मुझे लग रहा था कि काजल अभी से मुझसे दूर होने लगी थी और मि. कुलकर्णी मेरे प्रति उदासीन हो गए थे। हालाँकि मैंने महसूस किया कि मि. कुलकर्णी ने एक बार भी मेरे सामने काजल और मकरंद की बात नहीं छेड़ी थी, जैसे कि उनकी महाराष्ट्र की यात्रा में कुछ असामान्य हुआ ही न हो। हो सकता है, वह बात पक्की होने के पहले किसी को बताना न चाहते हों, या काजल पर निर्णय लेने के लिए दबाव न डालना चाहते हों, लेकिन मैं कल्पना कर रहा था कि मैं एक सदियों पुराने परिवार की अदृश्य लेकिन सख्त जागीर के बाहर खड़ा हूँ, जिसकी ऊँची दीवारें मेरा रास्ता रोक रही हैं। उनके घर में ऐसा एहसास मेरे लिए नया था। हमने शिरडी की बात की, साईं बाबा की बात की, जमशेदपुर के मौसम और दुनिया भर के अन्य विषयों पर बात की, जो हमारे बीच आ गए खालीपन को भर सकती थीं। मैं कुछ अजीब सा महसूस कर रहा था और मेरा दिमाग बार-बार उस बात की ओर जा रहा था, जो शाम को काजल

ने मुझसे कही थी।

रात को मैं हॉस्टल के अपने खाली कमरे में लौट आया। राजेश अपने घर गया था—अपने कॉलेज के प्रिंसिपल की उस बेटी से अपनी सगाई की बात तय करने, जिसे वह हमेशा से पसंद करता था, लेकिन कभी कहने की हिम्मत नहीं जुटा पाया था। लेकिन किसी तरह उसके माता-पिता को उसकी इच्छा के बारे में पता चल गया था और चूँकि लड़की का परिवार सजातीय, इज्जतदार और इच्छुक भी था, सबने मिलकर बिना देर किए शादी पक्की कर दी थी। हालाँकि उसने बहुत जोर दिया था, लेकिन मैंने उसकी सगाई में जाने से खुद को छुड़ा लिया था, इस वादे के साथ कि मैं उसकी शादी में, जो सर्दियों में होने वाली थी, उसके पुरखों के गाँव अवश्य जाऊँगा। अनजाने लोगों की भीड़ के बीच यह उत्सव मुझे हमेशा ऊब से भर देता था। लेकिन उस रात मुझे महसूस हुआ कि राजेश भाग्यशाली था कि उसकी जिंदगी इतनी आसान, सीधी-सादी और बिना किसी उलझन की है। वह अपनी जिंदगी रोज के रोज जीता था, अपने वर्तमान के प्रति सुनिश्चित था और भविष्य के प्रति जरूरत से ज्यादा चिंता नहीं करता था। इनसान उसी चीज को ज्यादा महत्त्व देता है, जो उसके जीवन में मौजूद नहीं होती।

❑

51

मुझे ट्रेन से यात्रा करना हमेशा से अच्छा लगता था, भले ही वे यात्राएँ भारत की तपती गरमियों में सेकंड क्लास के गैर–वातानुकूलित डिब्बों में की जाती थीं। बड़े होने के दौरान विमान से यात्रा करने की बात हमारे दिमागों में कभी नहीं आई। केवल बहुत अमीर लोग या मेरे पिताजी जैसे लोग, जिनकी आधिकारिक यात्राओं का खर्च उनकी कंपनी उठाती थी, विमान से यात्रा करते थे। उसके अलावा, जमशेदपुर में व्यावसायिक हवाई अड्डा भी नहीं था। लेकिन इस बार मैं दिल्ली तक की लंबी यात्रा हमेशा की तरह अकेला नहीं कर रहा था। सेकंड क्लास के उस डिब्बे में गौतम मेरे साथ दिल्ली जा रहा था और एक अन्य परिवार भी, जिसका मुखिया भी हमारी ही कंपनी में कार्यरत था, जैसा कि हमें जल्दी ही पता चल गया। वे लंबी रेल यात्राएँ मेरे अंदर अद्भुत तरीके से एक एकांत की भावना और मानसिक व्यामोह की स्थिति उत्पन्न करने के साथ-साथ दुनिया की प्रतिदिन की वास्तविकताओं से एक भौतिक अवकाश भी प्रदान करती थीं। उन यात्राओं में अपनी मंजिल तक पहुँचने की उत्सुकता से ज्यादा वह यात्रा ही होती थी, जो मुझे मंत्रमुग्ध कर देती थी—खासतौर से दिन के समय, जब खुली खिड़कियों से सदियों पुरानी भारतीय चित्रमाला पूरी-की-पूरी मेरी आँखों के सामने आ जाती थी—अपने दृश्यों, ध्वनियों और गंधों के साथ। लेकिन इस बार बात अलग थी। जमशेदपुर स्टेशन से ट्रेन के रवाना होने के कुछ ही देर बाद गौतम के साथ आम दिलचस्पी के विषयों पर मेरी अपरिहार्य बातचीत का सिलसिला शुरू हो गया। गौतम की सोच बिल्कुल स्पष्ट थी। वह इंटरव्यू में अपना श्रेष्ठ प्रदर्शन देने वाला था, जैसा कि उसने लिखित परीक्षाओं में दिया था। लेकिन उसके बावजूद यदि उसका आईएएस में चयन नहीं होता, वह अगले साल और अधिक तैयारी के साथ प्रयास करेगा। मैं उसकी दृढ़ता, आत्मविश्वास और साहस से प्रभावित था; लेकिन सबसे ज्यादा मुझे

उसके विचारों की स्पष्टता पसंद थी। उसे अच्छी तरह पता था कि वह क्या करना चाहता था, कम-से-कम जीवन के उस बिंदु पर।

हमने रास्ते में कुछ नकली साक्षात्कारों का अभ्यास किया; लेकिन यात्रा बहुत लंबी थी और सिर्फ उसके सहारे नहीं कट सकती थी। डेहरी-ऑन-सोन पहुँचने तक हमारी बातचीत अपनी ही रौ में आ चुकी थी। उन दिनों कोई किसी को सार्वजनिक स्थानों पर धूम्रपान करने से रोकने के बारे में नहीं सोचता था। गौतम ने कुछ ही देर में अपनी विशिष्ट विल्स नेवी कट सुलगा ली थी, इस बात का ध्यान रखते हुए कि धुआँ खिड़की के बाहर जा रहा था। हमारे साथ डिब्बे में मौजूद परिवार को उसके सिगरेट पीने से आपत्ति थी, ऐसा नहीं लग रहा था और अगर थी भी तो वे जता नहीं रहे थे।

कुछ ही देर बाद मैं गौतम से अपने मन की बातें साझा करने लगा—रिया के पिछले पत्र के बारे में, जिसमें उसने अमेरिका से पी-एच.डी. करने की बात लिखी थी, काजल के शादी करने की संभावना के बारे में, जीएसएस के मेरे काम और गाँववालों के बारे में और अपने जीवन के उद्देश्य के बारे में। मैं इन विषयों पर बात नहीं करना चाहता था, लेकिन अपनी खिड़की से बाहर लाल मिट्टीवाले गाँवों को पोस्टकार्ड जैसी तसवीरों की श्रृंखला में बदलते हुए देखकर मेरे अंदर के तनाव ने मुझे यह सब गौतम से कहने के लिए प्रेरित किया और मैंने उसे सबकुछ बता दिया। हमारी ट्रेन धीमी रफ्तारवाली पैसेंजर ट्रेन थी और हर छोटे स्टेशन पर रुकने के अलावा कभी-कभी बीच में भी रुक जाती थी—बिना किसी स्पष्ट कारण के। लेकिन मुझे उसका रुकना बुरा नहीं लग रहा था।

"देखो, मेरे विचार से तो तुम्हें रिया का इंतजार नहीं करना चाहिए, खासतौर से इस पत्र के बाद। इसी वजह से तुम अपने भविष्य के बारे में साफ-साफ सोच नहीं पा रहे हो और कोई पक्का निर्णय नहीं ले पा रहे हो। जितना तुमने मुझे बताया है, उससे मुझे नहीं लगता वह वापस लौटकर भारत में रहेगी, जमशेदपुर तो दूर की बात है।" गौतम ने कुछ देर तक मेरी सविराम चल रही असंबद्ध बातें सुनने के बाद कहा। उसे न तो अपने निष्कर्ष पर कोई संदेह था, न ही किसी और के—मेरे—जीवन के बारे में स्पष्ट शब्दों में अपने विचार और सिफारिशें व्यक्त करने में कोई संकोच।

"लेकिन मैं उसे प्यार करता हूँ और मुझे लगता है, वह भी मुझे चाहती है। हमने एक-दूसरे से शादी का वादा किया है।" मैंने गौतम के विचार का अपने विचार से परीक्षण करते हुए उसकी बात का विरोध किया, "और मैंने उसके और

अपने माता-पिता को हमारे इस निर्णय के बारे में बता भी दिया था।''

''मैं मानता हूँ, तुम उससे प्यार करते हो और हो सकता है, वह भी करती हो। लेकिन जीवन में प्यार ही सबकुछ नहीं होता। प्यार कम-ज्यादा होता रहता है, आता-जाता रहता है। इसके अलावा, जरूरी नहीं है कि सभी प्यार करनेवाले शादी के बंधन में बँध पाएँ या जीवन भर साथ रहने के लिए प्रतिबद्ध हो पाएँ। और जहाँ तक मैं देख पा रहा हूँ, तुम्हारी प्रेम कहानी का कोई निष्कर्ष निकलता नहीं दिखता।'' उसने कहा। उसने मुझसे पहले कभी मेरे और रिया के बारे में बात नहीं की थी, हालाँकि वह उसके बारे में जानता था; लेकिन उस दिन पता नहीं कौन सी चीज ने उसे हमारे रिश्ते के बारे में इतने खुले शब्दों में बात करने के लिए प्रेरित किया था। शायद उसे लगा हो कि वह कुछ ही समय में मुझे और जमशेदपुर को छोड़कर कहीं और चला जाएगा और हो सकता है, फिर उसे मेरी जिंदगी के बारे में अपनी राय प्रकट करने का अवसर न मिले। या शायद वह एक दोस्त के तौर पर मेरे साथ उसके विचार बाँटना चाहता हो, इस आशा से कि उससे मुझे अपने जीवन की दिशा तय करने में मदद मिलेगी। और शायद वह सिर्फ उस लंबी, गरम यात्रा का प्रभाव हो।

''और मुझे यह भी लगता है कि वह तुम्हें फॉर ग्रांटेड ले रही है। वह एक अनिश्चित भविष्य के लिए तुम्हें उम्र भर इंतजार नहीं करा सकती। मेरे अनुसार, अब समय आ गया है कि तुम उसकी योजना के बारे में सीधे-सीधे बात कर लो। तुम कह रहे थे कि वह भी इन दिनों दिल्ली में रहेगी। इस बार तुम उससे बात करके उसके मन की थाह लेने की कोशिश करो और अपने भविष्य के बारे में भी कोई निश्चित निर्णय लो।'' उसने कहा।

हम एक लगभग खाली प्लेटफॉर्म पर उतरकर खड़े थे। ट्रेन एक छोटे से स्टेशन पर रुकी हुई थी, जिस पर स्टेशन मास्टर का एक अकेला ऑफिस था। एक जगह पीले और काले रंग से स्टेशन का कभी न सुना हुआ नाम लिखा था, जैसा कि भारत के प्रत्येक रेलवे स्टेशन पर लिखा होता है और इसके अलावा शायद ही कुछ दिखाई दे रहा था। स्टेशन के प्रांगण में गुलमोहर का एक पेड़ अपनी पूरी शान के साथ खड़ा था, जिसके ऊपर सुर्ख लाल फूल खिले हुए थे; लेकिन यात्रियों का उन पर ध्यान नहीं गया था। कुछ और यात्री ट्रेन से उतर गए थे, जो या तो अँगड़ाइयाँ ले रहे थे या सिग्नल की ओर देखते हुए उसके हरे होने का इंतजार कर रहे थे।

''हाँ, मैं भी सोच रहा हूँ, इस बार बैठकर रिया से बात करूँ कि वह क्या चाहती है और हमारे भविष्य के बारे में उसने क्या सोचा है। मुझे भी तय करना है

कि मैं अपने भविष्य में क्या करूँ। काश, मैं भी अपनी जिंदगी को लेकर उतना ही निश्चित होता जितने कि तुम हो!'' मैंने गौतम से कहा।

''शायद रिया से तुम्हारे रिश्ते का संबंध इस बात से जुड़ा है कि तुम अपने भविष्य में क्या करना चाहते हो। हो सकता है, पहली बात का समाधान मिलने से दूसरी का समाधान अपने आप ही मिल जाए।'' गौतम बोला, ''हममें से कोई भी निश्चित रूप से नहीं जानता कि हमारे जीवन में आगे क्या होने वाला है, फिर भी हम भटकते नहीं रह सकते। उदाहरण के तौर पर, काजल ने कभी नहीं सोचा होगा कि मूर्ति ट्रेन एक्सीडेंट में यूँ अचानक और दुःखद तरीके से चला जाएगा। फिर भी, उसने खुद को अन्य चीजों में व्यस्त कर लिया और परिस्थितियों के अनुसार अपने जीवन की दिशा भी बदली। मैं उसकी इस बात से सच में बहुत प्रभावित हूँ।'' उसने कहा।

सुबह से पहली बार गौतम ने काजल के विषय में बात की थी। वह काजल को मुख्य रूप से मेरे माध्यम से जानता था, उससे साफ-साफ प्रभावित था और उसका आदर भी करता था।

''तुम जानते हो, वह ट्रेन एक्सीडेंट इस जगह के आसपास ही हुआ होगा, क्योंकि उस दिन भी यही ट्रेन थी और यही रास्ता।'' उसने बताया।

यह सुनकर मुझे झटका-सा लगा और उस बात की कल्पना से मेरे पूरे शरीर में झुरझुरी-सी दौड़ गई, एक वास्तविक शारीरिक सनसनी की तरह।

''एक पल में कितने परिवार और कितने जीवन हमेशा के लिए बदल गए होंगे। जीवन सच में कितना अनिश्चित होता है। हम चाहे कितनी भी योजनाएँ बना लें, हमारे सामने अचानक ऐसी परिस्थितियाँ ले आता है, जिनकी हमने कभी कल्पना भी नहीं की होती।'' गौतम ने कहा। वह एक दार्शनिक की तरह बात कर रहा था—बिना किसी दिखावे के।

''वैसे, तुम्हें नहीं लगता कि काजल तुम्हें पसंद करती है? मुझे तो लगता है कि करती है, भले ही उसने खुद से भी यह बात स्वीकार न की हो, स्थिति की निरर्थकता और रिया के प्रति तुम्हारी भावनाओं को देखते हुए।'' गौतम ने कुछ मौन एवं भारी पलों के बाद कहा।

यह एक ऐसा विषय था—काजल की मेरे लिए भावनाओं का या मेरी उसके लिए भावनाओं का, जो पहले कभी हमारी आपसी चर्चा का हिस्सा नहीं बना था। यह ऐसा विषय था, जिसे मैंने कभी होश में अपने विचारों में प्रवेश नहीं करने दिया था, अपने सबसे कीमती एकांत पलों में भी।

‘‘तुम्हें सच में ऐसा लगता है?’’ मैंने पूछा, उसके उस विचार की पुष्टि करके दोबारा सुनने के उद्‌देश्य से, जो वह इतने स्पष्ट रूप से व्यक्त कर चुका था।

‘‘मुझे तो पूरा यकीन है। लेकिन शायद वह अपने विचारों को आगे नहीं बढ़ाना चाहती; क्योंकि वह नहीं जानती कि तुम उसके बारे में या अपने और अपने भविष्य के बारे में क्या सोचते या महसूस करते हो। मैं जितना तुम्हारे दिल और दिमाग को समझ पाता हूँ, उससे ज्यादा मैं उसे समझता हूँ।’’ गौतम ने जवाब दिया।

सिग्नल हरा हो चुका था और काला कोट पहने एक गार्ड लंबी, सर्प के समान ट्रेन के अंतिम डिब्बे से हरी झंडी दिखा रहा था—एक लंबी सी सीटी की आवाज के साथ, अन्यमनस्क और बेखबर यात्रियों को याद दिलाने के लिए कि ट्रेन अपनी लंबी यात्रा फिर से शुरू करने वाली थी। ट्रेन के रुकने की अनिश्चितता ने यात्रा की निश्चितता का रास्ता खोल दिया था।

❑

52

गौतम ने अगले रविवार, उसके इंटरव्यू के अगले दिन, हमारे घर दिन के खाने पर आने का वादा किया था। यह तय हुआ था कि मैं उसके पहाड़गंज के उस होटल से ले आऊँगा, जहाँ वह ठहरा था। लगभग तीस घंटों की यात्रा के बाद निर्धारित समय से दो घंटे की देरी से हम दिल्ली स्टेशन पहुँचे थे और फिर हमने साथ मिलकर गौतम के लिए रेलवे स्टेशन के नजदीक एक अच्छा व साफ-सुथरा होटल तलाश किया था। हालाँकि मैंने गौतम को आमंत्रित करने से पहले अपने माँ-पिताजी से नहीं पूछा था, फिर भी मुझे पूरा विश्वास था कि हमारे घर में उसका दिल खोलकर स्वागत होगा—सिर्फ इसलिए नहीं कि वह मेरा दोस्त था, बल्कि उसके सहज आकर्षण और व्यक्तित्व के कारण भी।

लेकिन उससे पहले मुझे रिया से मिलना था, जो दो दिन पहले ही दिल्ली पहुँच चुकी थी। जब मैं भारत के राजनयिक परिक्षेत्रों की सड़कों से गुजरते हुए, दिल्ली के दिन-पर-दिन अपरिचित होते जा रहे चेहरे को पार करते हुए देर रात घर पहुँचा तो मैंने सोचा कि समझदारी इसी में होगी कि रात भर इंतजार करके रिया को सुबह फोन किया जाए। कई साल इंतजार करने के बाद आखिर कुछ समय पहले हमने अपने घर में फोन लगवा लिया था। मेरे माता-पिता के लिए, जिनका इकलौता बेटा उनसे सैकड़ों मील दूर रहता था और बेटी ने कॉलेज जाना शुरू कर दिया था, जिंदगी अब काफी आरामदेह हो गई थी। मैं रिया से मिलने के लिए बेताबी नहीं दिखाना चाहता था। हालाँकि मैं उससे मिलने के लिए उत्सुक था, लेकिन इस बार मेरी उत्सुकता का कारण अलग था। इस बार मैं उससे हमेशा की तरह मिलने के लिए, बातें करने के लिए उत्सुक नहीं था; बल्कि उस धुंध को साफ करने के लिए उत्सुक था, जो कुछ दिनों से हमारे बीच छा गई थी। एक प्रकार से मैं उसे उस रूप में देखने के लिए उत्सुक था, जिसमें वह खुद को देखती थी, उस रूप में नहीं

जिसमें मैं उसकी कल्पना करता था।

लेकिन मेरी उत्सुकता के बावजूद मुझे अगली सुबह यह जानकर ज्यादा निराशा नहीं हुई कि वह सुबह जल्दी ही सूरजकुंड के लिए निकल गई थी, जो दिल्ली के बाहरी इलाके में स्थित था। उन दिनों सूरजकुंड ऐसे स्थान के रूप में जाना जाता था, जहाँ दिल्ली के लोग सस्ते में शराब पीने के लिए जाया करते थे और हाल ही में उसे एक वार्षिक शिल्प एवं सांस्कृतिक उत्सव के स्थान के रूप में प्रारंभिक प्रतिष्ठा मिलनी शुरू हुई थी। रिया की माँ घर पर थीं, जो कि सप्ताह के बीच का दिन होने के कारण हैरानी की बात थी। फोन उन्होंने ही उठाया था।

''नहीं, वह घर पर नहीं है। वह सूरजकुंड की प्रदर्शनी देखने के लिए सुबह ही निकल गई थी। नहीं, मुझे नहीं मालूम, वह कब वापस आएगी।'' उन्होंने कहा।

उनकी आवाज हमेशा शांत रहती थी, लेकिन उस दिन हमारे बीच कोई विनम्रता भरी सामान्य बातें नहीं हुईं, जिसके कि हम दोनों अभ्यस्त थे। रिया को पता था कि मैं दिल्ली आने वाला हूँ, इसलिए यह बात कुछ अनपेक्षित थी कि वह इतनी सुबह घर से निकल गई थी, वह भी सूरजकुंड के लिए।

''हाँ, मैं उसे बता दूँगी कि तुमने फोन किया था, या तुम ही देर शाम को दोबारा फोन कर लेना। वैसे, इस बार रिया अपने एकेडमिक सुपरवाइजर (शैक्षणिक पर्यवेक्षक) के साथ आई है, इसलिए हो सकता है, वह उन्हें दिल्ली घुमाने में व्यस्त रहे, क्योंकि वे पहली बार दिल्ली आए हैं। शायद उसने तुम्हें बताया होगा!'' मेरे पूछने पर कि रिया कहाँ होगी, मिसेज मल्होत्रा ने जवाब दिया।

उन्होंने हमारा फोन नंबर भी नहीं पूछा। यह और भी अधिक आश्चर्य की बात थी कि रिया ने अपने पिछले पत्र में अपने सुपरवाइजर के साथ आने की बात नहीं लिखी थी। हो सकता है, उनका आना अंतिम समय पर तय हुआ हो और रिया को मुझे बताने का मौका न मिला हो। यदि मुझे रिया के भारत लौटने की इच्छा के बारे में किसी संकेत का इंतजार था तो मुझे निश्चित रूप से ऐसा कोई संकेत नहीं मिल रहा था।

अब मेरे सामने एक पूरा पहाड़-सा दिन खाली पड़ा था। उस दिन अपने कमरे में बैठे हुए, जिसे हमारे बड़े से कूलर के शोर करते पंखों की नम हवा ने ठंडा कर दिया था, अपने घर की उन जानी-पहचानी चीजों से घिरा हुआ, जिनके बीच मैं बड़ा हुआ था, मैंने निर्णय लिया कि अब रिया से यह पूछने का समय आ गया था कि उसका भविष्य में भारत लौटने का इरादा था भी या नहीं—और यह भी कि वह हमारे भविष्य के बारे में क्या सोचती है। मैं उसे उन सब दायित्वों और प्रतिबद्धताओं

के बारे में स्पष्ट रूप से सोचने का एक मौका देना चाहता था, जो उसके मन में कभी रहे होंगे, किसी अलग समय पर या जब हम कुछ और थे, कम-से-कम वह तो कुछ और ही थी, आज की रिया से बहुत अलग। मैं एक निर्णय चाहता था, इस स्थिति का समाधान चाहता था; लेकिन यह भी चाहता था कि वह निर्णय रिया ले और समाधान भी वही ढूँढ़े। लेकिन पिछले अवसरों के विपरीत, इस बार मैं हर बात का सामना करने के लिए तैयार था और मुझे उम्मीद थी कि कर भी लूँगा। मैं उसे इस रिश्ते से बाहर निकलने का मौका देना चाहता था। मैं खुद भी बाहर निकलने का मौका चाहता था—बिना किसी अपराध भाव के; लेकिन बेशक, उस समय मुझे इस बात का एहसास नहीं था।

देर शाम जब मैंने फोन किया तो रिया घर आ चुकी थी। इस बार फोन उसने खुद उठाया।

''हैलो! मैं तुम्हारे लौटने का इंतजार कर रहा था। चलो, कल लंच पर मिलते हैं। अपनी पुरानी जगह—एशियाड गाँव में। तुम्हारे लिए ठीक रहेगा? मुझे पता चला कि तुम्हारे सुपरवाइजर भी यहाँ आए हुए हैं। वैसे सूरजकुंड कैसा रहा?'' मैंने पूछा।

मुझे लगा कि रिया ने जवाब देने में एक मिनट से ज्यादा समय लगाया। ''अच्छा था। स्टीव को ग्रामीण दस्तकारों का काम और कलाकारों का प्रदर्शन पसंद आया। हाँ, हम मिल सकते हैं; लेकिन शायद मेरे साथ स्टीव भी होगा। मैं उसे अकेला नहीं छोड़ सकती, क्योंकि वह मेरे जोर देने पर ही इतनी दूर आया है। उसकी यह पहली भारत यात्रा है और वह इस जगह से बिल्कुल अनजान है, जैसा कि तुम समझ सकते हो।'' उसने कहा।

यह बात मेरे लिए बहुत हैरानी भरी थी और हालाँकि मैं रिया के सुपरवाइजर के बारे में कुछ नहीं जानता था, मुझे लगा कि वह उन क्षेत्रों में प्रवेश करने की कोशिश कर रहा है, जहाँ उसका कोई काम नहीं है, लेकिन मुझे रिया से बात भी करनी थी और खुद को उदासीन भी दिखाना था।

''बेशक, यह तो स्वाभाविक है। लेकिन तब हम कॉफी पर मिलते हैं और फिर हम दोनों चलकर उसे लंच के लिए ले आएँगे, जहाँ भी वह रुका है वहाँ से। अगर तुम्हें ठीक लगे तो।'' मैं रिया के साथ कुछ समय अकेले बिताना चाहता था और बिना अपनी चिढ़ दिखाए ऐसा कर पाने का यही एक तरीका था।

''ओके! यह ठीक रहेगा। हम चाणक्यपुरी में निरुलाज में मिल सकते हैं। चलो फिर, मैं कल तुमसे मिलती हूँ। मुझे थोड़ी थकान महसूस हो रही है। आज

का दिन बहुत व्यस्त था, गुड नाइट।'' रिया ने जम्हाई रोकते हुए कहा और तुरंत ही मेरे कानों में रिसीवर नीचे रखने की आवाज आई।

धुंध ने अब बर्फ का रूप ले लिया था और मैं अपने सीने पर उसका बोझ महसूस कर सकता था। उसकी बात का प्यार से कोई लेना-देना नहीं लग रहा था। उस रात मैं सोच रहा था कि काश, मैं काजल से बात कर पाता या फिर गौतम से; लेकिन मैं अकेला था या फिर खुद को अकेला महसूस कर रहा था—अपने ही घर में।

❑

53

मैं सुबह जल्दी ही 'निरुलाज' पहुँच गया था और पहले कुछ ग्राहकों में से एक था। मैं सोच रहा था कि कुछ ही देर में यह स्थान भारत के अतृप्त युवाओं की भीड़ से इस तरह भर जाएगा कि लोग परेशान होकर कुरसियों के पीछे खड़े नजर आएँगे—उसपर बैठे ग्राहक के खाना खत्म करके उठने के इंतजार में। लेकिन इतनी सुबह, वहाँ का माहौल शांत और सुकून भरा था, जैसे तूफान के आने की तैयारी कर रहा हो।

कुछ ही देर में मैंने रिया को रेस्टोरेंट के काँच के दरवाजे से अंदर आते देखा। उसने टखनों तक का सफेद-काली पोल्का डॉट्स वाला एक स्कर्ट और उससे मेल खाता काला सूती टॉप पहना था, और साथ में चमड़े की एक चौड़ी बेल्ट। मुझे उसके बालों में फिर एक बदलाव दिखाई दिया। इस बार वे घुँघराले और पर्म किए हुए थे। वह अच्छे स्वास्थ्य से भरपूर लग रही थी। मैं निश्चित रूप से उसके चेहरे पर एक चमक देख सकता था। लेकिन जब वह अपनी चिर-परिचित हलकी सी मुसकान के साथ मेरे बगल की कुरसी पर बैठी तो मुझे महसूस हुआ कि रिया अपने सामान्य, सहज रूप में नहीं थी। वह शांत, लेकिन अकेली लग रही थी, कुछ खोई-खोई सी और कुछ दूर। हमने काउंटर पर कुछ खाने का ऑर्डर देने के बाद अपनी बात शुरू की।

''यह अच्छी बात है कि हम आज मिल रहे हैं। मैं तुमसे कुछ बात करना चाहती हूँ। मैं पहले ही तुम्हें बताना चाहती थी, लेकिन मैं यह सब पत्र में नहीं लिखना चाहती थी, क्योंकि मैं उसमें तुम्हें अच्छी तरह समझा नहीं पाती।'' रिया ने कहा। उसकी शुरुआती अनिश्चितता गायब हो चुकी थी और वह जान-बूझकर बातचीत को उस विषय की ओर ले जा रही थी, जिसका शायद उसने अकेले में

कई बार अभ्यास किया होगा। ऐसा लग रहा था कि उसने हमारी मुलाकात के बारे में पहले से सोच रखा था और उसके मन में कुछ चल रहा था। मैं उसकी आँखों में देखता हुआ इंतजार कर रहा था। हालाँकि मैं बहुत कुछ कहना चाहता था, लेकिन उस समय तक मैंने कुछ नहीं कहा था।

''तुम तो जानते हो कि मैंने तुम्हें अमेरिका आने के लिए कितनी मिन्नतें की थीं और सिर्फ तुम ही जानते हो कि तुमने किन कारणों से मना कर दिया।'' उसने कहा। बेशक मैं यह जानता था।

''प्लीज, मुझे गलत मत समझना, प्लीज। इस सच के बावजूद कि हम एक-दूसरे से प्यार करते थे और एक तरह से अभी भी करते हैं। मैं तुम्हें या खुद को इस निराधार विश्वास के साथ धोखा नहीं दे सकती कि मैं भविष्य की किसी अनिश्चित तारीख को भारत लौट आऊँगी। मुझे लगता है कि मेरा काम और मेरा जीवन वहाँ स्थापित हो चुके हैं और कम-से-कम इस समय मैं उसे भारत द्वारा प्रस्तावित किसी भी चीज से बदलने के लिए तैयार नहीं हूँ। इसलिए हमें अपरिहार्य को स्वीकार कर लेना चाहिए और उस चीज को पकड़कर नहीं बैठना चाहिए, जिसका कोई भविष्य नहीं है।'' उसने कहा।

उसके मुँह से निकले ये शब्द इतने संरचित और सटीक थे कि उनमें स्वाभाविकता बिल्कुल नजर नहीं आ रही थी। साफ पता चल रहा था कि उसने इस वार्त्तालाप के बारे में बहुत सोचा था। संयोग या टेलीपैथी के एक अजीब फेर से उसने उस मुश्किल विषय की शुरुआत कर दी थी, जिसके बारे में मैंने बात करने का सोचा था, और इस प्रकार मैं बच गया था।

''पता नहीं मैं किसी और के लिए वैसा महसूस कर पाऊँगी या नहीं, जैसा तुम्हारे बारे में करती हूँ। जीवन में प्यार और भावनाओं का बहुत महत्त्व होता है, लेकिन उनके अलावा भी बहुत कुछ होता है। अगर तुमने उस समय अमेरिका आने का निर्णय ले लिया होता, जब मैंने कहा था, तो बात अलग होती; लेकिन वह तब की बात थी।'' उसने कहा। उसकी आवाज में हलकी सी निराशा और शिकायत का भाव था। उसकी नजरें खाली टेबल पर टिकी थीं। मैटिनी शो का समय पास आने से 'निरुलाज' अब धीरे-धीरे भरने लगा था। हम सेल्फ सर्विस काउंटरों पर कुछ ऑर्डर करना भूल गए थे। हमारे बीच एक बोझिल-सा सन्नाटा पसर गया था। जाहिर तौर पर रिया जो कहना चाहती थी, कह चुकी थी और अब उसके पास कहने के लिए कुछ नहीं बचा था। मुझे लग रहा था जैसे वह हम दोनों की ओर

से बोल चुकी थी और अब मेरे पास भी कुछ कहने को नहीं था। ऑपरेशन पूरा हो चुका था—बहुत कम समय में और दर्द-रहित, कम-से-कम अभी के लिए। मैं जानता था कि उस समय की माँग थी कि मुझसे जो कहा गया था, उस पर प्रतिक्रिया व्यक्त करूँ, लेकिन मैं कुछ कह नहीं पाया। क्या कहता मैं? हम दोनों चुपचाप बैठे रहे—एक-दूसरे के अलावा हर चीज को देखते हुए।

"तुम्हें कुछ कहना नहीं है?" कुछ देर बाद रिया ने मुझसे पूछा। उसकी आँखें मुझसे कह रही थीं कि वह चाहती थी, मैं भी थोड़ा अपराध-भाव और मन का बोझ बाँट लूँ।

"तो तुम्हारा मतलब हमारे बीच सब खत्म? शायद तुम सही कह रही हो। पिछले कुछ सालों में हम अलग-अलग दिशाओं में बढ़ गए हैं। मैं न तुम्हें दोष देता हूँ, न खुद को। हालात अलग हो सकते थे, लेकिन नहीं हैं। मैं तुम्हारा निर्णय स्वीकार करता हूँ। हमारे जीवन में बदलाव आएगा; लेकिन मुझे उम्मीद है वह अच्छे के लिए होगा।" मैंने कहा। शब्द स्वत: मेरे मुँह से निकलने लगे, जैसे कोई और बोल रहा था और मैं दूर से देख रहा था।

सुबह से पहली बार रिया के चेहरे पर एक छोटी सी मुसकान आई। शायद उसके निर्णय को मेरे स्वीकार कर लेने से उसे राहत महसूस हो रही थी; हालाँकि हम दोनों जानते थे कि मेरे पास स्वीकार करने के अलावा कोई रास्ता नहीं था। लेकिन मैं एक बार फिर गलत था। वह अपने सुपरवाइजर को देखकर मुसकरा रही थी, जिसने अभी-अभी रेस्टोरेंट में प्रवेश किया था। स्टीव ने उसे होटल से लाने की परेशानी उठाने से हमें मना किया था और कहा था कि वह टैक्सी ड्राइवरों की मदद से 'निरुलाज' खुद तलाश कर लेगा। साफ दिखाई दे रहा था कि उसे कामयाबी मिल गई थी।

हालाँकि मैं अनुमान लगा चुका था, फिर भी स्टीव की जिस बात पर सबसे पहले मेरा ध्यान गया, या मैं कहूँ कि मैं ध्यान देने से खुद को रोक नहीं पाया, वह थी कि स्टीव गोरा था। उसकी पहचान के बारे में बाकी सब बातें गौण थीं और भले ही मैं इस बात को स्वीकार नहीं करना चाहता था, लेकिन यह सच था कि मेरे लिए उसकी पहचान उसके रंग से ही थी, कम-से-कम जब तक मैं उसे बेहतर ढंग से नहीं जान लेता। लेकिन मेरे पास न स्टीव को अधिक जानने की इच्छा थी न समय, क्योंकि मुझे लगा कि शायद रिया के सुपरवाइजर से यह मेरी पहली और आखिरी मुलाकात होगी। अचानक मेरे मन में खयाल आया कि कहीं रिया से भी

तो मेरी यह आखिरी मुलाकात नहीं है ? मैं उससे पूछना चाहता था; लेकिन स्टीव हमारे पास आ चुका था और बातचीत साधारण परिचय, भारत की गरमी, खाने के लिए क्या ऑर्डर करना है और भारत अमेरिका से कितना अलग है, जैसे विषयों की ओर मुड़ चुकी थी।

जैसा कि बाद में मुझे एहसास हुआ, रिया से वास्तव में मेरी वह अंतिम मुलाकात थी। लेकिन जब तक हम दोनों जीवित हैं, इस बारे में निश्चित तौर पर कुछ नहीं कहा जा सकता। हो सकता है, किसी दिन, किसी एयरपोर्ट टर्मिनल पर मैं उससे टकरा जाऊँ।

❑

54

हालाँकि एक बार मेरे मन में विचार आया था कि अपनी छुट्टियों में कटौती करके गौतम के साथ अगले सोमवार ही वापस चला जाऊँ; लेकिन फिर मुझे लगा कि ऐसा करना मेरे परिवार के साथ, विशेष रूप से मेरी माँ के साथ, अनावश्यक अन्याय होगा, जो तब से मेरे आने का इंतजार कर रही थी और योजनाएँ बना रही थी, जब से मैंने दिल्ली आने के बारे में उन्हें लिखा था। मैंने सुबह 'निरुलाज' में रिया से हुई बातचीत अपने तक ही रखी। अब मैं न तो उस बात को छुपाकर रखना चाहता था, न ही अपने घरवालों से उसके बारे में चर्चा करना चाहता था। वैसे भी, मुझे विश्वास था कि जल्दी ही मेरी गतिविधियों से, या फिर उनमें आई कमी से, यह बात उनके सामने स्पष्ट हो जाएगी कि हालात बदल गए थे।

मैं उनकी प्रतिक्रियाओं का कोई अनुमान नहीं लगा रहा था; लेकिन मुझे विश्वास था कि उनकी प्रतिक्रियाएँ मेरी खुशी और मेरे प्रति उनकी चिंता पर आधारित होंगी। जहाँ तक मेरी प्रतिक्रिया की बात थी, मैं न तो बिल्कुल टूटा हुआ महसूस कर रहा था और न ही खुद पर तरस खाते हुए दुखी हो रहा था। मैं बस, अपने अंदर एक खालीपन महसूस कर रहा था, जैसे मेरे सीने से एक हिस्सा उखाड़कर अलग कर दिया गया हो। यदि मेरे पिताजी और माँ को, मेरी बहन को या फिर गौतम को—जब वह रविवार को हमारे घर खाना खाने आया—मुझमें कोई बदलाव दिखा, तो किसी ने कोई टिप्पणी नहीं की। खाने के समय इधर-उधर की सामान्य बातें होती रहीं, जिसके दौरान गौतम दरियादिली से मेरी माँ के बनाए खाने की तारीफ करता रहा, जिसे सुनकर उनकी प्रसन्नता साफ दिखाई दे रही थी। उसका इंटरव्यू अच्छा गया था; लेकिन यह अनुमान लगाना मुश्किल था कि उन गंभीर लोगों के मोटे चश्मों के पीछे उनके दिमाग में क्या चल रहा था। मैं उम्मीद कर रहा था कि गौतम ने अपने मूल सिद्धांत उजागर नहीं किए होंगे, जैसी कि मैंने

उसे सलाह दी थी। दिल्ली में वह सप्ताह सबसे छोटे सप्ताहों में से था। एक प्रकार से वह सबसे लंबा भी था। मैं घर पर ही रहा, और अपने संभावित भविष्य और जीवन के बारे में सोचता रहा। लेकिन इस तरह मन में विचार भी नहीं आते। मैं बिना कुछ किए यूँ ही घर में आराम करता रहा और मुझे ऐसे देखकर मेरी माँ बहुत खुश थीं, जिन्हें इतने सालों बाद अपने बेटे को घर में देखने का दुर्लभ अवसर मिल रहा था। और यदि उनके मन में यह प्रश्न उठा भी होगा कि मैं हर बार की तरह रिया से मिलने क्यों नहीं जा रहा था, तो उन्होंने मुझसे पूछा नहीं। मेरे माता-पिता के बीच मुझमें दिख रहे बदलाव को लेकर बात अवश्य हुई होगी और उन्हें चिंता भी हुई होगी; लेकिन उन्होंने अपनी चिंता मन में ही रखी और दूर से देखते हुए किसी ऐसे संकेत का इंतजार करते रहे, जिससे उन्हें सच्चाई का पता चल सके। लेकिन उन्होंने कुछ पूछा नहीं। शायद वे मुझे मुझसे बेहतर जानते थे।

उस दिन बहुत गरमी थी और सूरज की किरणों ने पूरे दिन सूखी धरती पर बेरहमी से अपना ताप बरसाया था, जिसकी वजह से शहर बिल्कुल बेजान-सा हो गया था। मैंने पूरा दिन घर पर अपने कूलर से ठंडे हुए कमरे में बिताया, लेकिन शाम होते-होते मुझे उस छोटी सी बंद जगह में घुटन महसूस होने लगी और मैं ताजा हवा के लिए बेचैन हो गया। खुशकिस्मती से उस समय तक सूरज ढलने लगा था और हवा में हलकी सी ठंडक भी महसूस हो रही थी, जैसे आसपास कहीं बेमौसम की बारिश हुई हो। मेरे लिए इतना काफी था और मैं नजदीक ही स्थित डीयर पार्क (हिरण उद्यान) के लिए निकल पड़ा, जैसा कि मुझे याद आया, मैं बचपन में करता था। दक्षिणी दिल्ली के बीच में वह पार्क ही एकमात्र स्थान था, जो वन्य प्रकृति के सबसे करीब था। उस शाम के धुँधलके में, मिट्टी के एक टीले पर बैठे हुए, धूल भरी धरती और नीचे फैले जंगल को देखते हुए, जहाँ कभी दिल्ली के सुल्तानों की फौजों को लुटेरे मंगोलों के छापे की आशंका ने भयभीत किया होगा, मैंने महसूस किया कि मेरे दिमाग में छाए जाले साफ हो रहे हैं। कभी-कभी सबके जीवन में—और समाजों में भी—ऐसे दुर्लभ पल आते हैं, जो चीजों का क्रम बदल देते हैं। मैं अपने सामने मौजूद प्रकृति के विस्तार के साथ शांति और सुकून महसूस कर रहा था और मुझे लालडीह की लाल मिट्टी और खेत याद आ रहे थे। मेरे खाली मन में एक और गोधूलि बेला की याद आ गई, जो मैंने वहाँ काजल के साथ बिताई थी। वंदना की मुसकान, उसके प्रभार में स्कूल के शोर मचाते उत्सुक बच्चे, अपने बच्चों के लिए एक उज्ज्वल भविष्य का सपना देखतीं ग्रामीण महिलाओं की प्रत्याशा, निर्मला दी का शांत व स्नेह भरा गांभीर्य, सब मुझे पुकार रहे थे। मुझे

लगने लगा जैसे वे सब चीजें मेरी अपनी हैं, वे लोग मेरे अपने हैं, हालाँकि मैं उन सबको मुश्किल से एक साल से जानता था, अपनी जानी-पहचानी दुनिया से दूर आकर, जहाँ मैं बड़ा हुआ था। मैं अब दूसरों की अपेक्षाओं से बँधकर किसी दूसरे की जिंदगी जीने के लिए तैयार नहीं था। मैं खुद का जीवन जीना चाहता था, अपनी पसंद के काम करना चाहता था और शायद मैंने अनजाने में अपनी पसंद के रास्ते पर कदम रखा भी था; लेकिन मेरे अंदर उसे स्वीकारने का साहस नहीं था। ऐसा कुछ नहीं था, जो मुझे वह करने से रोक रहा हो, जो मैं करना चाहता था। मुझे तुरंत अपनी नौकरी छोड़ने की आवश्यकता नहीं थी, लेकिन फिर भी मैं जीएसएस और निर्मला दी के साथ अपने काम में पूरे दिल से शामिल हो सकता था, बिना किसी और जीवन के, किसी और भविष्य के वादे के, जो मेरे मन के किसी अँधेरे कोने में छुपा बैठा हो। मैं कल्पना कर रहा था कि निर्मला दी को मेरे इस नए इरादे के बारे में जान कर कितनी खुशी, कितनी प्रसन्नता होगी! मैं कल्पना कर रहा था कि काजल को भी बहुत खुशी होगी। लेकिन सबसे ज्यादा मैं कल्पना कर रहा था कि मैं खुद अपने आप से, अपने वर्तमान से कितना खुश रहूँगा।

मैं अपने मन की बात किसी के साथ बाँटना चाहता था; लेकिन मेरे आसपास सिर्फ जंगल और उसमें गहराता अँधेरा था, जहाँ अब पक्षियों के झुंड लौटने लगे थे। मैं वहाँ बैठा रहा, दिल्ली के उस धुँधलके में—और आकाश का रंग बदलते हुए देखता रहा—गुलाबी से बैंगनी और फिर स्याही के जैसा नीला-काला—और फिर वहाँ से उठकर अपने घर, अपने परिवार, अपने जीवन की ओर चल पड़ा।

❑

55

बाद में मुझे एहसास हुआ कि लगभग उसी समय, जब दिल्ली में 'निरुलाज' में बैठकर रिया मुझे हमारे भविष्य से संबंधित अपना अंतिम निर्णय सुना रही थी, काजल मकरंद को पत्र लिख रही थी। उसने लिखा कि वह इस बात की वास्तव में सराहना करती थी कि मकरंद उसके साथ अपना जीवन बिताना चाहता था और यह भी स्वीकार किया कि उसने गंभीरता से इस बारे में सोचा था। बेशक, उसने यह नहीं लिखा कि वह मि. कुलकर्णी को उसके भविष्य की चिंता से मुक्त करने के लिए बाध्य महसूस कर रही थी।

''मैंने बाबा के बारे में सोचे बिना भी मकरंद के प्रस्ताव के बारे में गंभीरता से विचार किया था। मैंने उसे हमेशा एक उदार और समझदार व्यक्ति के रूप में देखा है, हालाँकि मैं यह भी मानती हूँ कि मैं उसे बहुत अच्छी तरह नहीं जानती हूँ।'' काजल ने मुझे बताया। हम अपने कंपनी क्लब के विस्तृत व ऊँची छतवाले डाइनिंग हॉल में बैठे थे उसी शाम, जब मैं जमशेदपुर वापस आया था।

''फिर, तुमने क्या तय किया? तुम्हारे स्वर से तो लग रहा है कि तुमने उसके प्रस्ताव को अस्वीकार कर दिया।'' मैंने उसके मुँह से वही जवाब सुनने की अपनी उत्सुकता को छुपाते हुए कहा।

''मैंने अपने बाबा से बात की। मैं सच में भाग्यशाली हूँ कि मुझे ऐसे बाबा मिले। किसी से प्यार करना और किसी को समझना दो अलग-अलग बातें होती हैं और जरूरी नहीं है कि एक बात दूसरी की ओर ले जाए। आखिर में, मुझे लगा कि मैं अपने देश से, परिवार से और लोगों से दूर विदेश में रहकर खुश नहीं रह पाऊँगी। यह बात मकरंद को बताना मुझे ठीक नहीं लगा; क्योंकि तब वह शायद मेरे लिए अपना वहाँ का जीवन छोड़कर भारत आ जाता और यह मुझे अच्छा नहीं

लगता। मुझे नहीं लगता कि उसके प्रति मेरी भावनाएँ इतने बड़े त्याग के लायक हैं।'' काजल खिड़की के बाहर गुलमोहर और अमलतास से लदे पेड़ों की ओर देखते हुए बोली।

मुझे रिया के बारे में उसे बताने में हिचक हो रही थी। दोस्ती और औपचारिकता के बीच का अनिश्चय हमेशा मेरे मन में रहता था। उस समय तक मैंने रिया के बारे में किसी से बात नहीं की थी। लेकिन मुझे लगा कि काजल को न बताने का मतलब होगा उससे कोई बात छुपाना, हालाँकि उसने मुझसे रिया के बारे में कभी पूछताछ नहीं की थी और हम कभी-कभार ही उस बारे में बात करते थे, जैसे कि वह हमारे लिए महत्त्व नहीं रखती थी। यह कुछ ऐसा था जैसे मैं और रिया किसी दूसरे ग्रह से आए थे, उस ग्रह से अलग, जिसमें मैं और काजल रहते थे। लेकिन वह दूसरा ग्रह अब दूर जाकर गायब हो गया था और मैं काजल को यह बात बताने के लिए बाध्यता महसूस कर रहा था—इसलिए, क्योंकि मैं जानता था, उसे मेरी परवाह है और उसने ऐसा प्रकट भी किया था।

''रिया और मेरा रिश्ता टूट गया है। उसने निर्णय ले लिया है कि वह भारत नहीं आ सकती।'' मैंने कहा।

मैं 'रिश्ता टूटने' का घिसा-पिटा मुहावरा प्रयोग नहीं करना चाहता था; लेकिन उस पल मुझे कोई और उपयुक्त वाक्यांश याद नहीं आया। इतना कहते ही मुझे महसूस हुआ कि स्पष्टीकरण अधूरा भी था और अनावश्यक भी; लेकिन अब वह बाहर आ चुका था और बात खुल चुकी थी।

काजल ने चिंतित नजरों से मेरे चेहरे की ओर देखा। शायद वह मेरी भावनाओं को पढ़ने की कोशिश कर रही थी, ताकि उसे मेरी मनःस्थिति का अंदाजा हो सके। लेकिन मुझे नहीं लगता कि उसे कुछ दिखाई दिया। मेरा चेहरा देखकर उसे राहत मिली या हैरानी हुई, मैं नहीं बता सकता। हम चुपचाप बैठकर कंपनी के चिह्नवाले काँच के कपों से अपनी गुनगुनी हो चुकी दूधिया कॉफी पीते रहे।

''तो? तुम उस बारे में बात करना चाहते हो?'' कुछ देर बाद काजल ने पूछा। मुझे नहीं लग रहा था कि कहने के लिए कुछ खास था, फिर भी मैं उसे बताने लगा। लेकिन जब मैंने बोलना शुरू किया तो पाया कि मैं 'निरुलाज' की उस सुबह के बारे में बताने के बदले पार्क की उस धुँधलकी शाम के बारे में बता रहा हूँ। मैं अपने वर्तमान और भविष्य के बारे में बोल रहा था और अपने आगे के जीवन के बारे में भी, जैसा मैं उसे देख रहा था। मुझे पता भी नहीं चला कि कब

काजल ने मेरे विचारों की शृंखला में बाधा डाले बिना खाने का ऑर्डर भी दे दिया।

''तुम्हारा क्या खयाल है?'' मैंने कुछ देर बाद उससे पूछा, ''तुमने कुछ कहा नहीं।''

वह बिना कुछ कहे मुसकरा दी। आखिरकार, मैंने उसे कुछ कहने का मौका ही कहाँ दिया था।

''सबसे ज्यादा खुशी निर्मला दी को होगी। वंदना और बाकी गाँववाले भी बहुत खुश होंगे। बाबा को भी खुशी होगी, मुझे विश्वास है। तुम्हारे घरवाले क्या कहते हैं?'' उसने अपनी भावनाओं की बात को परे रखते हुए मुझसे पूछा। लेकिन शायद मैं जानता था। ''तुम पहली हो जिसे मैंने यह बात बताई है।'' मैंने जवाब दिया। क्या इस बात का कोई खास मतलब था? क्या मैं उसे कोई संकेत देना चाहता था?

''लेकिन मुझे विश्वास है कि मुझे खुश देखकर उन्हें भी खुशी होगी।'' मैंने आगे कहा।

''तो क्या मैं यह मान लूँ कि वास्तव में तुम्हारा दिल नहीं टूटा है?'' काजल ने पूछा, ''मुझे डर था कि तुम टूट जाओगे।''

''मुझे भी ऐसा ही लगता था। लेकिन मुझे उतना बुरा नहीं लगा जितना मैंने सोचा था। मुझे लग रहा है कि मेरे सीने से एक भारी बोझ उतर गया है और मैं फिर से साँस ले पा रहा हूँ। मैं तो जैसे ताजा, स्वच्छ हवा में गहरी साँस लेना भूल ही गया था।'' मैंने जवाब दिया। ''ऐसा लग रहा है कि एक आँधी ने आकर आसमान साफ कर दिया है और क्षितिज में दूर एक रोशनी की किरण नजर आ रही है।'' मैंने कहा।

शायद मेरी प्रशस्त मनोदशा मुझे कविता की ओर उन्मुख कर रही थी; लेकिन काजल ने मुझे रोका नहीं। आखिर कविता कोई बुरी चीज तो है नहीं।

''तो, कल एक नई, उज्ज्वल सुबह होगी। चलो, हम वादा करते हैं कि कल से हर सुबह नई और चमकीली होगी और हम बहादुरी के साथ जीवन का सामना करेंगे। मैं तुम्हारे लिए खुश हूँ और मुझे इस बात की भी खुशी है कि तुमने ये सब बातें मेरे साथ बाँटीं।'' काजल ने सीधे मेरी आँखों में झाँकते हुए कहा। उसकी नजरों में ईमानदारी व सच्चाई थी और वह कुछ भी छुपाना नहीं चाहती थी। उसके मन में दोस्ती और औपचारिकता को लेकर कोई अनिश्चय नहीं था।

बाहर नीले-काले आसमान में लगभग पूरा चाँद निकल आया था और हम

दोनों उस दूर, लेकिन साफ दूधिया रोशनी को देख पा रहे थे, जो चाँद के चारों ओर फैली हुई थी। आसमान में बादल बिल्कुल नहीं थे और वातावरण में एक मौन संगीत गूँज रहा था।

रात वास्तव में बहुत खूबसूरत थी, लेकिन मुझे सुबह का भी इंतजार था।